RECHERCHES HISTORIQUES

sur

TANLAY

(Tirage à vingt-cinq exemplaires)

exemplaire

A M

RECHERCHES HISTORIQUES

SUR

TANLAY

PAR

EUGÈNE LAMBERT

MEMBRE DE LA SOCIÉTÉ DES SCIENCES HISTORIQUES ET NATURELLES
DE L'YONNE

TOME DEUXIÈME

JOIGNY

IMPRIMERIE TYPOGRAPHIQUE DE A. FRADE

PLACE DE LA MADELEINE

1886

(Tirage à vingt-cinq exemplaires)

exemplaire

A M

HISTOIRE GÉNÉALOGIQUE

DES SEIGNEURS DE TANLAY

AVEC PIÈCES JUSTIFICATIVES

Dans sa chronique des sires de Noyers, dont il fit hommage, le 17 novembre 1561, à très noble et très illustre seigneur Léonor d'Orléancs, duc de Longueville, lorsque ce prince vint visiter pour la première fois la petite ville de Noyers, Gaspard Marin, après nous avoir dit que les Mile étaient issus de Noé, d'Hercule Libius et de Galathée, « *qui excédoit toutes les aultres dames du monde en grandeur, force et beauté naturelle,* » nous explique, ainsi qu'il suit, l'origine des seigneurs de Tanlay :

« De Monseigneur Mile, petit-fils du premier enseigne et porte-auriflamme de France, qui espousa madame Potentienne de Sainct-Paul, vinrent six filz. A sçavoir :

« Mile, le premier né, qui fut seigneur de Noyers ;

« Le second, nommé Jehan de Noyers, fust conte de Joigny, où il est inhumé devant le grand autel de l'hospital dudit lieu, avec son tombeau et noble sépulture et épytaphe tout apparent, et ses dictes armes de *l'aigle d'or en champ d'azur.*

« Le cinquiesme filz, nommé Bernard, à qui fust donné la seigneurie de *Tanlay*, Paisson et aultres pièces. Et luy fust baillé pour ses armes *ung escu d'or à troys léopards passans de gueulles*. De luy sont descendus plusieurs nobles chevalliers qui ont faict plusieurs belles fondations et dévoltes en l'ordre de Citeaulx (1). »

S'il était permis d'ajouter foi aux assertions de Gaspard Marin, l'origine des seigneurs de Tanlay n'aurait plus de secrets pour nous, mais il est loin d'en être ainsi, car les compilations du chroniqueur nucérien ne sont d'un bout à l'autre qu'un véritable roman dont la naïveté peut, seule, faire pardonner les regrettables erreurs. Aussi, M. Ernest Petit, auquel nous devons une œuvre si intéressante sur les anciens sires de Noyers, considère-t-il avec juste raison cette généalogie comme une sorte d'épithalame qui, à l'occasion des fiançailles ou d'autres cérémonies de famille, était destiné à faire ressortir l'antiquité de cette maison, à rappeler l'éclat de ses alliances et à flatter la vanité de ses représentants (2).

Au lieu de considérer les sires de Noyers comme les premiers occupants de la terre de Tanlay, le P. Anselme, MM. Chaillou des Barres et Victor Petit paraissent persuadés, au contraire, qu'antérieurement aux Courtenay, ce fief appartenait aux rois de France ou à des grands vassaux de la couronne. Par une conséquence toute naturelle, Guillaume, Ier du nom, qui représentait une branche cadette de la maison de Courtenay, aurait pris possession de la terre de Tanlay comme héritier direct de Pierre de France, l'un des enfants du roi Louis-le-Gros.

Nous n'aurions rien à perdre, à coup sûr, à pareille illustration, mais, nous avons hâte de le dire, l'origine de cette transmission ne nous paraît guère mieux établie que la généalogie fantaisiste imaginée par le panégyriste complaisant des d'Orléans-Longueville. En effet, les chartes et les titres authentiques conservés dans nos archives démontrent de la façon la plus évidente que, pendant la seconde moitié du XIIe siècle, la maison de Noyers avait réuni Tanlay aux nombreux fiefs qui lui appartenaient déjà dans le Tonnerrois.

Mais la question la plus difficile à résoudre et pour laquelle

---

(1) *Annuaire de l'Yonne*, 1876, p. 94.
(2) *Les sires de Noyers*, par M. Petit, Auxerre, 1874.

nous avons longtemps compulsé et interrogé, sans succès, les pages éparses de notre histoire locale, était de savoir à quelle dynastie féodale Tanlay avait pu appartenir avant de passer aux Noyers. C'est, disons-nous, à la maison de *Chappes*.

D'après Vignier (1) et M. l'abbé Lalore (2), qui ont puisé leurs renseignements à des sources nombreuses et dont la compétence en pareille matière ne saurait être mise en doute, les sires de Chappes descendaient des comtes de Tonnerre-Bar-sur-Seine. Rien ne paraît donc plus naturel que Tanlay ait été détaché, vers le xe ou xie siècle, du comté de Tonnerre, pour passer, à titre héréditaire, entre les mains de ces puissants barons.

Au commencement du xiie siècle, Milon II, comte de Bar-sur-Seine, qui, en qualité d'héritier des comtes de Tonnerre de la première race, possédait le château de Jully, près de Ravières, ne faisait-il pas l'abandon de ce domaine à Molèmes, à la condition d'y établir un monastère de femmes ? L'origine de ces fiefs était certainement la même, bien qu'ils fussent placés l'un et l'autre à une distance considérable de Chappes et de Bar.

Ces faits ne font que confirmer, du reste, ce que nous savions déjà sur la dissémination extraordinaire de la propriété laïque au moyen-âge.

M. Ernest Petit admet ce morcellement sur lequel il veut bien nous communiquer la note suivante :

« Aux ixe et xe siècles, Tanlay devait appartenir aux évêques de Langres, comme tout le Tonnerrois, dont l'évêque Belton avait été investi en 814 par un diplôme de Louis le Pieux (*Gall. Christ.*, tom. IV, col. 229 pr.).

« Au siècle suivant, les évêques de Langres investirent eux-mêmes un de leurs officiers qui fonda la lignée en comtés de Tonnerre de la première race, dont l'une des dernières héritières, Eustachie, épousa Gauthier Ier, comte de Brienne, décédé entre 1085 et 1090, qui transmit le comté de Bar-sur-Seine à ses descendants, comme héritier de Hugues-Rainard, comte de Tonnerre et de Bar-sur-Seine, évêque de Langres.

« Cette *Eustachie* était-elle la même qu'*Adeline*, également femme de Gauthier de Brienne ? L'Art de vérifier les dates (Art. comtes de

---

(1) *Décade historique du diocèse de Langres.*
(2) *Bulletin de la Société académique de l'Aube*, 1872, p. 133.

Bar-sur-Seine) l'atteste. En tous cas, cette Adeline fut mère des enfants de Gauthier (V. Arch. de la Côte-d'Or, 1er cartul. de Molêmes, fol. 24; v°; *Gall. Christ.* tome XII, col. 933).

« Elle est nommée Eustachie dans une charte sans date où elle paraît après la mort de son mari avec ses fils, Erard, comte de Brienne, et Milon, comte de Bar-sur-Seine (1er cartul. de Molêmes, fol. 76). On pourrait supposer que cette Eustachie ou Adeline aurait épousé en secondes noces un sire de Chappes, auquel elle aurait apporté Tanlay.

« D'autre part, Jacques Vignier, dans ses papiers (Bibl. nat.), donne à Gauthier de Brienne et à Eustachie quatre filles, parmi lesquelles une Adeline, qui pourrait également avoir épousé un sire de Chappes.

« Nous ne savons, de ces deux conjectures, quelle est la plus probable. L'une de ces Adeline doit être la mère ou la grand'mère d'Adeline de Chappes qui épousera dans la suite Miles V de Noyers.

« Ce qui, pour nous, est absolument indubitable, c'est que la terre de Tanlay fut transmise par alliance des comtes de Tonnerre aux comtes de Brienne ; des comtes de Brienne aux sires de Chappes ; des sires de Chappes aux sires de Noyers. »

Ainsi s'explique la prise de possession des sires de Chappes, dont le château patrimonial, bâti sur la rive droite de la Seine, entre Bar et Troyes, se trouvait situé à plus de 50 kilomètres de Tanlay (1).

Maintenant, comment ne trouve-t-on plus trace de la souveraineté des comtes de Tonnerre sur Tanlay ? C'est ce qu'il n'est pas plus facile d'expliquer que l'indépendance que s'arrogèrent les sires de Noyers. On ne peut que constater les faits.

(1) Au dire de Groslay, Chappes était, dès les premiers temps de la monarchie, un lieu important, et par sa situation comme frontière de l'ancien royaume des Bourguignons, et par son fort qui commandait le passage de la rivière de Seine. Ce château fut détruit, en 1429, par le duc de Bar. Il appartenait alors à Jacques d'Aumont.

MAISON DE CHAPPES

d'or à la croix ancrée d'azur

1080-1147

LE silence désespérant de nos archives locales n'est-il pas un indice certain que les premiers seigneurs de Tanlay habitaient sans doute un autre pays où ils avaient leur principal établissement ? Pour bien des raisons, nous admettons cette supposition. Si ces nobles personnages avaient en effet résidé dans notre fief, quelque souvenir d'eux se serait conservé jusqu'à nous. Nous les verrions associés, les uns ou les autres, aux pieuses libéralités dont les sires d'Ancy, de Melisey, de Rougemont, de Sennevoy, de Lezinnes, se montraient si prodigues envers les maisons du Temple et les couvents du Tonnerrois. Mais il n'en est rien, et, malgré la proximité de Saint-Michel, de Molômes, de Jully, de Quincy, de Molêmes, les cartulaires de ces abbayes ne contiennent aucun acte de munificence qui constate leur présence parmi nous.

Quels étaient donc ces fiers barons dont le nom même fut si longtemps une énigme pour nous, et dont un seul document, conservé dans les archives de l'ancienne Bourgogne, à Dijon, nous a révélé la trace ? Ce titre, encore muni d'un grand scel en cire brune avec la croix ancrée des sires de Chappes, est ainsi conçu :

« A tous cels qui ces présentes lettres verront et orront, je, Jehanz de Chappes, salut.

« Je fais asavoir a touz que pour mon grant preu et grant pourfit, ie ai vendu et en non de vendue, quite et ottroie à touz jourz sanz rapel de moi ne de mes hoirs à très haut et très puissant prince mon senigneur Robert duc de Bergoingne, achetant pour lui et pour ses hoirs tout mon fié que je avoie à Tanlay et es apartenances, le quefié, li sires de Noiers tenoit de moi, à tenir et à avoir le dit fié du dit mon senigneur Robert ou de ses hoirs ou de ceux qui auront cause de luy ou cause de ses hoirs à touz jourz perpétuellement, paisiblement et quitement, en non de vendue desus dite, pour le pris et pour la somme de cent livres de tournois (1) dont ie me tien bien apaiez dudit mon senigneur Robert, en deniers contanz, et promet en bonne foi et loiaument que contre ceste vendue et ceste quitance desus dite ie ne veuré ne feré venir ne aucune chose de droit ne d'antion, ni réclameré par moi ne par autre à nul jour dou monde, ainz la garantiré audit mon senigneur Robert ou à ses hoirs ou à ceux qui auroient cause de lui ou cause de ses hoirs envers tous et contre touz, acquiteré, deliverré et deffendré à mes propres despens en jugement et fours jugement etc.

« En tesmoing de la quel chose, j'ay scellées ces lettres de mon propre scel, qui furent faites l'an de grace mil deus cenz quatrevinz et dix, ou mois de décembre (2). »

Ainsi, voilà un témoignage dont l'authenticité ne saurait être contestée, qui établit clairement qu'avant 1290, Tanlay relevait en plein fief de la chatellenie de Noyers et en arrière-fief des sires de Chappes. Or, la mouvance étant, à défaut d'autre titre, le seul moyen pratique de remonter à l'origine des fiefs, nous devons bien admettre que ceux qui exerçaient sur cette terre les droits de seigneurs suzerains en étaient les plus anciens détenteurs, et qu'eux seuls avaient pu l'inféoder à la maison de Noyers. Nous essaierons de le démontrer dans la suite.

Comme la maison de Chappes est la première qui ait droit de figurer sur la liste des seigneurs de Tanlay, nous allons en donner rapidement la généalogie, en l'appuyant de quelques preuves.

En 1080, Gilette, dame de Plancy, ayant fondé près de son

---

(1) Ces cent livres tournois représenteraient, aujourd'hui, environ 14,285 francs.

(2) *Archives de la Côte-d'Or*, cour des comptes de Bourgogne, série B, 10,485.

château *le Moutier-aux-Ormes,* où saint Robert, premier abbé de Molêmes, plaça des religieux de son ordre, Gautier de Chappes, dont Plancy relevait en fief, approuva les libéralités faites à ce monastère, ainsi que Flandine, son épouse, et ses enfants (1).

Plus tard (1090-1100), ce seigneur figure comme témoin avec Milon, vicomte de Troyes, et André, comte de Rameru, dans un acte qui constate la donation faite à Molêmes par Geofroi de Troyes, de l'église de Saint-Parre, avec la moitié des serfs et des serves qui habitaient ce village (2).

A partir de ce moment, la dynastie féodale dont Gautier paraît être le chef occupe un des rangs les plus élevés parmi la noblesse de Champagne (3).

Pendant quatre générations, les aînés de cette maison portent successivement le nom de Clarembaud, auquel ils ajoutent celui de leur terre.

En 1114, Clarembaud Ier, sur le conseil du comte Hugues, vend aux moines de Saint-Loup, de Troyes, le droit qu'il avait héréditairement d'être abbé de ce monastère (4).

Trois ans plus tard, avait lieu à Chastellux une réunion de seigneurs de la Bourgogne, au sujet de différends mus entre Clarembaud et Rainard de Montbard, qui appartenait également à la maison de Tonnerre-Bar-sur-Seine. L'évêque de Langres, Joceran de Brancion, et Hugues II, duc de Bourgogne, assistaient à cette réunion (5).

En 1152, le sire de Chappes, avec l'approbation de sa femme Hermengarde, abandonne à l'église de Mores tout ce qu'il tenait sur la grange de Montmoyen et sur le territoire de Chervey (6).

(1) *Archives de la Côte-d'Or, premier cart. de Molêmes, folio 25,* recto.

(2) *Archives de la Côte-d'Or, premier cart. de Molêmes, folio 41.*

(3) Ponce de Chappes, qui était probablement frère de Gautier, figure en qualité de témoin dans différents diplômes du comte de Champagne Hugues II, en 1121.

(4) *Histoire des ducs et des comtes de Champagne,* par M. d'Arbois de Jubainville, t. II, page 109.

(5) *Les Riceys,* par M. l'abbé Lalore ; Société académique de l'Aube, 1872, page 133.

(6) *Semaine religieuse de Troyes* et *Annuaire de l'Aube,* 1868.

Clarembaud Iᵉʳ vivait encore en 1155, date à laquelle il fit donation aux religieuses de Foicy, près de Troyes, d'une grange avec un moulin à eau et une grande propriété (appelée en latin *Crutha*), situés sur la paroisse de Jully-le-Châtel (1).

De son mariage avec Hermengarde, il laissa plusieurs enfants, parmi lesquels nous citerons :

1º Clarembaud II (2).

2º Odeline ou Adeline, qui épousa, vers 1147, Mile V, de Noyers, auquel elle apporta en dot la terre de la Gesse et, sans aucun doute, celle de Tanlay. C'est du moins la seule explication satisfaisante qu'il soit possible de donner au sujet de la prise de possession des seigneurs de Noyers, qui, à partir de cette époque, disposent en toute propriété du fief de Tanlay, en attendant qu'ils le transmettent eux-mêmes, par un nouvel acte d'inféodation, à l'une des branches de la maison de Courtenay. Clarembaud ne consentit toutefois à faire l'abandon de ses droits qu'à la condition de rester le suzerain des sires de Noyers, comme nous l'apprend l'acte de vente du mois de décembre 1290.

Essayons de reconstituer, au moyen de quelques notes puisées aux archives de l'Aube et dans le précieux ouvrage de M. d'Arbois de Jubainville, la généalogie des sires de Chappes jusqu'à Jean Iᵉʳ.

Deux chartes d'Henri-le-Libéral, comte de Champagne, constatent les donations faites par Clarembaud II, en 1170 et 1173, à l'abbaye de Larivour. En 1172, son nom figure dans le *feoda Campaniæ*, en qualité d'homme lige du comte Henri, pour les terres de Chappes, de Gyé et la vicomté de Troyes. Il décéda vers 1188, après avoir fondé, à Neuville-sous-Gyé, une maison-Dieu destinée à recevoir les ladres de la contrée. Le nom de sa femme nous est inconnu.

Clarembaud III se signala par de nombreux actes de libéralité envers les monastères de Mores, de Montiéramey et de

---

(1) *Chartes de Mores*, par M. l'abbé Lalore, p. 10.

(2) Clarembaud II était encore enfant en 1145, date à laquelle il loue la donation faite à Molêmes par Geofroi Fournier, du lieu appelé la Chapelle d'Oze, avec les dîmes de Bragelogne et de Beauvoir (*laudante etiam Clarembaudo, puero de Capis*).

Sèche-Fontaine (1194-1198). En 1203, Pierre de Courtenay, comte d'Auxerre, déclare se soumettre à son arbitrage pour les difficultés auxquelles donnaient lieu le parcours d'Ervy et la capture d'Hugues Sauvage.

Le sire de Chappes rendit sans doute d'éminents services au comte Thibaut III, car, en reconnaissance de son dévouement, la comtesse Blanche fonda, au mois d'octobre 1209, à son intention, une messe quotidienne des morts à l'Hôtel-Dieu-le-Comte de Troyes.

Il avait épousé Hélissende, dont il eut Clarembaud IV.

Celui-ci prit la croix, en 1199, au tournoi d'Ecly, avec Gui, son oncle, Renaud de Dampierre, Geofroi de Villehardouin, le comte Thibaut III et une foule de chevaliers de la province de Champagne. Pendant les longs troubles auxquels ce pays fut exposé, lors de la minorité de Thibaut IV, Clarembaud se montra constamment fidèle à la cause du légitime héritier de la maison de Blois. En 1212 et 1224, il promulgue avec Blanche et les principaux barons de Champagne le règlement relatif au partage des fiefs entre les filles à défaut d'héritiers mâles, et au duel judiciaire.

Au mois de juillet 1227, Alix, duchesse de Bourgogne, et Hugues, son fils, ayant juré d'aider Thibaut IV contre le comte de Nevers et contre toute créature humaine, donnent pour cautions de leur engagement Guillaume de Vergy, Anseric de Montréal et Clarembaud.

Ce seigneur vivait encore en 1242, époque à laquelle il déclara que Gautier, son frère, reconnaissait devoir à Jacot, juif de Dampierre, 160 livres, pour laquelle somme il le mit en possession de tous ses biens, afin de lui garantir cet emprunt.

Il était marié à Guiète, dont il eut Jean I*er*, qui lui succéda comme sire de Chappes et de Courteron. De ces fiefs, relevaient Gyé et Moges, ainsi que nous le trouvons indiqué dans le registre des hommages faits à Thibaut V, de 1256 à 1270.

Jean de Chappes est encore cité dans une assemblée de seigneurs réunis à Troyes, en 1281, « *où fust arresté que les* « *filles ne prennent rien en succession collatérale pour le* « *regard des fiefs où il y a masle aussi prosche.* »

C'est quelques années plus tard (1290) que, cédant aux sollicitations du duc Robert II (1), qui cherchait à assurer la sécurité de ses frontières du côté de la Champagne et du Tonnerrois, le sire de Chappes consentit à aliéner en sa faveur les droits de suzeraineté dont il était demeuré, à la suite de ses ancêtres, le légitime possesseur.

Ainsi cessèrent les relations féodales établies depuis un siècle et demi entre les maisons de Chappes et de Noyers.

(1) Robert II, quelque années après (1292), achetait de Jean de Marmeaux, seigneur de Ravières, la forêt de Saint-Ambroise, moyennant 100 livres.

MAISON DE NOYERS

AUX XIe ET XIIe SIÈCLES : *Château à trois tours avec enceinte crénelée*

FIN DES XIIIe ET XIVe SIÈCLES : *d'azur à l'aigle d'or aux ailes éployées*

CRI D'ARMES : *Noyers !*

1147-1197

LE fief de Tanlay, tel qu'il figure dans les aveux et les dénombrements de la châtellenie de Noyers, ne paraît pas remonter au-delà du XIIIe siècle. Avant cette époque, il faisait partie des nombreux domaines que les sires de Noyers possédaient dans la contrée, et dont ils s'étaient peut-être emparés grâce à la faiblesse du pouvoir central et au fameux édit de Kiersi.

C'est ici qu'il convient, croyons-nous, de réfuter une erreur très grave qu'ont accréditée la plupart des auteurs qui se sont occupés de notre histoire locale, à savoir que les premiers seigneurs de Tanlay furent des rois de France ou des grands vassaux de la couronne (1).

Conséquemment, Guillaume de Courtenay n'aurait occupé ce fief qu'en qualité d'héritier direct de Pierre de France, l'un des enfants du roi Louis-le-Gros.

De l'examen attentif des chartes et des titres qui nous

---

(1) Du Bouchet, le P. Anselme, M. Chaillon des Barres, etc.

sont restés, il résulte clairement que Guillaume de Tanlay ne devint réellement seigneur de Tanlay que par suite de son alliance avec Adeline de Noyers, qui lui apporta également en dot les terres de Paisson, Joux, Mailly-Château, etc.

Notre opinion se trouve justifiée d'abord par les relations féodales établies, depuis les temps les plus anciens jusqu'en 1789, entre Tanlay et Noyers. Or, dans une question de ce genre, la mouvance est un indice précieux déjà, pour déterminer l'origine des fiefs.

Cette possession immémoriale est confirmée surtout par le dénombrement donné en 1296, par Mile X, au duc Robert.

Dans cet acte important qui constate l'hommage-lige auquel se soumet le sire de Noyers envers son nouveau suzerain, nous voyons figurer le fief de Tanlay dans les termes suivants : « Item, le fiez de Tanlay duquel sont li maison-fort, li ville « et les appartenances et justice de la seigneurie grant et pe- « tite de ces lieux.

« Item, tout ce que li sire de Tanlay a es-bois de Poiseaux « (Paisson). »

Nous en dirons autant de Joux, de Mailly-Château, dont l'origine est certainement la même, et qui ne sortirent de la maison de Courtenay-Tanlay que par suite de partages entre les descendants de Guillaume Ier.

A quel titre voyons-nous d'ailleurs les seigneurs de Tanlay confirmer les libéralités que leurs prédécesseurs avaient faites aux abbayes de Quincy, de Reigny, de Crisenon, aux chevaliers du Temple, etc., si ce n'est comme représentants des seigneurs de Noyers ? Tous les biens concédés à ces monastères sont longuement énumérés dans nos chartes, et il est facile de constater qu'ils proviennent des ancêtres d'Adeline, et nullement de la maison de France ou de celle de Courtenay.

Avons-nous besoin d'ajouter que, malgré les liens de parenté qui unissaient au XIIIe siècle les sires de Noyers aux sires de Tanlay, ceux-ci n'apportèrent jamais le moindre changement dans le régime de leur fief, soit en faisant des donations aux églises, soit en fondant une chapelle dans l'intérieur de leur manoir, sans demander l'approbation de leurs suzerains.

Nous ne pouvons donc ne pas considérer les sires de Noyers comme les premiers occupants de la terre de Tanlay, antérieurement aux Courtenay.

Quelle est la souche des sires de Noyers ? à la suite de quels événements cette dynastie féodale vint-elle se fixer parmi nous ?

Autant de questions sur lesquelles il est permis de faire bien des conjectures, sans arriver, pour cela, à une solution entièrement satisfaisante.

Les uns ont pensé que leur installation dans le pays n'eut pour origine que des usurpations violentes sur les terres des comtes de Tonnerre et d'Auxerre. D'autres ont supposé qu'elle fut la conséquence de donations des ducs de Bourgogne. Mais si nous admettions ce dernier système, comment expliquer que les sires de Noyers aient pu recevoir, à titre de bénéfices, des fiefs qui jouissaient d'une indépendance absolue ? Nous savons en effet que leur terre allodiale ne fut soumise à la suzeraineté des ducs qu'en 1390, date à laquelle Mile X consentit, moyennant une somme de sept mille livres tournois, à aliéner son indépendance et à prendre rang parmi les feudataires de la couronne ducale.

Dans son précieux ouvrage sur les sires de Noyers (1), M. Ernest Petit paraît se ranger à un autre avis qui s'appuie, du reste, sur l'interprétation la plus exacte des documents historiques qu'il a si consciencieusement étudiés. « Si nous « admettons, dit-il, que les Mile sont issus des comtes de « Tonnerre et de Bar-sur-Seine (et bien des raisons paraissent « le démontrer), on pourrait conjecturer que Mile Ier profita » de la séparation de ces comtés et de l'époque agitée où le « fief de Tonnerre tomba en quenouille, après le mariage « d'Ermengarde avec Guillaume de Nevers et d'Auxerre, pour « étendre sa domination. »

Toujours est-il que bien avant le XIIe siècle, cette famille occupait déjà une grande situation dans le comté de Tonnerre. Elle y jouissait de droits importants à Nitry et à Collan, qu'elle cédait, en 1075, à l'abbaye naissante de Molêmes (2).

(1) (Auxerre, imprimerie Perriquet, 1874).
(2) *Cart. de l'Yonne*, t. II, p. 19.

En 1101, elle faisait encore donation au même monastère de la terre de Gigny et de l'aleu de Sennevoy (1).

Plus près de nous, elle possédait un quart du territoire de Commissey, qu'un de ses descendants, Etienne de Noyers, abandonnait, en 1135, à Quincy, pour récompenser les religieux d'avoir fait entrer ses deux filles à Fussy (2).

Enfin, vers 1143-1149, Mile V est seigneur indivis avec l'abbé de Saint-Michel de Tonnerre et un chevalier appelé Didier, d'un endroit désert et d'une forêt situés près de Pimelles, où existait jadis le village de Paisson (3).

Pendant cette longue période, il n'est aucunement question de la terre de Tanlay. La raison en est bien simple, puisque ce fief appartenait encore aux sires de Chappes.

Mais, à partir de 1152, le doute n'est plus permis. Si des changements s'opèrent à proximité de Quincy, sur le territoire de Tanlay, soit par suite d'accord ou de transaction avec les moines, soit par suite d'échanges ou de donations, ce sont les sires de Noyers qui interviennent et approuvent tous ces actes, en qualité de seigneurs féodaux.

Des contestations s'étant élevées, vers le milieu du xii⁰ siècle, entre les religieux et Mile V, relativement à des donations faites par ses ancêtres, celui-ci voulut mettre fin à ces ennuyeux débats. En conséquence, il confirma à l'abbaye de Quincy la possession d'une pièce de pré située au climat de la *Gravière*, de deux journaux de terre près du *vieux moulin* et d'une osche sous le *Moulin-Dumez*. Nous citerons en entier cette charte, datée de 1153, parce qu'elle établit d'une manière incontestable les droits de la maison de Noyers sur Commissey et Tanlay :

« Ego Milo, dominus Noeriorum, notum facio presentibus et futuris quod cum discordia verteretur inter me, ex una parte, et viros religios sos abbatem et conventum Quinciaci, ex altera, super quibusdam terris, pratis et aliis inferius notatis, videlicet super una pecia prati in Graveria et tribus jugeribus terræ prope vetus molendinum et una oschia sub molendino-Mali.....

« Promitto siquidem quod contra presentem laudationem per me vel aliam interpositam personam non veniam in futurum.

(1) *Cart. de l'Yonne*, t. II, p. 29-30.
(2) *Cart. de l'Yonne*, t. I, p. 305.
(3) *Cart. de l'Yonne*, t. I, p. 377.

« In cujus rei testimonium et confirmationem presentibus litteris sigillum meum apposui. Actum anno Domini millesimo quinquagesimo tertio (1). »

Or, s'il est évident que le climat de la Gravière et le vieux moulin près de la chaussée de l'étang dépendaient du finage de Commissey, il est également hors de doute que l'*osche* ou jardin entouré de haies, *sous le Moulin-Dumez*, appelé dans tous les anciens titres *molendinum-mali*, faisait partie du territoire de Tanlay.

Grâce au beau travail publié par M. Ernest Petit sur les sires de Noyers, nous avons les détails les plus complets sur les faits et gestes de ces vaillants chevaliers. Nous y puiserons donc, comme à la source d'informations la plus sûre, tous les renseignements qui nous seront nécessaires.

Mile V était encore fort jeune à la mort de son père. Il assistait, en 1147, à Vézelay, à la fameuse prédication de saint Bernard, mais rien ne prouve qu'il prit part à la croisade commandée par le roi Louis-le-Jeune. En 1159, il est au nombre des seigneurs de la Champagne et du Tonnerrois chargés de recevoir les religieuses de Jully, que Pétronille de Chacenay, comtesse de Bar, installa à Froidmanteau. Quelques années plus tard, il ratifie, comme seigneur féodal, à cause de son château de la Gesse, les donations faites à Saint-Michel de Tonnerre par Hugues et Valon, de Tanlay.

Mile V et son fils Clarembaud figurent comme témoins à la charte concédée, en 1174, par Gui II aux habitants de Tonnerre, et s'engage par serment à défendre leurs privilèges. En 1181, il confirme les donations faites par son père à Pontigny et y ajoute des droits de pâturage très étendus sur la châtellenie de Noyers. Il décéda peu de temps après, laissant de son mariage avec Odeline de Chappes sept enfants, savoir :

1° Mile VI, qui lui survécut peu et mourut sans postérité ;

2° Clarembaud, filleul de Clarembaud de Chappes, son grand-père maternel, dont nous parlerons plus loin ;

3° Hugues, évêque d'Auxerre, en 1183 ;

(1) Extrait des titres de Quincy en 1639.

4° Gui, seigneur de Joux et Lagesse, qui se croisa en 1190, puis entra dans l'ordre du Temple ;

5° Gilette, mariée à Etienne de Mont-Saint-Jean ;

6° Agnès, épouse de Guillaume de Saint-Florentin ;

7° Ode, alliée à Regnaud de Pougy, seigneur de Saint-Valérien.

Au décès de Mile V, Clarembaud était déjà marié à Ada ou Alix de Brienne, fille d'André de Brienne, sire de Rameru et d'Alix de Venisy.

En 1184, ce seigneur fit un échange avec les moines de Molêmes. Il leur céda le four de Clavisy, l'usage de ses bois et une rente à percevoir sur les manses de ses hommes de Noyers. Il dota également le monastère de Pontigny de droits d'usages pour la grange d'Aigremont, et abandonna, en 1186, avec l'assentiment de son frère Gui, de sa femme Ada et de ses filles Adeline et Sybille, aux religieuses de Jully, cent sous de rente sur les cens de Noyers pour acheter des chaussures.

Il prit la croix en 1190 et s'embarqua pour la Palestine avec Hugues de Bourgogne, Etienne de Pierre-Pertuis, Mathieu de Jancourt, Pierre de Courtenay, comte d'Auxerre, et une foule de chevaliers, ses parents ou ses amis, dont beaucoup ne devaient pas revoir le sol natal.

Dans une des nombreuses expéditions auxquelles il prit part contre les infidèles, Clarembaud courut de grands dangers, et, pour remercier le ciel de lui avoir accordé sa protection, il donna sur le champ de bataille de Saint-Jean-d'Acre, à l'hôpital d'Arbonne, de l'ordre de Saint-Jean-de-Jérusalem, cent sous de rente à prendre sur sa terre située entre Sainte-Vertu et Noyers. Dans la charte qui relate cette donation, le sire de Noyers s'adresse à sa femme Ada, à son fils Mile et à sa fille Adeline.

Rentré dans le château de ses pères, Clarembaud continua ses pieuses largesses envers les monastères.

En 1196, Regnaud de Pougy, son beau-frère, qui avait recueilli, du chef de sa femme Ode, différents biens à Tanlay, ayant abandonné aux moines de Quincy, devant Guillaume, abbé de Molêmes, et Hugues de Montmort, un étang et un bois situés devant le moulin de Pierre, dit *Levrète*, ainsi que le droit de pêche, depuis ce moulin jusqu'à un pré appartenant aux habitants de Tanlay, le sire de Noyers loue et ratifie comme seigneur féodal, cet acte de libéralité (1).

Du mariage de Clarembaud avec Ada de Brienne étaient issus quatre enfants :

1° Mile VII, qui, à cause de son jeune âge, fut placé, après la mort de son père, sous la tutelle de son oncle Hugues, évêque d'Auxerre ;

2° Elisabeth ;

3° Adeline, filleule de sa grand'mère Adeline de Chappes, qui épousa GUILLAUME DE COURTENAY, devenu, par suite de cette alliance, seigneur de Tanlay, Paisson, Joux et Mailly-Château (2) ;

4° Sybille, mariée à Ponce de Mont-Saint-Jean.

Au moment de son mariage, qui eut lieu peu de temps avant la mort de son père, Adeline devait être âgée d'environ 19 à 20 ans, car nous la voyons, dès 1186, approuver, avec sa sœur Sybille, une donation faite par Clarembaud à l'abbaye de Pontigny. Son frère et sa sœur Elisabeth étaient au contraire bien jeunes, puisque le même acte de libéralité nous apprend qu'ils n'étaient pas encore en âge de parler (*quia tunc alios liberos ad œtatem loquendi non habebam*).

Nous savons quelle extension rapide avait prise la féodalité sous les faibles descendants du roi Clovis, et quel soin jaloux chaque propriétaire, libre ou noble, avait mis à élever sur ses terres une forteresse destinée à assurer sa puissance. Obligés d'obéir aux mêmes nécessités sociales, les premiers seigneurs

---

(1) Le moulin au *Lièvre* ou de la *Levrète* devait se trouver près de la demi-lune, dans l'enceinte du parc.

Regnaud de Pougy avait pour grand-oncle Manassès, évêque de Troyes. Ode de Noyers, sa femme, était veuve en 1206, date à laquelle elle ratifie, avec sa sœur Agnès, vicomtesse de Saint-Florentin, la donation faite par Mile V, leur père, et Odeline, leur mère, dame de Lagesse, à la léproserie des Deux-Eaux, de droits d'usage dans la forêt de Lagesse *(Archives de l'Hôtel-Dieu de (Troyes)*.

Regnaud de Pougy eut quatre enfants : Milo, Manassès, Gui et Ermengarde (PITHOU, coût du bail. de Troyes, p. 684).

(2) Une *Adeline* de la maison de Brienne transmit Tanlay aux sires de Chappes ; *Adeline* de Chappes l'apporta dans la maison de Noyers, et *Adeline* de Noyers aux Courtenay.

de Tanlay s'empressèrent de bâtir au sommet du côteau appelé le *Bel-Air* un château destiné à protéger leur fief contre les agressions violentes auxquelles il pouvait être exposé. De ce point élevé, parfaitement choisi pour la défense, l'œil plongeait au loin dans la vallée de l'Armançon et surveillait les voies de communication les plus fréquentées au moyen-âge, à savoir le chemin de Dijon qui suivait à peu près le tracé de la chaussée antique de Sens à Alise, celui de Châtillon qui passait au nord du bois des Brosses, et enfin celui de Troyes, qui se dirigeait sur Melisey, Lagesse et Chaource.

A neuf kilomètres environ, à l'ouest, et juste en face de notre vieux donjon, se dressaient les tours massives du château de Tonnerre, qui ne pouvait être exposé à aucune attaque sans que la garnison du *Bel-Air* ne fût mise immédiatement en éveil.

A quelle époque doit-on faire remonter la construction de cet ancien castel ? Quels sont les événements dont il a pu être le témoin ? Autant de questions qu'il est impossible d'éclaircir, à cause de la rareté des matériaux historiques que nous possédons sur ces temps obscurs. Nous croyons toutefois que cette petite forteresse fut élevée vers la fin du XIe ou le commencement du XIIe siècle, époque à laquelle la terre de Tanlay appartenait à la maison de Chappes, car les sires de Noyers, grâce à leur formidable donjon, pouvaient facilement maintenir sous leur autorité les nombreux domaines qu'ils possédaient dans la contrée, sans recourir à d'autres moyens de défense.

Quant aux témoignages qui nous révèlent son existence, ils sont appuyés sur des preuves incontestables. Ils sont empreints d'abord sur le sol qui, malgré les efforts de la culture, laisse encore apercevoir le périmètre exact des anciens fossés.

Ici, ce sont des débris de mortiers, de charbons, là des pierres de taille avec parements que le soc de la charrue soulève depuis des siècles, sans avoir pu modifier entièrement le relief du terrain (1).

Malgré leur concision désespérante, quelques documents

---

(1) Les fossés, de forme circulaire, ont un diamètre d'environ 45 mètres.

viennent encore corroborer ces preuves matérielles de l'existence de notre maison forte. Ainsi, dans un terrier de 1558, l'emplacement du château du *Bel-Air* est désigné sous le nom de « *climat du vieil chastel.* » Enfin, dans les minutes de Dumez, notaire à Tanlay (1590-1631), qui sont déposées aux archives de l'Yonne, nous trouvons à chaque page des ventes ou des échanges de terrains situés « *lieu dit le vieil chastel* » ou sous le « *Larrys du viel chastel.* »

Sans insister plus longtemps sur ces détails qui nous aideraient à prouver, au besoin, que la terre de Tanlay avait acquis de bonne heure une véritable importance, occupons-nous plus spécialement de la famille baronale qui en prit possession à la suite des sires de Noyers.

MAISON DE COURTENAY

d'argent à trois tourteaux de gueules, brisé d'un lambel de cinq pièces

Guillaume Ier

1197-1229

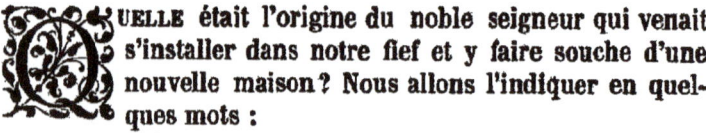UELLE était l'origine du noble seigneur qui venait s'installer dans notre fief et y faire souche d'une nouvelle maison? Nous allons l'indiquer en quelques mots :

Au milieu du Xe siècle, le fils du châtelain préposé par le comte de Sens à la garde de Château-Renard, et que le continuateur de la chronique d'Aymoin appelle Atho, s'était mis en état de guerre ouverte contre son suzerain. Grâce à l'état d'anarchie et d'hostilités permanentes dans lequel vivaient la plupart des seigneurs voisins, ce personnage ambitieux s'était attaché une troupe de soldats avec lesquels il faisait la guerre pour son compte. S'étant emparé des terres de l'abbaye de Ferrières, il bâtit sur le domaine de Courtenay une forteresse imposante d'où il bravait impunément les foudres ecclésiastiques et les armes du comte du Senonais, occupé d'un autre côté par de plus graves démêlés (1).

Enfin, Atho ayant rendu, dans plusieurs expéditions, d'éclatants services au comte du Gâtinais, celui-ci consentit

---

(1) La Puisaie, par M. Challe. *Bulletin de la Société des sciences hist. et nat. de l'Yonne*, t. XXVI, p. 107.

à donner sa fille Hildegarde en mariage à Josselin, l'un des fils de son fidèle allié, et lui inféoda en même temps les terres de Château-Renard, Champignelles, Charny, etc.

C'est de cette alliance que sortit Renaud, qui eut en partage le domaine de Courtenay, et qui devint la souche des anciens seigneurs de ce nom.

Au moment des croisades, cette puissante famille était divisée en deux branches. La branche aînée, qui avait pris une part active aux expéditions de la Terre Sainte, se trouvait représentée par Josselin, comte d'Edesse. Celui-ci n'eut qu'un fils, mort en Palestine sans laisser de postérité, et dont le riche héritage passa alors à Elisabeth de Courtenay, fille de Renaud, sa cousine, qui était la seule représentante de la branche cadette.

Mais la transmission de la propriété avait, sous le régime féodal, une telle importance, qu'on veillait avec un soin jaloux à empêcher l'extension des grands fiefs, par les mariages. Les alliances étaient donc l'objet d'une surveillance attentive de la part du souverain qui avait tout intérêt à s'entourer de feudataires fidèles et dévoués. Dans la circonstance, Louis-le-Jeune fit mieux que d'imposer ses conditions au mariage d'Elisabeth : il demanda et obtint sa main en faveur de son frère Pierre de France. Ce jeune prince n'avait eu jusque là aucun titre honorifique. Au moment de son départ pour la Terre Sainte, en 1147, l'exergue de son sceau portait simplement : *Sigillum Petri, fratris regis* ; mais, aussitôt son mariage (1150), il prit le nom et les armes des Courtenay, et son sceau porta : *Sigillum Petri domini Curtiniaci*, continuant ainsi, par cette pieuse fiction, l'illustre maison d'où sa femme était sortie.

Pierre de Courtenay mourut en 1183, laissant onze enfants, parmi lesquels nous citerons :

1° Pierre II, comte d'Auxerre, de Nevers et de Tonnerre, marquis de Namur et empereur de Constantinople ;

2° Robert, seigneur de Champignelles, grand bouteiller de France ;

3° Philippe ;

4° GUILLAUME, Ier du nom, seigneur de Tanlay, Paisson, Mailly-le-Château et Joux.

C'est de ce dernier et de sa descendance que nous aurons à nous occuper spécialement dans cette généalogie.

Le premier document où nous voyons figurer le nom de Guillaume Ier est une charte de l'année 1197, par laquelle ce seigneur ratifie les donations faites par Pierre de Courtenay, son père, et Robert de Champignelles, son frère, à l'abbaye de Fontaine-Jean (1).

Guillaume de Courtenay était-il marié lorsqu'il approuva ces actes de libéralité ? Il est permis d'en douter, car, aussitôt qu'il eut épousé Adeline de Noyers, il prit le nom de Guillaume de Tanlay ou bien le titre de seigneur de Tanlay.

En 1200, au mois d'octobre, le comte Pierre de Courtenay, son frère, ayant eu quelques difficultés avec les moines de Molêmes, relativement à son droit de garde, s'était livré à des violences et à des exactions contre ce monastère. Un tel scandale devait attirer sur lui une punition sévère, car l'église ne pouvait manquer de prendre en main la défense des religieux. Menacé de voir l'interdit lancé sur ses terres, Pierre de Courtenay comprit le danger, reconnut ses torts et rendit satisfaction à l'abbé. Mais, selon la coutume d'alors, il dut fournir des cautions de sa bonne conduite à venir, et présenta, en cette qualité, Guillaume de Tanlay, son frère, Foulques de Vincelles, Godefroy, son camérier, et Gauthier, son maréchal d'armes (2).

A peu de distance de Tanlay, dans l'agreste vallon de Quincy, s'était établie, grâce aux libéralités des seigneurs les plus importants de la contrée, une colonie de cisterciens sortis de Pontigny. Mû par le pieux désir d'être associé aux prières des moines, Guillaume s'empressa de leur confirmer les donations faites par ses prédécesseurs Etienne et Mile de Noyers, et qui comprenaient des terres, des prés et le droit de pêche depuis l'étang du moulin à la *Levrette* jusqu'aux bornes plantées par Barthélemy, seigneur de Polisy, ainsi que la lame située au finage de Saint-Vinnemer (1203) (3).

Deux ans plus tard (1205), Guillaume abandonnait à la

(1) *Cartul. de l'Yonne,* t. II, page 481.

(2) LEBŒUF, *Hist. civ. et ecclés. du diocèse d'Auxerre,* t. III, p. 135. Courtépée, t. IV, p. 756.

(3) *Arch. du château de Tanlay,* copie sur papier du xviiie siècle.

maison du Temple de la Vesvre-les-Gigny, qui dépendait de la commanderie de Saint-Marc, près Ravières, des droits de pâturage et des bois faisant partie de sa forêt de Paisson. Mais des difficultés ne tardèrent pas à s'élever entre les chevaliers du Temple et leur bienfaiteur. Cité à comparaître devant Robert de Châtillon, évêque de Langres, assisté de Geoffroy, abbé de Saint-Pierre, et de l'archidiacre de Châlon, afin d'exposer ses raisons et d'expliquer sa conduite, Guillaume fit défaut. En conséquence, mandement fut donné au doyen de Saint-Vinnemer de remettre les frères du Temple en possession de différents droits par eux réclamés (1).

La raison grave qui avait empêché le sire de Tanlay de se présenter devant ses juges était l'obéissance aux ordres pressants du roi Philippe-Auguste, qui convoquait tous ses barons pour rallier son *host*, afin d'arracher la Normandie aux Anglais.

L'entreprise était difficile et présentait bien des dangers, car cette province était défendue par des troupes nombreuses, aguerries, et par des forteresses formidables. Mais l'oisiveté de Jean-sans-Terre, sa passion pour le jeu, pour l'ivrognerie, permirent à son heureux rival de vaincre tous les obstacles. Epuisée par un long siège, abandonnée par son roi, la puissante commune de Rouen fut obligée de traiter avec Philippe-Auguste. Une trêve de trente jours fut conclue jusqu'à la fête de Saint-Jean-Baptiste d'été, à l'expiration de laquelle, si la ville ne recevait aucun secours, elle s'engageait à ouvrir ses portes. Cette convention fut signée, d'un côté, par le roi de France, le comte de Dreux, Pierre de Courtenay, comte d'Auxerre, Guillaume de Tanlay, son frère, Dreux de Mello, etc., de l'autre, par le maire de Rouen et tous les chevaliers de la garnison.

A l'expiration de la trêve, la commune de Rouen, se voyant délaissée par le baronnage d'outre-mer, se rendit à Philippe-Auguste, qui planta sur les tours le gonfanon bleu fleurdelisé des Capétiens, à la place de la bannière rouge aux trois lions, emblème des héritiers de Roll-le-Norwégien.

Après cette rapide campagne, Philippe-Auguste se disposa

(1) *Cartul. de l'Yonne*, t. III, p. 20.

à poursuivre ses succès et à pénétrer en Aquitaine pour y venger les affronts que lui avait infligés la vieille reine Eléonore. Guillaume de Tanlay fit-il partie de cette nouvelle expédition ? Nous ne pouvons guère l'admettre, car deux titres de l'année 1207 nous signalent sa présence à Tanlay.

Dans l'un, il reconnaît avoir vendu à Guy II, abbé de Saint-Michel, de Tonnerre, une partie de la dime de Cheney (*quamdam decimam de Cheneto*).

Dans l'autre, il fait donation, avec Adeline, sa femme, du consentement de Robert, leur fils, à l'église de Quincy et aux frères qui y servent Dieu, de tous les biens qu'ils possédaient au Moncel-Gouffre (1). Ils déclarent en même temps choisir ce monastère pour le lieu de leur sépulture (*eligimus etiam ibi sepulturam*). Les témoins de cet acte furent Joduin, abbé de Molômes; Olivier, abbé de Quincy, et Pierre, doyen de Saint-Vinnemer (2).

Quelques années plus tard, Eustachie de Courtenay, comtesse de Sancerre, nous fait connaître que son fils, André de Brienne, la chargea à son lit de mort, ainsi que son cher frère Guillaume de Tanlay, d'exécuter ses dernières volontés. Le défunt ayant été inhumé dans l'église de Saint-Etienne d'Auxerre, la comtesse y fonda son anniversaire, en donnant au chapitre tout ce qu'André possédait à Préhy (3).

Le même jour, Guillaume ratifie l'acte ci-dessus et le fait approuver par Pierre, comte d'Auxerre, dont la terre de Préhy relevait en fief (4).

Eustachie était la plus jeune fille de Pierre de France et d'Elisabeth de Courtenay, et c'est là, croyons-nous, le motif de la vive affection que lui témoignait son frère Guillaume. Devenue veuve de Gautier de Brienne (5), seigneur de Pacy-

(1) Le *Moncel-Gouffre* fut désigné, au XVIe siècle, sous le nom de *Montceau-Coufroy*. Il était situé à la limite des finages de Baon et de Tanlay, près des *Terres-Noires* (*Gallia christ.*, t. IV, p. 715).

(2) *Arch. du château de Tanlay* et *Cartul. de l'Yonne*, t. III, p. 28.

(3) *Arch. de l'Yonne*, Fonds du chapitre d'Auxerre, L. LXXV.

(4) *Cartul. de l'Yonne*, t. III, p. 70.

(5) Gautier de Brienne, sire de Pacy, était fils de André de Brienne et de Alix de Venisy. Son mariage avait eu lieu vers 1198; en 1199, il était décédé. Par ce mariage, les sires de Pacy et de Tanlay étaient beaux-frères.

sur-Armançon, elle se remaria en 1215, à Guillaume Ier, comte de Sancerre, qui mourut prisonnier de Théodore Comnène, prince d'Epire et neveu du dernier empereur grec, lors du voyage qu'il fit dans le Levant, en 1217, pour accompagner Pierre de Courtenay, son beau-frère, élu empereur de Constantinople.

Malgré les pressantes sollicitations qui lui furent adressées par ses parents ou ses amis, le seigneur de Tanlay ne prit aucune part à cette funeste expédition où succomba l'élite de la noblesse des comtés d'Auxerre et de Tonnerre, épuisée par les fatigues et les privations de tous genres.

C'est vers cette époque que commencent les troubles de Champagne auxquels prirent une part si active les sires de Noyers et de Tanlay. Grâce aux savantes recherches de M. d'Arbois de Jubainville, l'origine et les causes de ces luttes ardentes qui jetèrent la division parmi des familles seigneuriales unies jusque là par les liens de la plus étroite parenté, nous sont aujourd'hui parfaitement connues (1).

Avant son départ pour la Terre Sainte, en 1191, Henri II, comte de Champagne, n'étant pas encore marié, avait désigné pour son successeur, dans le cas où il ne reviendrait pas de son expédition, son frère Thibaut. Il mourut à Saint-Jean-d'Acre en 1197, laissant d'une alliance contractée avec Ysabeau, reine de Chypre et de Jérusalem, trois filles. Mais ce mariage fut considéré comme illégitime par le pape Innocent III, attendu qu'Ysabeau était alors engagée dans les liens d'une première union avec Humbert de Toron.

Peu de temps après avoir recueilli le comté de Champagne, Thibaut III mourut, laissant un fils encore enfant, sous la tutelle de sa mère, la comtesse Blanche. Celle-ci avait déjà pris en main le gouvernement de la Champagne, lorsque Erard de Brienne, qui avait épousé Philippine, fille du comte Henri II, revint de Palestine pour soutenir les prétentions de sa femme à la succession de ce prince, et la faire reconnaître comme légitime héritière du comté.

La situation de Blanche était très grave, car elle devait lutter contre un compétiteur remuant et ambitieux qui se sen-

(1) *Hist. des ducs et des comtes de Champagne*, par d'Arbois de Jubainville, Paris, 1863.

tait soutenu par des alliés puissants. En effet, Mile de Noyers était fils d'Alix de Brienne, sœur d'Erard. Venait ensuite Guillaume de Tanlay, marié à Adeline de Noyers, sœur de Mile III, et, par conséquent, nièce du prétendant. Ces deux barons, comme le dit M. de Jubainville, tenaient un rang élevé dans la partie de la Bourgogne voisine de la Champagne. Dans cette dernière province, Erard se trouvait parent assez proche de Simon, seigneur de Châteauvillain, du sénéchal Simon de Joinville et de Rainard III de Choiseul. Autour d'eux se groupèrent bientôt Etienne de Seignelay, André d'Epoisses, Guy et André de Montréal, Simon de Sexfontaines, Erard de Chassenay, Odin de Saint-Phal, etc.

Prévoyant les dangers auxquels l'exposait cette ligue, Blanche ne resta pas non plus inactive. Bien que le pape et Philippe-Auguste parussent favorables à ses intérêts, elle s'efforça de se créer partout des adhérents. Parmi les plus marquants, nous citerons Ponce de Grancey, Pierre de Courtenay, comte d'Auxerre, Ponce de Mont-Saint-Jean, Anseric de Montréal, etc.

Ainsi se trouvaient en état de guerre ouverte des parents ou des amis : Guillaume de Tanlay contre Pierre de Courtenay, son frère; Anseric de Montréal contre Guy et André : « Chablis « et Maligny, qui relevaient de la Champagne, et dont les sei- « gneurs avaient prêté serment à Blanche, étaient en lutte « avec Seignelay et Saint-Florentin, qui soutenaient le parti « opposé. Ancy-le-Franc, Flogny, Lezinnes, Rougemont mar- « chaient également sous l'une ou l'autre bannière. » (1).

Au début des hostilités (1216), Blanche résolut de s'emparer, par un hardi coup de main, d'Erard de Brienne, de Philippine et d'un grand nombre de leurs partisans qu'elle savait réunis à Noyers. Mais la place était forte et la garnison disposée à une énergique résistance. Après avoir tenté inutilement de s'emparer du château, l'armée de Blanche dut battre en retraite et fut licenciée. Ces troupes, composées de bandes d'aventuriers, se répandirent alors dans les campagnes environnantes, où elles commirent les plus déplorables excès. Malheur aux villages qui se trouvaient sur leur passage ! N'ayant pas d'autre solde que le pillage, peu leur importait de

(1) *Les sires de Noyers* par M. E. Petit, p. 57.

ravager les terres et de dévaster les habitations des partisans de Blanche ou d'Erard. Amis ou ennemis, rien n'arrêtait leur audace, car elles n'avaient qu'un mobile : remporter la plus riche part de butin.

Afin d'intéresser Philippe-Auguste à sa cause, Erard le pria de recevoir son hommage pour le comté de Champagne. On lui fit d'abord déposer les armes, puis une trêve fut convenue entre les parties qui durent comparaître en personne au tribunal convoqué à Melun et composé de dix-huit juges présidés par le roi.

Là, on déclara que l'hommage d'Erard ne pouvait être accepté, qu'il fallait maintenir la trêve et attendre la majorité du jeune Thibaut.

Sous le prétexte d'obtenir la restitution de ses biens personnels, confisqués lors de son départ pour la croisade, Erard ne tint pas sa parole. Il mit le feu à plusieurs villages du domaine de Blanche, arrêta et dépouilla des marchands qui se rendaient aux foires de Troyes.

Voyant qu'elle ne pouvait espérer du roi qu'un appui purement moral, la comtesse de Champagne prit le parti de s'adresser directement au Saint-Siège qui pouvait devenir un allié bien autrement puissant. Par ses sollicitations, par les influences secrètes dont elle disposait à la cour de Rome, et sans doute aussi par l'efficacité de ses présents, elle parvint à décider le pape Honorius III à intervenir en sa faveur.

Dès 1213, le souverain pontife avait donné déjà mandement aux abbés de Quincy (1), de Montiéramey et de Vauluisant d'informer au sujet de la légitimité du mariage d'Erard avec Philippine, et les résultats de cette enquête avaient établi qu'il y avait parenté, à un degré prohibé, entre les deux époux.

Plus tard, il avait encore prescrit à Guillaume, évêque de Langres, de menacer d'interdit Erard et ses adhérents, s'ils ne maintenaient pas avec Blanche une trêve conforme aux prescriptions du concile général (27 janvier 1217).

Mais, sur ces entrefaites, la comtesse de Champagne ayant assiégé Chaource et Chassenay et ravagé les terres d'Erard,

---

(1) C'est Olivier, abbé de Quincy, qui fut chargé de cette mission. *Hist. des ducs et des comtes de Champ.* t. V, p. 73.

celui-ci ne tint plus aucune mesure. Il fit appel à ses alliés, pénétra sur les domaines de Blanche qu'il livra au pillage, et s'empara en peu de temps de Merey, Villeneuve, Jully-le-Châtel et Bar-sur-Seine.

Informé de ces tristes excès, Honorius III enjoignit aussitôt aux archevêques et évêques de faire dénoncer comme publiquement excommuniés Erard, Mile de Noyers, Raynard de Choiseul, Odin de Saint-Phal, Guillaume de Tanlay, etc., et de mettre l'interdit sur leurs terres.

L'évêque de Langres qui, dans ces longs démêlés, paraît avoir soutenu de son crédit les amis d'Erard, pria le souverain pontife de l'exempter de cette pénible mission. De son côté, l'évêque de Troyes prenait toutes les occasions de temporiser et de garder une prudente neutralité entre des compétiteurs dont le ressentiment pouvait être funeste à son autorité.

Chargés d'assurer l'exécution des décrets du Saint-Siège, l'évêque de Soissons, les abbés de Cluny et de Long-Pont rencontraient mille difficultés pour remplir leur mission. Erard et Philippine se dérobaient facilement aux ambassadeurs qui avaient ordre de les sommer de comparaître devant le pape en personne. Mais la tenacité d'Honorius III ne pouvait manquer de vaincre toutes ces résistances. Informé que ses envoyés n'avaient pu obtenir l'exécution des sentences, il prononça lui-même le terrible anathème contre Erard, Mile, Guillaume de Tanlay, Jobert d'Ancy-le-Franc, Etienne de Seignelay, etc. (1218). « On devait éviter tous rapports avec eux
« et publier les bulles au son des cloches et les cierges allu-
« més. »

Nous savons quelle impression sinistre produisait sur l'esprit profondément religieux de nos pères la publication des sentences d'interdit. Dans toutes les paroisses, les abbés, prieurs, doyens et prélats devaient prononcer l'anathème contre les excommuniés. Tout service religieux devait y cesser, l'administration des sacrements était suspendue, sauf pour le baptême et l'extrême-onction.

Justement effrayés des suites d'une plus longue résistance, poursuivis jusque dans l'intérieur de leurs châteaux par les plaintes de leurs vassaux, la plupart des seigneurs ligués se soumirent. Erard de Brienne ayant renouvelé lui-même plusieurs trêves avec Blanche, avait autorisé, pour ainsi dire, ses alliés à déserter sa cause. N'oublions pas de mentionner non plus un des moyens les plus efficaces que la comtesse de Champagne sut mettre en œuvre pour détacher peu à peu du parti contraire ses derniers adhérents. Elle disposait de ressources considérables : les rentes, les fiefs, l'argent habilement distribués finirent par triompher des obstacles que les foudres canoniques n'avaient pu vaincre. C'est ainsi qu'elle parvint à gagner Simon de Joinville, Erard de Chassenay, Philippe de Plancy, Ponce de Mont-Saint-Jean, Guy et André de Montréal, etc.

Plusieurs barons étaient cependant restés fidèles et bravaient encore l'autorité du Saint-Siège. Nous citerons parmi eux les sires de Noyers et de Tanlay, Etienne de Seignelay, Raynard de Choiseul, Hervé de Nevers.

Une des clauses de la trêve conclue entre Erard et la comtesse de Champagne (1218) portait que Blanche devait obtenir la main-levée de l'interdit qui frappait les terres de son compétiteur et de ses alliés, et, le 29 décembre de la même année, Honorius III avait ordonné aux abbés de Citeaux, de Clairvaux et de Quincy de relever, suivant les formes de l'Eglise, Erard et Philippine des sentences d'excommunication lancées contre leurs personnes et contre ceux qui avaient embrassé leur cause. Mais les conseillers de Blanche cherchaient en secret toutes les occasions d'apporter des entraves à la publication des décrets pontificaux, de sorte que les parents d'Erard ignoraient si leur libération était régulière ou s'ils restaient encore sous le coup de l'interdit.

Au mois de novembre 1219, Guillaume de Tanlay n'était pas encore rentré en grâce, puisque les moines de Quincy, ayant donné l'absolution et la sépulture ecclésiastique dans la terre de Tanlay, le pape fit menacer ces religieux d'excommunication, en cas de récidive.

Malgré les censures dont ils étaient frappés, la plupart des seigneurs n'en continuaient pas moins de se montrer favorables envers les églises et les établissements religieux. C'est ainsi que nous voyons, en 1219, Guillaume de Tanlay confirmer les libéralités accordées aux Chevaliers du Temple par

Olivier de Nicey, chevalier, sa femme Aales et leurs enfants Mile, Gui, Agnès et Nicolette. Ces biens, relevant en fief du seigneur de Tanlay, comprenaient des bois, des terres, des cours d'eau et des prés situés à la Vesvre-les-Gigny, dans le parc de Nogent et dans le fond où était assise la *borda* (1) des Templiers (2).

L'année suivante, Guillaume reconnaît, par des lettres revêtues de son sceau, que Gui de Noyers, chevalier du Temple et oncle d'Adeline, a donné aux ladres de Noyers dix sous de rente, monnaie d'Auxerre. Les deux époux louent et ratifient cette donation et assignent aux ladres, pour célébrer leur anniversaire, dix livres à prendre, chacun an, à la fête de Saint-Remy, sur les cens de Joux (3).

Constatons enfin que les tracasseries dont l'autorité ecclésiastique avait à tout propos poursuivi les excommuniés, cessèrent par suite du traité conclu, le 2 novembre 1221, entre Blanche et Erard de Brienne, et par la renonciation de Philippine au comté de Champagne. Les censures qui frappaient Guillaume de Tanlay tombaient naturellement avec la soumission de son oncle. Purifié de la tache fâcheuse que l'interdit lui imprimait aux yeux des populations, le sire de Tanlay s'empressa de donner une preuve manifeste de sa joie à rentrer dans le giron de l'église.

A cet effet, il résolut de fonder avec Adeline, du consentement de leur fils Robert, une chapelle consacrée à l'exaltation de Sainte-Croix, affectant à l'usage et à l'entretien du prêtre chargé d'y célébrer pour toujours les saints offices, deux pièces de vigne, soixante sous de rente assis sur le cens de Mailly, une maison située sur les fossés de Tanlay, plus un muid de grain, moitié blé et moitié orge, à prendre annuellement, le jour de Saint-Remy, sur les terrages et les coutumes de Pimelles, Baon, Tanlay et Saint-Vinnemer.

Cette chapelle, nous dit la charte de fondation, devra être érigée dans l'intérieur du château, mais, en attendant qu'elle soit édifiée, le prêtre chargé de la desservir dira chaque jour

---

(1) *Borda*, ferme, petite métairie.
(2) *Orig. Arch. de l'Yonne, Fonds de la commanderie de Saint-Marc*, l. II, numéro 219.
(3) *Arch. de la Chambre des comptes de Dijon*, B, 1272.

la messe dans l'église de Tanlay pour le salut des âmes des fondateurs, de leurs ancêtres et de leurs successeurs, et pour tous les fidèles défunts, excepté dans les solennités du Seigneur et de la bienheureuse Marie, où il chantera pour la fête.

Après la mort du fondateur, le chapelain sera institué par l'abbé de Saint-Michel de Tonnerre, à la condition qu'il soit régulier, qu'il desserve la chapelle personnellement, et non par un vicaire. Il sera nommé dans les quarante jours qui suivront la vacance, et jouira des revenus qui pourront être dûs dans cet intervalle (1).

La même année, Mile de Noyers, à la prière de Guillaume de Tanlay et de sa chère sœur Adeline *(carissima soror mea Adelina)*, ratifie, comme seigneur féodal, cette pieuse fondation. Robert, son neveu, approuve également, en sa présence, toutes ces conventions (2).

Enfin, au mois de septembre 1224, Hugues de Montréal, évêque de Langres, confirme l'arrangement conclu entre Guillaume de Tanlay, l'abbé de Saint-Michel et le chapelain-curé de Tanlay (3).

Ces différents titres ne laissent subsister aucun doute sur l'existence du château de Tanlay, car la chapelle dont nous venons de parler devait être édifiée, suivant la volonté de Guillaume, dans l'intérieur de sa demeure *(infrà clausuram domus nostræ)*.

En venant s'installer dans le fief donné en dot à sa femme, le nouveau seigneur de Tanlay était bien forcé, du reste, d'obéir aux nécessités de l'époque, et, pour cela, d'élever sur ses terres une forteresse capable d'assurer sa puissance et de servir en même temps d'abri à la dynastie féodale dont il allait devenir le chef. Dans un moment où la noblesse, toujours à cheval, courait la campagne, non seulement les traditions de la race, mais encore le besoin de protéger leurs intérêts, obligeaient les barons à se réfugier, pour leur sécurité, derrière d'épaisses murailles. « A ces hommes de fer, il fallait « pour habitation des tours massives dont les fenêtres étaient

---

(1) *Orig. arch. du château de Tanlay.*
(2) *Cartul. de Saint-Michel*, vol. C, folio 121, recto.
(3) *Orig. arch. du château de Tanlay.*

« des machicoulis, dont les portes étaient garnies de herses
« puissantes, et qui étaient séparées du reste du monde par
« un fossé profond qu'on ne pouvait franchir que sur un
« étroit pont-levis (1). »

A l'époque où Guillaume de Courtenay prit possession de la terre de Tanlay, c'est-à-dire vers 1197, le vieux donjon, bâti sur le coteau du *Bel-Air*, ne répondait plus sans doute aux besoins que le nouveau châtelain devait chercher à satisfaire. Pendant longtemps, il avait pu servir de place de sûreté et de retraite aux sires de Chappes et de Noyers, quand ils visitaient la contrée, mais son enceinte n'était plus assez vaste pour loger la famille d'un descendant du roi Louis-le-Gros, ni le nombreux personnel attaché à son service. Il était assis d'ailleurs sur un sol aride, facilement abordable à l'est, et privé d'une des ressources les plus indispensables en cas de siège, car c'est au moyen de citernes qu'on pouvait seulement y recueillir de l'eau potable.

A quatre cents mètres de la place, coulaient au contraire les eaux abondantes et limpides du ruisseau de Quincy qui, au point de vue de la défense d'un château-fort, offraient tous les avantages désirables.

D'un autre côté, Guillaume de Courtenay devait attacher une véritable importance à se rapprocher du petit centre de population qui s'était groupé autour de l'église de Tanlay, et dont le donjon du *Bel-Air* se trouvait éloigné de près d'un kilomètre.

Quelles furent les dispositions adoptées par le petit-fils du roi Louis-le-Gros, pour la construction de son château-fort ? Nous tombons forcément à cet égard dans le chapitre des conjectures, car les documents contemporains ne contiennent aucun renseignement qui nous permette d'éclaircir cette question d'une manière bien satisfaisante.

De l'examen attentif auquel nous nous sommes livré sur les lieux, il résulte cependant un fait certain, incontestable, c'est que l'assiette du château est restée intacte depuis les premières années du XIIIe siècle, époque de sa construction primitive. Partout, en effet, on retrouve les gros murs de la for-

---

(1) Société des sciences de l'Yonne, t. X, p. 236.

teresse des Courtenay, avec leurs assises en pierre de taille de nature rocheuse, servant de soubassement aux tours et à l'enceinte extérieure des différents corps de logis. Ces murs, bâtis à plomb sur un socle taillé en chanfrein et faisant avant-corps de six à sept centimètres, existent au niveau des fossés, sur toute la façade à l'ouest. Lors des travaux de réparation exécutés en 1862, j'ai retrouvé tout l'appareil ancien qui est simplement recouvert d'un placage en pierre tendre d'Angy, posé à fruit, et dont la mise en œuvre appartient à d'Andelot et à d'Hémery, et remonte par conséquent aux XVIe et XVIIe siècles.

Notre excellent ami, M. Victor Petit, dont les archéologues regrettent si vivement la perte, avait été frappé de l'analogie qui existe entre le château de Tanlay et celui de Druyes. « C'est, nous dit-il dans son guide pittoresque, la même orien« tation du corps de logis principal, la même position des « murs d'enceinte, et presque les mêmes dimensions. »

Cette similitude n'a rien qui nous étonne : nous pourrions ajouter qu'elle nous paraît très naturelle. Nous savons en effet que Druyes, bâti au milieu du XIIe siècle par le comte de Nevers Guillaume II, devint la résidence préférée de Pierre de Courtenay. Cette forteresse redoutable, du haut de laquelle les comtes de Nevers, d'Auxerre et de Tonnerre bravaient les incursions de leurs ennemis, les insurrections de leurs vassaux et les foudres même de l'Eglise, servait également de rendez-vous à la noblesse du pays. Dès 1188, Pierre de Courtenay et la comtesse Agnès, sa femme, y donnaient une charte d'affranchissement aux habitants d'Auxerre. C'est là encore qu'au mois d'octobre 1216 les ambassadeurs des barons de Constantinople vinrent lui offrir la couronne impériale, après la mort de Henri de Hainaut, son beau-frère. A cette occasion furent données, d'après une chronique du temps (1), des fêtes somptueuses « *où les dames avoient désarmé les chevaliers,* « *et les damoiselles les écuyers.* »

Robert de Champignelles, Guillaume de Tanlay, Gautier de Brienne, mari d'Eustachie de Courtenay, assistaient certainement à ces réunions princières.

---

(1) M. Challe, Annuaire de l'Yonne, 1840, p. 129.

Dès lors, il devient facile d'expliquer comment le seigneur de Tanlay, mis à même d'apprécier, pendant ses fréquents séjours à Druyes, la forme sévère et imposante de ce redoutable castel, imagina de le prendre pour modèle et de donner à celui qu'il bâtissait sur son fief le même caractère et les mêmes proportions.

Ainsi, à Tanlay comme à Druyes, le bâtiment destiné à l'habitation du châtelain et de sa famille était placé à l'ouest de la cour d'honneur, large de 44 mètres sur 35 mètres de profondeur. Au nord et au midi, des courtines formant un parallélogramme à peu près régulier, et protégées à chacun des angles par des tours rondes ayant 10 mètres de diamètre, venaient se relier, d'un côté, au grand corps de logis dont nous venons de parler, de l'autre à la muraille d'enceinte qui complétait à l'est la clôture de la cour. Cette muraille était protégée par une poterne fortifiée dont l'axe correspondait au milieu du château.

Au moyen-âge, c'était le seul passage qui permettait de communiquer avec la basse-cour ou *bayle* contenant les hangars, magasins, écuries, etc.; aussi était-il disposé pour résister à la plus vigoureuse attaque. Il n'était accessible que par un pont en bois très étroit de 24 mètres de longueur, qu'on pouvait facilement couper à l'approche de l'ennemi (1), de manière à isoler complètement la place entourée de fossés larges et profonds, où coulait la petite rivière de Quincy. En cas d'alerte, la poterne était encore fermée par une porte à vantaux roulants et par une herse qui descendait du premier étage, en suivant une coulisse taillée dans la pierre.

Nous aurions été heureux d'entrer dans quelques détails au sujet de la construction des courtines qui, couronnées à leur sommet par un chemin de ronde, devaient communiquer avec la poterne fortifiée, les tours et le grand corps de logis; mais ce serait nous aventurer imprudemment, car il n'existe plus aucune trace de ces ouvrages ni des anciennes tours dont les

---

(1) Le pont-levis, dont le tablier en bois s'enlevait au moyen de leviers, par un mouvement de bascule, paraît n'avoir été adopté que postérieurement au XIIIe siècle (M. DE CAUMONT, *rudiments d'archéologie civile et militaire*, p. 441).

toitures pointues étaient, au xiiie siècle, décorées de larges girouettes grinçant à tous les vents.

Quant à la chapelle érigée en 1222 par Guillaume de Courtenay, était-elle placée dans la tour nord-est, où nous la voyons aujourd'hui ? Il est permis d'en douter, car, au moyen-âge, les tourelles d'angle étaient exclusivement défensives. Nous pensons donc qu'elle fut édifiée, à l'origine, dans la muraille d'enceinte, comme nous avons pu le remarquer à Druyes.

Malgré la difficulté de rétablir l'ancien aspect du château tel qu'il existait sous les premiers Courtenay, signalons cependant à l'attention des archéologues une carte de l'abbaye de Quincy et des villages voisins, sur laquelle figure en élévation les tours et le bâtiment occupé par nos châtelains. Mais, nous avons hâte de le dire, si ce plan, qui date du xvie siècle, nous offre de précieux renseignements au point de vue topographique, il ne nous donne, en revanche, qu'une idée bien confuse, bien imparfaite, des constructions élevées par Guillaume de Tanlay. Il est, d'ailleurs, de plus de trois siècles postérieur à l'installation de ce seigneur dans son fief, et, pendant ce long espace de temps, des additions, des changements furent probablement apportés à l'œuvre primitive (1).

N'oublions pas de mentionner la légende à laquelle paraissent attacher une véritable importance bon nombre d'habitants : à savoir que le château tout entier fut bâti sur pilotis.

Les dragages, les épuisements présentèrent à coup sûr de graves difficultés dans ce sol mouvant, couvert d'eau, à une époque où les puissants moyens dont disposent aujourd'hui nos ingénieurs faisaient complètement défaut. Des pieux furent alors enfoncés dans la vase pour faciliter les étanchements et consolider les premiers travaux de maçonnerie ; mais, si l'on examine avec soin le pied des murailles, quand les fossés sont à sec, on peut facilement se convaincre qu'il n'existe aucune trace de pilotis.

Nous avons dit, en parlant du village, que la population se réfugiait, en cas d'alerte, avec ses provisions et ses bestiaux, dans le château-fort de Tanlay. Tels étaient, en effet, la mission et le rôle protecteur des châteaux, si souvent dénaturés

---

(1) *Archives de l'Yonne*, fonds de Quincy.

par l'ignorance et l'esprit de parti du temps où nous vivons. Et cela est si vrai que, dans leurs chartes d'affranchissement, les habitants stipulaient le maintien de cet usage séculaire, devenu un droit, en quelque sorte, *le droit d'asile* ! En échange de ce service, ils s'engageaient à l'entretien et à la réparation des murs et des fossés, à faire le guet de nuit et de jour ; mais, pendant leurs jours de garde, ils étaient nourris et chauffés.

En résumé, nos préjugés ont, trop souvent, fait prendre des moyens de défense commandés par les malheurs des temps et par l'insécurité des routes, pour des velléités de révolte ou des habitudes de rapines. Pour un haut baron qui arborait la désobéissance, il existait des milliers de seigneurs fidèles à la couronne et au lien féodal, toujours prêts à venir en aide au pays, braves comme leur épée, et auxquels était exclusivement dévolu le périlleux privilège de mourir pour défendre le territoire, pour l'agrandir, pour en chasser l'étranger.

Après cette longue digression, continuons de relater, dans leur ordre chronologique, les différents actes qui se rapportent à Guillaume Ier.

Au mois de juillet 1222, ce seigneur et Adeline, sa noble épouse (*nobilis sponsa*), accordent à l'abbaye de Crisenon, du consentement de leur fils Robert et de leurs autres enfants, cinq sous de rente, monnaie d'Auxerre, à prendre tous les ans sur le cens de Mailly-Château, et payables aux fêtes de Saint-Germain et de Saint-Remy.

Cette pieuse libéralité avait pour but de recommander aux prières des religieuses l'âme de leur jeune fille appelée Nicolle, dont les restes reposaient dans l'église de Crisenon (1).

La même année, Guillaume donne au monastère de Reigny, avec l'approbation de sa femme et de ses enfants, Robert, Jean, Beaudouin et Jeanne, quarante-huit bichets de froment, afin que les moines célèbrent son anniversaire (2).

Le décès d'Adeline de Noyers doit être antérieur à 1229, car Robert, son fils aîné, prenait à cette époque le titre de sei-

(1) Du Bouchet, *Hist. généal. de la maison de Courtenay*, p. 353.

(2) *Cartul. de l'Yonne*, t. III, p. 122.

gneur de Tanlay, ainsi que nous l'indique une charte du prieuré de Jully-les-Nonnains (1). Or, comme le titre attaché à une seigneurie dépendait essentiellement de la possession du fief, qu'il se transmettait et se perdait avec lui, nous devons en conclure que les enfants d'Adeline avaient déjà recueilli sa succession.

Ces biens leur appartenaient évidemment du chef de leur mère, car Guillaume de Courtenay vivait encore.

Du Bouchet nous cite en effet un titre de l'année 1231, par lequel ce seigneur abandonne à l'abbaye de Reigny quatre arpents de vignes et deux arpents et demi de prés sur le territoire de Mailly. En 1233, il permet encore aux religieux d'acquérir dans son fief « *jusques à la quantité de vingt arpents* « *de terre.* »

Le dernier acte où son nom figure est relatif au fief de Festigny, situé entre Mailly-Château et Joux. Il en fait hommage à son neveu Gui de Forez, comte d'Auxerre, et reconnaît qu'il est jurable et rendable aux comtes de Nevers (1232) (2).

Nous n'avons aucun renseignement sur l'époque de sa mort qui, d'après du Bouchet, eut lieu en 1248. Ses restes furent inhumés dans l'église de Quincy, à côté de ceux d'Adeline de Noyers (3). De son premier mariage étaient issus sept enfants, savoir :

1° Robert 1er, dont il sera parlé ci-après ;
2° Jean, seigneur de Joux ;
3° Beaudoin, mort après 1222 ;
4° Jeanne, alliée à Pierre Corail, chevalier ;
5° Alix, mariée à Milon de Tonnerre, dit Tourbillon ;
6° Nicolle, inhumée à Crisenon en 1220 (4).

7° Guillaume, chevalier, qui, en 1231, donne à l'abbaye de Reigny, pour le salut de son âme et de celle de sa femme Nicolle, quatre arpents de vigne et deux arpents et demi de prés sur la terre de Mailly. — Nicolle approuve (5).

(1) *Arch. de la Côte-d'Or, prieuré de Jully*, H. 250.
(2) L'ABBÉ DE MAROLLES. *invent. des arch. de Nevers*, p. 495.
(3) *Gallia christiana*, vol. IV, p. 830.
(4) COURTÉPÉE, vol. IV, p. 388.
(5) *Cartul. de l'Yonne*, t. 3, n° 500. Archiv. de Vausse. *Cartul. de Quincy.*

— En 1233 il donne encore à Reigny droit d'acquérir dans sa censive de Mailly-le-Château, avec l'approbation de son fils Jean (1).

En juin 1245, Guillaume de Tanlay, chevalier, et Hugues de Mailly, aussi chevalier, figurent dans un acte qui paraît plus loin (2).

En 1248, ce Guillaume devait être décédé, car son fils Jean, sire de Joux, paraît seul (3).

C'est M. Ernest Petit qui nous signale ce Guillaume, confondu à tort avec son père par du Bouchet (Maison de Courtenay, p. 353).

La preuve manifeste qu'il est un autre personnage que Guillaume Ier, c'est que dans une pièce de 1244, citée plus loin, Marguerite, femme de Robert, frère de Guillaume, déclare que, n'ayant pas de sceau, elle fait apposer celui de Guillaume, jadis sire de Tanlay, père de Robert (4).

(1) Arch. Nat. *Cartul. de Reigny*, sect. judic. LL. 988 bis.
(2) Arch. Nat. loco citato, folio 152.
(3) Arch. du Nord, B. 1593, 1er cartul. d'Artois, pièce 189.
(4) *Cartul. de l'Yonne*, t. 3, p. 389.

Robert Ier

1229-1260

GRACE à l'illustration de sa naissance et aux belles alliances contractées par sa famille, Robert Ier fut appelé de bonne heure à prendre rang parmi les plus nobles barons de la contrée. La haute faveur dont il jouissait auprès du comte de Nevers ne saurait laisser aucun doute car, dès 1227, il reconnaît avoir reçu en accroissement de fief, de Gui de Forez et de Mathilde de Courtenay, sa cousine, la forêt de Laurent et le bois de Folens avec leurs appartenances, situés au territoire de Festigny (1).

Dans une charte datée de 1229, et où nous le voyons pour la première fois prendre le titre de seigneur de Tanlay, il atteste avec Jean, abbé de Quincy, la donation que le chevalier Thierry, dit *Chandoiseau*, a faite aux religieuses de Jully d'une partie du four et des coutumes de Sennevoy (2).

Les relations féodales et les liens de parenté établissaient de fréquents rapports entre lui et les sires de Noyers, comme le prouvent les titres nombreux que nous aurons occasion de citer.

En 1229, Mile VII constate, par des lettres revêtues de son sceau, que Robert de Tanlay, son neveu, a renoncé en faveur de l'église de Molêmes, à toute espèce de droit sur Gautier Rolar, de Nitry, sa femme et ses enfants. Dans le cas où il

---

(1) L'Abbé de Marolles, *inv. des titres de Nevers*, p. p. 495, 515.
(2) *Arch. de la Côte-d'Or, prieuré de Jully*, H. 250.

viendrait à en acquérir par la suite, il déclare en faire l'abandon aux religieux (1).

Lorsque Mile VIII confirma en 1231 la charte d'affranchissement accordée la même année aux habitants de Noyers, il pria ses chers parents et ses fidèles *(carissimi consanguinei et fideles)* Robert de Tanlay, Mile de Saint-Florentin, Jobert d'Ancy-le-Franc et Hugues de Bierry de lui servir de pleiges. Il fut spécifié dans ce traité que si Mile VIII ne remplissait pas ses engagements, ses cautions devraient se rendre comme otages, soit à Auxerre, soit à Vézelay et y demeurer jusqu'à ce que le sire de Noyers ait rempli fidèlement ses promesses (2).

D'après du Bouchet et le P. Anselme, Robert de Tanlay épousa en premières noces Marguerite de Mello, fille aînée de Guillaume Ier, seigneur de Saint-Bris et d'Elisabeth d'Ancy-le-Franc (3).

Les Mello, originaires du diocèse de Beauvais, prétendaient à une origine très ancienne. Ils contractèrent des alliances avec les maisons de France et de Bourgogne. Ils furent pour ainsi dire le bras droit des comtes d'Auxerre et figurèrent en première ligne, soit dans leurs conseils, soit dans les guerres qu'ils eurent à soutenir.

Guillaume Ier, seigneur de Saint-Bris, prit part à la guerre du roi de France contre celui d'Angleterre et fut fait prisonnier dans une bataille que ces deux princes se donnèrent dans le Vexin français, en 1198. Animé du zèle des chrétiens de son temps, il prit plus d'une fois les armes pour aller combattre les infidèles et trouva la mort en Chypre, dans une de ces expéditions où était son frère Dreux, seigneur de Loches.

Parmi ses enfants dont nous aurons occasion de parler plus loin, nous citerons : Guy de Mello, qui fut élu évêque d'Auxerre, en 1247; Marguerite, la jeune, alliée à Guillaume de Villehardoin, sire de Lezinnes; enfin, Agnès, qui épousa Pierre de Rochefort, seigneur de Bragelogne.

(1) Duchesne, M^s 69 ; f° 277, et *Cartul. de l'Yonne*, t. III
(2) *Cartul. de l'Yonne*, t. III, p. 182.
(3) Les Mello portaient *d'or à deux fasces de gueules, accompagnées de trois merlettes de même.*

Marguerite de Mello, l'aînée, décéda avant 1232, car à cette époque Robert de Tanlay avait contracté une seconde alliance avec Marguerite, fille de Pierre, seigneur de Ravières et de Nicolette de Magny. Tous les généalogistes ont passé ce fait sous silence, à l'exception toutefois de M. le marquis de Chastellux qui l'a signalé dans son beau livre sur l'histoire de sa maison, publié en 1869.

La pièce originale qui contient à cet égard des renseignements précis est datée du samedi avant l'Ascension, 1232. Nous y lisons que Nicolette ayant fondé avec défunt Pierre de Ravières, son mari, une chapelle à Cosne (1), sous le vocable de Sainte-Marguerite, les deux époux firent don au chapelain chargé de la desservir d'un muid de blé et de soixante sous, monnaie de Dijon, à prendre tous les ans sur les tierces et le moulin d'Aignay, avec leur vigne de Cosne, leur grange et le droit d'usage dans les bois de Duême (2).

Afin que la dotation affectée à cette chapellenie soit toujours exactement maintenue, Nicolette de Magny prend soin de faire approuver la charte contenant ces témoignages de libéralité par ses deux gendres, André de Montréal, sire de Marmeaux, et Robert, sire de Tanlay, et par ses deux filles Gilette, épouse d'André, et Marguerite, femme de Robert.

Cet acte passé à Ravières, en présence d'Humbert, prieur du Val-des-Choux, ne laisse subsister aucun doute sur la seconde alliance contractée par Robert Ier.

Nous n'avons à coup sûr aucun intérêt direct à nous occuper des seigneurs de Ravières, mais il nous paraît indispensable d'en dire quelques mots, car c'est en qualité d'héritiers de cette maison que Robert de Tanlay et ses successeurs recueillirent une partie de leurs biens, non seulement dans le Tonnerrois, mais à Quemigny-sur-Seine et à Villaine-en-Duesmois.

Guillaume, l'un d'eux, avait donné en aumône aux religieuses de Jully des terres situées près de Ravières, entre le monticule de la combe *Richart-Jacet* et les limites d'un bois

---

(1) Cosne (Condate), hameau dépendant de Quemigny-sur-Seine, à cinq lieues de Châtillon.

(2) *Arch. de la Chambre des comptes de Dijon*, layette n° 160, liasse 1, cote 3276.

appelé *Chapelaine* (1). Etienne Vilain, gendre de Guillaume, contesta ces donations, mais à la sollicitation de personnes nobles et sages, il les approuva, en 1180, devant Manassès, évêque de Langres, et abandonna en outre à l'église de Jully, moyennant deux sous de cens, son moulin de Tormancy (2).

En 1201, Pierre, fils d'Etienne Vilain, déclare avoir donné à Molêmes, pour le salut de son âme et de celle de son père qui est inhumé dans ce monastère, tout ce qu'il possédait à Stigny (*apud Sestiniacum*). Sa femme Nicolette, son frère Josselin et ses deux sœurs Elisabeth et Agnès confirment cet acte de libéralité, en présence de Josselin d'Avallon et de Barthélemy, seigneur de Polisy (3).

Peu de temps après (1210), Hervé, comte de Nevers, voulant s'attacher Pierre de Ravières en qualité d'homme lige, lui abandonna tout ce qu'il possédait en fief et seigneurie, en terres arables et prés à Ravières et à Nuits, plus cent livres de Provins. En conséquence, Pierre reconnut avoir pris à titre de fief, son château et tout le territoire de Ravières, s'obligeant à les garder envers et contre tous, dans l'obéissance du comte de Nevers et de ses successeurs (4).

Après cette courte digression, nous allons passer en revue les différents titres qui concernent le sire de Tanlay.

En 1233, des difficultés s'étaient élevées entre Jobert, seigneur de Venouse, et l'abbé de Saint-Germain-d'Auxerre, au sujet des droits de justice et des limites de Rouvray. Un accord destiné à régler toutes les contestations pendantes fut arrêté entre les parties. Mais la terre de Venouse relevant de Noyers, Mile VIII fut prié de ratifier les clauses du traité. Ce seigneur y consentit sans difficulté ; mais n'ayant pas alors de sceau à sa disposition, il fit apposer à la charte de transaction les sceaux de ses parents, Erard de Brienne et Robert de Tanlay (5).

(1) Ce bois fut sans doute défriché et donna son nom à la ferme de Chapoulaine.
(2) *Cartul. de l'Yonne*, t. II, p. 313, 314.
(3) *Arch. de la Côte-d'Or, cartul. de Molêmes*, t. II, fol. 53, r°.
(4) *Arch. de la Côte-d'Or*, B. 10438.
(5) *Cartul. de l'Yonne*, t. III, p. 185.

A l'exemple de ses ancêtres, Robert Ier ne cessa de se signaler par de nombreux bienfaits envers les églises. L'abbaye de Quincy, où reposaient les restes mortels de son père et de sa mère, ne pouvait manquer d'avoir une large part à ses faveurs. En 1236, il abandonna aux religieux :

> Le droit d'avoir à toujours des usages franchement en tout le bois de Parson (Paisson), avec une charrette à un cheval ou à deux ou à trois pour aller, une fois le jour seulement, et ce il arrivoit que le bois de Parson fust essarté ou amené à plain, lesdicts religieux auroient les tierces où le bois sy est (1).

L'année suivante, il constate, par des lettres revêtues de son sceau, que Guillaume de Bessé, damoiseau, a donné à l'église de Fontenay sa part de la dime de Duesme (2).

A quelque temps de là, il reconnaît avoir abandonné à l'abbaye de Molêmes, pour le repos de son âme et de celle de ses ancêtres, Gertrant-le-Valet, d'Arthonnay, avec sa femme, ses enfants, tous les biens qui pouvaient leur appartenir (3).

Rien ne fait mieux connaître la piété dont se montraient animés les plus nobles personnages que ces donations continuelles, soit à titre de libéralité pure et simple, soit à charge d'obits et de commémorations. Il semblait surtout qu'on fit une chose agréable à Dieu de placer les malheureux serfs attachés à la glèbe sous l'autorité religieuse où ils étaient assurés de trouver un sort plus doux que sous le joug des seigneurs.

Dans le même moment (1239), Robert de Tanlay cédait au monastère de Molôme les droits qui lui appartenaient sur la terre de Gland. De leur côté, les moines renonçaient en sa faveur à toutes leurs prétentions sur la terre de Tanlay (4).

Le jour de la fête des bienheureux apôtres saint Pierre et saint Paul, il atteste que Ponce de Joux, homme d'armes, a donné à la bienheureuse Marie de Molêmes tout ce qu'il avait ou pouvait avoir dans la dime d'Arthonnay (5).

---

(1) *Arch. du château de Tanlay.*

(2) *Arch. de la Côte-d'Or*, Fonds de Fontenay, Cartul. de Fontenay, n° 201 bis, fol. 144, v°.

(3) *Cartul. de l'Yonne*, t. III, p. 206.

(4) *Arch. de Tanlay*, ancien invent. p. 3.

(5) *Cart. de l'Yonne*, t. III, p. 209.

Enfin, au mois de juin 1239, il nous fait connaître que Mile de Laignes, chevalier, et Guillaume, son frère, ont approuvé la donation faite à l'abbaye de Quincy par Marie, femme d'Etienne de Mélisey, d'un setier de froment à prendre chaque année sur le moulin de Ladoitz (1). Cette rente pourra être rachetée par les héritiers de ladite dame, moyennant sept livres, monnaie de Dijon (2).

Il est impossible de se dissimuler combien l'analyse de ces chartes est aride; mais à part quelques chroniques trop souvent empreintes de partialité et d'exagération, c'est à l'aide de ces pièces originales qu'il est permis d'étudier avec le plus d'exactitude les coutumes et les mœurs de la société féodale et d'écrire la monographie ou plutôt le nécrologe de ces dynasties seigneuriales qui, pendant tout le moyen-âge, ont joué un si grand rôle dans le pays.

Robert Ier et Marguerite de Ravières, sa femme, avaient probablement recueilli, en 1240, la moitié de la succession de Nicolette de Magny, car dans un acte de foi et hommage rendu au sire de Noyers par André de Montréal et Gilette, son épouse, ceux-ci prennent soin de faire une réserve expresse au sujet des biens qui appartiennent à leur beau-frère (*excepta parte domini Roberti de Tanlay*) (3).

Jean de Tanlay, seigneur de Joux, avait dans le même moment des difficultés avec les moines de Reigny, relativement à la terre de Saint-Pierre, située entre la ville de Joux et la grange de Fontenoy. Les religieux prétendaient avoir droit de justice sur tout le territoire compris entre le chemin qui conduit à Vézelay et celui qui se dirige vers Auxerre avec la faculté d'y construire des maisons et d'y créer un centre de population.

Voulant donner aux moines des preuves de son affection, Jean consentit à leur céder ses tierces de Joux, et leur abandonna les différents droits par eux réclamés, sauf toutefois la justice sur la terre de Saint-Pierre, dans les quatre cas suivants : le vol, le rapt, le meurtre et le duel (1240).

(1) Ce moulin porte aujourd'hui le nom de moulin de la *Douix* ou de la *Fontaine*.
(2) *Arch. de la Côte-d'Or*, Fonds de Quincy, n° 587.
(3) *Hist. généal. de la maison de Chastellux*, p. 332-333.

A la prière de son frère, Robert de Tanlay approuva, comme seigneur féodal, cette transaction et la confirma par des lettres revêtues de son sceau (1).

Les religieux attachaient sans doute une grande importance à ces concessions, car au mois de mai 1244 l'archidiacre d'Avallon leur en délivre un *vidimus*.

Malgré toutes ces précautions, de nouveaux démêlés ne tardèrent pas à surgir entre les parties intéressées. Non contents d'avoir obtenu l'autorisation de fonder un petit centre de population au territoire de Saint-Pierre, les moines contestaient maintenant au seigneur de Joux le droit d'user de la même faculté.

Grâce à l'intervention d'amis communs, il fut enfin reconnu par un cyrographe passé entre Almaric, abbé de Reigny, et Jean de Tanlay, que chacune des parties pourrait construire un village entre Joux et la grange de Fontenoy et y établir des habitants. Quant à la haute justice, elle devait toujours appartenir à Jean de Tanlay, comme il avait été spécifié dans la charte de 1240, mais pour tout le reste, l'abbaye était appelée à percevoir la moitié des fruits. Un prévôt et un maire, institués d'un commun accord, étaient chargés de rendre la justice et de garder les droits des parties (2).

Nous aurions pu passer sous silence les actes qui concernent spécialement la terre de Joux, mais nous avons cédé au désir de publier toutes les pièces dont nous devions nous aider pour établir la généalogie des sires de Tanlay. Continuons donc de relater les faits qui se rapportent à Robert I*er*.

En 1244, Marguerite, dame de Tanlay, fait connaître que, du consentement de son mari, elle avait autrefois vendu au monastère de Quincy trois setiers d'orge assis sur la grange de Mursange (3). Mais comme cette grange ne lui est pas advenue en partage et qu'elle est échue à son frère, Marguerite reporte la rente dont elle était chargée sur ses tierces de Cosne. Elle veut et entend que les moines touchent tous les

---

(1) *Arch. nat., cartul. de Reigny*, Section judic. LL, 988 *bis*.

(2) *Cartul. de l'Yonne*, t. III, p. 389, n° 740.

(3) *Meursange*, ferme dépendant d'Ampilly-les-Bordes, arrondissement de Châtillon.

ans cette redevance, le jour de la Toussaint. Elle déclare ensuite que n'ayant pas de sceau, elle a fait apposer à la charte les sceaux de Guillaume, jadis seigneur de Tanlay, et de Robert, son époux (1).

En juin 1245, Renaud de Saligny, évêque d'Auxerre, et Robert de Tanlay, chevalier, arbitres choisis, terminent des contestations survenues entre Philippe et Raoul de Courtenay frères, au sujet de la part réclamée par Raoul à titre d'hérédité dans les terres de Château-Renard, Charny, Champignelles, Verticourt et Laurant. Les arbitres décident que Laurant est abandonné à Raoul, ainsi que ce qui appartenait à Robert et Jean, moyennant 160 livres tournois, et on lui donnera en outre 200 livres tournois pour bâtir une maison.

Ils promettent de faire ratifier ces conventions par la comtesse de Nevers.

Les témoins sont : Guillaume, Daniel, chanoines d'Auxerre; Guillaume de Tanlay, chevalier; Hugues de Mailly, chevalier, etc. (2).

Quelques années plus tard (1251), le sire de Tanlay assiste à un accord passé à Nevers, entre Mile VIII et Guillaume de Bourbon. En qualité de tuteur des enfants d'Eudes-des-Barres, son beau-frère, dont la veuve, Marguerite de Bois-Roserai, avait épousé en secondes noces Guillaume de Bourbon, sieur de Beçay, Mile avait eu quelques démêlés avec cette veuve dont il retint les biens après sa mort, pour faire face aux dettes qu'il s'était chargé d'acquitter en son nom, jusqu'à la somme de mille livres (3).

A la perfin par lou conseil de bones gens, les parties convinrent de choisir des arbitres chargés de régler toutes les difficultés. Le jugement rendu, Guillaume de Bourbon et Mile VIII durent *gaygier des ploiges jusques à mil livres et furent ploiges mon seignor Milon de Noyers, mes sires*

(1) *Arch. de la Côte-d'Or*, fonds de Quincy et *cartul. de l'Yonne*, t. III, p. 232, n° 500.

(2) *Arch. du Nord*, B. 1593. 1er *cartul. d'Artois*, pièce 189.

(3) *Les sires de Noyers*, par M. Ernest Petit, p. 79-80. Cette charte donnée par Marguerite, alors que son mari vit encore, prouve qu'elle était veuve d'un premier mari et qu'elle avait des devoirs féodaux à remplir.

Robert de Tanlay, mes sires Gauchiers Bridaignes, mes sires Guillaume Darce et mes sires Jahans de Chastiau-Nuef.

Les cautions du sire de Noyers devaient se rendre, comme otages, à Auxerre, dans le cas où ils en seraient requis, et ceux de Guillaume de Bourbon, à Nevers (1).

Jean de Tanlay, seigneur de Joux, était mort à cette époque sans laisser de postérité, car nous voyons son frère, Robert Ier, consentir, en 1251, un nouveau traité avec le couvent de Reigny. Il est encore question dans cet acte de la terre de Saint-Pierre, sur laquelle le sire de Tanlay retient, comme par le passé, la haute justice *tant seulement en quatre cas, cest assavoir de meurtre, de larrecein, de rapt et de champ de bataille*. Robert abandonne en outre au monastère, pour le remède de son âme et pour son anniversaire, qui sera célébré tous les ans dans l'église de Reigny :

Le droit de mener les bestes de ladite abbaye pasturer franchement, es bois et en plain, par toutte sa terre de Joux, et ce ils avient que les frères de ladite église, leur serviant ou leurs bestes, ou aucuns d'eux meffacoient par aucune aventure, en bois ou en plain ou en pastures dessus dites, ils seront quittes de touttes amandes, le domaige rendant, ne ne vuil que prescription de temps ou la négligence, la force ou la violence teigne ou face aucun préjudice esd. religieux, mais vuil que touttes les choses dessus dites soient tousjours mais gardées (2).

Au mois de juin 1253, Robert et Marguerite échangent au duc de Bourgogne Hugues IV, tout ce qu'ils possédaient à Villaine-en-Duesmois *en hommes, en bois, en tierces et en toutes droitures* contre la terre du chemin d'Ampilly-les-Bordes (3).

Au mois de novembre suivant, Marguerite comparaît devant Milon, abbé de Saint-Michel de Tonnerre et reconnaît, dit l'acte dressé à cet effet :

Avoir octroyé et loué de bonne foi et par seirement de son corps leschainge que li diz Robert ses sires a fait a Hugon duc de Boir-

(1) *Arch. de la Côte-d'Or*, B. 1272.

(2) *Arch. nat., cartul de Reigny.* Sect. jud. LL. 988 *bis*.

(3) AMPILLY-LES-BORDES, village de la Côte-d'Or, entre Montbard et Châtillon.

goine de la terre de Vullaines-en-Duxmois de quanque li diz Robert et Marguerite avoient an cele vile et on finaige en bois, en plains, en prez, en vigne, en terre cultivée et non cultivée. Laquelle terre movoit don chief a la devant ditte Marguerite dame de Tanlay. Et ces choses devant dites devant nos a quitté la ditte Marguerite audit Hugon duc de Borgoine et à ses hoirs à tenir perpétuellement (1).

Villaine fut, nous le savons, du XIII° au XIV° siècle, la résidence favorite de nos ducs. Hugues IV y fit son testament au retour d'un pèlerinage à Saint-Jacques, et y mourut en 1272.

Dans sa description historique du duché de Bourgogne, Courtépée cite parmi les anciens seigneurs de Villaine : Humbert, bienfaiteur de l'abbaye de Fontenay, en 1206, auquel il donne pour fille Marguerite, femme de Robert de Tanlay (2). C'est une erreur qui doit être rectifiée, car cette Marguerite était bien réellement, comme nous l'avons démontré, la fille de Pierre de Ravières et de Nicolette de Magny et dame de Villaine-en-Duesmois.

Comment lui était venue cette dernière terre ? Ce ne pouvait être que par un mariage avec le sire de Villaine, dont elle était veuve quand elle épousa Robert de Tanlay, lui-même veuf de Marguerite de Mello.

Le sire de Tanlay continuait d'entretenir les meilleures relations avec Mathilde de Courtenay, sa cousine. Nous en avons pour preuve le mandat qui lui fut confié, en 1255, par la comtesse de Nevers, de constater les donations faites aux chevaliers du temple de la Vesvre par Renaut, dit *Brende*, cidevant prévôt de Griselles, et Flore, sa femme, et qui consistaient en sept arpents de bois, six journaux de terre et douze fauchées de pré ; le tout situé au finage de Gigny. Renaut et Flore reconnaissent encore avoir vendu à la maison du Temple, moyennant cent quarante livres, monnaie de Nevers, ce qu'ils possédaient dans les bois de Foiseul, de Nogent (3) et dans les finages de Gigny et de Nicey mouvant en fief de la comtesse Mathilde (4).

(1) *Arch. de la Côte-d'Or*, B. 10473.
(2) COURTÉPÉE, t. IV, p. 238.
(3) *Foiseul* et *Nogent* étaient deux fiefs de la seigneurie de Paisson relevant de Noyers.
(4) *Arch. de Tanlay*, copie sur papier du XVII° siècle.

Peu de temps après, Robert de Tanlay et Marguerite, sa femme, accordent en perpétuelle aumône à l'abbaye de Quincy trois setiers de froment à prendre tous les ans sur la grange de Mursange, et destinés spécialement à faire les hosties du couvent (*ad conficiendas hostias*) (1).

Voulant enfin donner à ce monastère où ils espéraient reposer un jour, un dernier témoignage de leur affection, les deux époux abandonnent aux religieux un setier de froment de rente qu'ils leur devaient sur la même grange : *por les ames de nos et de nos ancessors a toz jorz mais por faire le pain au covant de cele abaie chascun an le jor de mon anniversaire (1257)* (2).

Robert Ier décéda en 1260 et fut inhumé à Quincy, où l'on voyait son tombeau avec cette épitaphe :

CI GIST MESSIRE ROBERT, CHEVALIER
PREMIER FILS DE MONSEIGNEUR GUILLAUME
QUI TRÉPASSA L'AN MCCLX.

De son mariage avec Marguerite de Ravières, il laissa deux enfants :

1° Jean, seigneur de Tanlay, Joux, Ravières et Saint-Vinnemer, qui suit ;

2° Marie, qui fut tenue sur les fonts de baptême par Marie des Barres, sa grand'tante, dame de Mont-Saint-Jean, et qui épousa Guillaume de Joinville, seigneur de Jully-sur-Sarce, fils de Guy de Joinville et d'Agnès de Chappes. Guillaume était neveu de Jean, sire de Joinville, qui écrivit la vie de saint Louis et acquit par là une si juste célébrité.

Marie de Tanlay et son mari vendirent, en 1276, aux religieux de Moutier-Saint-Jean, moyennant 400 livres tournois, les droits qui leur appartenaient à Joux.

---

(1) *Arch. de la Côte-d'Or ;* il y a quelques lacunes dans cette charte.

(2) *Arch. de la Côte-d'Or*, fonds de Quincy, n° 620.

Jean

1260-1285

PEU de temps après la mort de son père, Jean de Tanlay éprouva de nouvelles difficultés avec les moines de Reigny, relativement aux tierces de Joux. Guy du Mex, bailli d'Auxerre et de Tonnerre, fut chargé de procéder à une enquête et de régler, en qualité d'arbitre, les droits respectifs des parties. Par jugement du mois de janvier 1263, celui-ci décida :

Que les tierces de Joux demourereint au devant dit abbé et au couvent a tousjours et que li devant dit Jehanz les leur garantiroit vers lou seignor du fié et vers touttes autres gens et leur en feroit faire les lettres au comte de Nevers et les lettres à l'avesque d'Ostun. Guy du Mex déclara ensuite que li sire de Tanlay demeuroit quitte envers les religieux de soixante sols tournois et de deux muids de froment qu'il leur devoit pour son père comme de la moitié dou molin de Cersy et des arrérages des tierces évalués à quinze muids de blé.

Et li dit Jehanz fiança en ma main à faire et à tenir toutes ces choses en bonne foy ainsy com elles sont dessus divisées dedans la Chandeleure qui sera en l'an de Nostre Seigneur mil et deux cens soixante et trois et en fust pleige en ma main jusques à cent marcs d'argent, mes sires Hue, sire de Braigenoile (1).

Trois ans plus tard (1266), Mile VIII et Alixant d'Etampes, sa femme, reconnaissent avoir octroyé au monastère de Rei-

---

(1) *Arch. nal., cartul. de Reigny.* Sect. judic. LL. 988 *bis*.
Hue ou Hugues de Bragelogne, dont le nom figure dans ce titre, était beau-père de Jean de Tanlay.

gny les tierces que Jean de Tanlay possédait dans la ville et au territoire de Joux *en tel point et en tel état comme li dit Jehan les tenoit en fié de nous.* Le sire de Noyers consent en outre à amortir en faveur du couvent, *lou fié des dites tierces et à ce que les moines tiennent désormais ces biens en droit alluef* (1).

Ces notes historiques, nous ne pouvons le dissimuler, sont la plupart du temps d'une aridité désolante; mais peut-il en être autrement avec des documents puisés à tant de sources différentes? Pour rétablir fidèlement la généalogie des seigneurs de Tanlay, nous n'avions guère à hésiter du reste : c'était de citer tous les actes conservés dans nos archives, ou bien d'accepter sans contrôle les renseignements recueillis par les auteurs qui nous ont précédé. Nous avons préféré la première méthode, car elle a l'avantage d'élargir le cadre dans lequel nous aurions été renfermés.

Continuons donc de rapporter tous les faits qui peuvent nous aider dans nos recherches.

Au mois d'octobre 1270, Renaut, abbé de Molômes, et Jean, doyen de Saint-Vinnemer, constatent la vente faite par Guillemin de Fresne (2) à Jean, sire de Tanlay, d'une pièce de terre située au finage de Commissey, « *au terreor que lon apele Loiere* (Louère). » Celui-ci veut qu'elle soit en accroissement du fief tenu par lui de Mile de Noyers (3).

Cinq ans plus tard (mars 1275), il abandonne avec Marguerite, sa femme, « *à son très chier cosin Erard, avesque d'Aucerre* » tous les droits qui pouvaient lui appartenir sur la moitié d'un fief assis dans les vignes de Lezinnes, Ancy-le-Serveux et Argentenay, mouvant de lui à cause de sa terre de Saint-Vinnemer. Le sire de Tanlay réserve expressément, dans cet acte, les droits auxquels Philippe de Bragelogne, son beau-frère, pouvait prétendre sur l'autre moitié de ce fief (4).

(1) *Arch. nat., cartul. de Reigny.* Sect. judic. LL. 988 *bis.*

(2) Guillemin ou Guillaume de Fresne était fils de Huon de Fresne et d'Agnès.
Les sires de Noyers, p. 83.

(3) *Arch. de la Côte-d'Or*, B. 10479.

(4) *Arch. de la Côte-d'Or*, B. 10480.

L'évêque d'Auxerre, Erard, dont il vient d'être question, était fils de Guillaume de Villehardouin, sire de Lezinnes, et de Marguerite de Mello, la jeune. De son côté, Robert de Tanlay, 1er du nom, ayant épousé en premières noces la sœur aînée de Marguerite, il en résultait naturellement qu'Erard et Jean de Tanlay étaient cousins-germains.

Ils avaient eu aussi pour oncle Guy de Mello, évêque d'Auxerre, de 1247 à 1270.

Jean était devenu seigneur de Saint-Vinnemer, par suite de son mariage avec Marguerite de Plancy, dame de Bragelone, sa parente par les Mello, et dont la maison, originaire de Champagne, était considérée comme une des plus anciennes de cette province (1). Elle remontait en effet à Gilette, dame très noble de Plancy *(mulier nobilissima)*, qui vivait en 1080.

Philippe de Plancy, l'un des descendants de Gilette, se signala par de nombreux bienfaits envers les abbayes de Molêmes et de N.-D.-aux-Ormes. Il assista, en 1212, aux grands jours de Troyes, et promulgua avec la comtesse Blanche, Milon, comte de Bar-sur-Seine, Erard de Brienne, Guy de Chappes, le règlement relatif au duel judiciaire et au partage des fiefs entre les filles, à défaut d'héritiers mâles. Pendant les longs troubles de Champagne, il se rangea parmi les partisans d'Erard de Brienne. Irritée de sa défection, Blanche s'empara de son château de Plancy dont elle confia la garde à Clarembaud de Chappes, qui le conserva jusqu'à la paix.

Philippe s'était marié avant 1209, à Agnès, dame de Bragelogne, Beauvoir et Villon, comme le constate un échange de serfs fait entre lui et l'abbaye de Molêmes, à Méry-sur-Seine (2). En 1235, il reçoit en fief de Guy de Châtillon, comte de Saint-Paul, la garde du prieuré de Jully, qui passa dans la suite à ses descendants de la maison de Tanlay (3). Il décéda vers 1237, laissant cinq enfants qui se partagèrent sa succession, savoir :

1° Jacques, qui continua la lignée des sires de Plancy;

---

(1) Les armoiries des Plancy étaient : *de vair à une cotice de gueules.*

(2) *Arch. de la Côte-d'Or, 2e cartul. de Molême, f° 91, v°.*

(3) *Arch. de l'Yonne, cartul. du comté de Tonnerre, f° 84, v°.*

2° Thibaut, seigneur de Saint-Vinnemer ;

3° Hugues, seigneur de Bragelogne, Beauvoir et Villon ;

4° Philippe, chanoine de Troyes, auquel échurent les fiefs de Beugnon, Chéu et Courcelles ;

5° Marguerite, alliée à Gaucher, vicomte de Saint-Florentin.

Thibaut de Plancy, seigneur de Saint-Vinnemer, décéda lui-même, vers 1248, sans laisser de postérité de son mariage contracté avec Guillemette de Toucy, dame de Bazarnes, fille d'Anseric de Toucy et d'Ysabeau de Montfaucon.

Au mois de juillet 1250, ses frères firent le partage de ses biens. Jacques, sire de Plancy, et Hugues, sire de Bragelogne, abandonnèrent à Philippe leurs droits à Courcelles et reçurent, en échange, sa part dans la terre de Saint-Vinnemer. Réserve expresse est faite dans cet acte du douaire de Guillemette de Toucy.

Par suite d'acquisition ou d'échange avec son frère Jacques, Hugues de Plancy, sire de Bragelogne, devint seul propriétaire de la terre de Saint-Vinnemer et la transmit à ses trois enfants :

1° Philippe, sire de Bragelogne, Beauvoir et Villon ;

2° Agnès, mariée à Pierre de Rochefort ;

3° Marguerite, femme de Jean de Tanlay.

Nous en trouvons la preuve dans l'acte de cession consenti à Erard de Lezinnes et dans les différents titres dont nous aurons à parler plus loin.

Philippe de Bragelogne étant mort sur la fin de l'année 1275, sa sœur Marguerite recueillit la plus grande partie de ses biens, y compris le fief de Saint-Vinnemer. Cela résulte d'un accord passé au mois de février 1276, entre le sire de Tanlay et Jean Chaffoz, de Saint-Vinnemer, devant Louis de Trichâteau, archidiacre du Tonnerrois.

Les motifs de cette transaction sont assez curieux à signaler. Jean Chaffoz avait eu pour frère un chanoine d'Auxerre qui venait de décéder, laissant un héritage assez important à Argentenay et à Saint-Vinnemer. Comme le défunt n'avait naturellement aucun héritier en ligne directe, ses propriétés tombaient en main-morte et le seigneur du fief pouvait s'en emparer. La loi féodale ne pouvait prêter sur ce point à aucune interprétation, car elle était absolue.

Cependant, grâce à la bienveillante intervention de l'archidiacre du Tonnerrois, un arrangement amiable eut lieu. Le sire de Tanlay consentit à abandonner à Jean Chaffoz tous les biens, meubles et immeubles, provenant de la succession de Pierre de Saint-Vinnemer, son frère, mais à la condition qu'on lui céderait la moitié du four d'Argentenay, les pressoirs, un setier d'orge et quatre bichets de froment à prendre, chacun an, sur la partie qui avait appartenu à monseigneur Philippe de Plancy, chevalier, pour raison du moulin d'Argentenay.

Jean de Tanlay comparait seul dans cet acte, comme seigneur de Saint-Vinnemer, et c'est en cette qualité que Jean Chaffoz s'avoue son homme lige et lui rend ses devoirs de vassal.

Le traité mentionne ensuite les conditions auxquelles ce dernier devra se soumettre envers le possesseur du fief et dans quelles circonstances il sera tenu d'obéir à son commandement :

Cest assavoir que ledit Jehanz, chevalier, ne ses hoirs ne lou doivent demander an nul manière en garnison ne en deffension d'autruy si il n'y estoit en propre cors se nest pour la deffension de la propre terre, etc. (1).

Nous sommes entré dans tous ces détails au sujet de Saint-Vinnemer, afin de bien établir l'origine de cette terre qui, depuis le XIIIᵉ siècle jusqu'à nos jours, n'a pas cessé d'appartenir à la maison de Tanlay.

A l'exemple de ses ancêtres, Jean de Tanlay s'empressa de donner des témoignages de sa bienveillance aux moines de Quincy. En présence de Mile de Noyers et de Jean, doyen de Saint-Vinnemer, il confirme, en 1276, toutes les libéralités faites aux religieux par ses prédécesseurs. Il leur accorde ensuite, à titre d'échange, contre le moulin Renaut :

Seize bichets de blé, savoir : douze bichets de froment et quatre d'avoyne à prendre tous les ans sur les revenus de Pymelles et sy les revenus de la dite ville ne suffisoient pour payer la dite quantité de grains, le dit seigneur Jehanz veut que ce qui deffaudra soit prins sur les grains de Tanlay. Et il a fait le dit assignat aux dits religieux pour et à cause de la remise à luy faite dou moûin Regnauz sis entre li ville de Tanlay et lou molin au Lièvre que les dits de Quincy possédoient

(1) *Arch. du château de Tanlay.*

et tenoient pour quatre setiers de froment qui leur avoient léguez par Robert, chevalier, sire de Tanlay. Veut en outre le dit Jehanz que les dits de Quincy jouissent de quatre jornées de terres arables prosche son colombier come aussy de la lame sise on finaige de Saint-Vinnemer et des terres données aux dits de Quincy avec le molin (1).

Comme seigneur de Paisson, dont dépendaient les fiefs de Nogent, Foiseul et les Jarries, le sire de Tanlay eut quelques contestations avec les moines de Molêmes, au sujet des limites du finage de Gigny.

L'affaire fut portée devant le doyen de Saint-Vinnemer et messire Girard, curé de Bagneux, qui, *les raisons ouyes*, adjugèrent par sentence définitive rendue le samedi avant la Pentecôte, 1281, aux moines de Molêmes, pour raison de leur cellérerie :

La justice grant et petite dou terroir dès la ville de Geigny jusques au bois de Foiseul et de Nogent et dautre part dès lou finaige de la Chapelle jusques au finaige de Nicey et jusques au rupt de Jarcey (2).

A la même époque, Jean de Bonneuvre, écuyer, comparaît devant Pierre, dit de Maligny, *noteor juré en la cort de Tournerre*, et déclare :

Avoir prins en fié de noble chevalier Jehanz, sire de Tanlay, les vignes, prés, terres qui lui appartiennent aux finaiges du Coin et d'Argentenay comme ses coustumes, ses censives et ses hommes. Il promet par serment prêté sur les saints évangiles et sous l'obligation de tous ses meubles et immeubles de maintenir son domaine en fié de celuy qui est et sera sire de Tanlay, louquel je servirai touttes et quantes fois que ly fié lou requéra et vuil estre contraint à garder et à tenir les covenances dessus dites come la chose adjugée par la cort de Tournerre à très noble roy de Jérusalem et de Cézile à cel juridiction je me soumets (3).

Au mois de janvier 1284, Jean de Tanlay et Adrien de Savoisy, abbé de Molômes, constatent par des lettres revêtues de leurs sceaux, que Guillaume, dit *Lichaz*, de Sennevoy, écuyer, et Marguerite sa femme, ont donné en pure aumône, aux chevaliers du Temple de la Vesvre tous les droits qui pouvaient leur appartenir « *au gaignage de la Vaisvre ou finaige que*

(1) *Arch. du château de Tanlay.*
(2) *Arch. du château de Tanlay.*
(3) *Orig. Arch. du château de Tanlay.*

lon apelle la coste dou Rosier et en la coste qui est appelée Griviault et ou champ de la Bergerie (1). »

L'année suivante, Jean, doyen de Saint-Vinnemer, fait connaître la ratification consentie par Jean de Tanlay, de toutes les libéralités accordées par ses ancêtres aux moines de Quincy. Il y ajoute le droit de pêche, depuis la partie inférieure d'un pré appelé la noue *Thyon* jusqu'au moulin du May (2).

Cet acte est le dernier témoignage d'affection de ce seigneur envers un monastère auquel l'attachaient tant de pieux souvenirs. Il mourut en effet le 15 juillet 1285 et fut enterré à Quincy, où son tombeau, surmonté de son effigie et semé de fleurs de lys, comme marque de son extraction royale, portait cette épitaphe :

OSSA DOMINI TUMULATA JOHANIS MILITIS HIC REQUIESCUNT.
TRANSIT ANNIS MCCC CHRISTI TER QUINQUE RETENTIS,
JULII DIE DENA.

De son mariage avec Marguerite de Plancy, il eut cinq enfants :

1° Robert II, sire de Tanlay;

2° Etienne, marié à Marguerite de Valery, dame de Tonnerre, Champlay et Ratilly (3);

3° Philippe, seigneur de Ravières, mort en 1315;

4° Jean, abbé de Quincy (4);

(1) *Arch. du château de Tanlay*, copie sur papier du xvIIIe siècle.

(2) *Arch. du château de Tanlay*, copie sur papier du xvIIIe siècle.

(3) Les deux époux plaidaient, en 1317, contre la reine Clémence et Jean de Courtenay, seigneur de Champignelles.

(4) Jean V, abbé de Quincy, comparaît, en 1300, dans une transaction faite avec Robert II, son frère, au sujet du moulin Dumez et de celui d'Argentenay. Il fut inhumé à Quincy, où il était représenté sur son tombeau vêtu de ses habits religieux, ayant à ses côtés deux petits religieux. Dans la partie inférieure du monument, entouré des écussons de Courtenay, Plancy, Mollo et Noyers, on lisait cette inscription : *hic jacet dominus Johannes decanus hujus cænobii, frater domini Roberti de Tanlayo militis.* Le reste était effacé jusqu'à ces mots : *fuit in crastino beati Johannis-Baptistæ, anno domini millesimo trecentesimo. Anima ejus requiescat in pace.*

5° Marie, alliée à Gui de Montréal, seigneur d'Athies, qui vendit cette terre à Robert II, duc de Bourgogne, en 1304, moyennant quatorze cents livres. Plus tard, il aliéna encore à Robert II ce qui lui restait à Montréal et à Lisle, ne réservant que le douaire de sa femme et trente livrées de terre destinées à Guy de Villarnoul, damoiseau, son neveu. En lui finit la branche des seigneurs de Montréal. Marie de Tanlay fut enterrée au prieuré de N.-D.-de-l'Isle, à Troyes, dont l'obituaire mentionnait son décès le 22 mars. Son tombeau était orné des écussons de Courtenay, Plancy, Mello et Noyers (1).

Peu de temps après la mort de son mari, Marguerite de Plancy, du consentement de Robert, son fils, confirma la donation de vingt sous de rente faite par Thibaut, son oncle, au prieur de Saint-Vinnemer, pour la célébration de son anniversaire et de celui de son père (août 1285).

L'année suivante, elle contracta une seconde alliance avec Gaucher de Rochefort, seigneur de Puiset et vicomte de Chartres, fils de Simon de Rochefort et de Marguerite de Bar-sur-Seine.

En 1287, le mardi avant la fête de sainte Lucie, les deux époux reconnaissent avoir vendu avec Agnès de Plancy, dame de Bragelogne :

> A très hault et très excellent prince mon seignor Robert, duc de Borgoigne a lui et à son hoir tout ce que nos avons ou povons et devons avoir en la ville de Nougent près de Montbar, ou finaige ou porpris et es apartenances de la dite ville de Nougent, por le pris de mil livres de tornois petiz les quex mil livres nos avons rechuz en deniers coutans et léaumant nombrés dou commandement au devant di monseignor Robert, duc de Borgoigne, et an quittons lui et ses hoirs à touz jorz mais, et nos desvestons de la dite ville et de tout ce que nos avons ou povons et devons avoir en queuque rente ou autre redevance que ce soit et en revestons le dit monseignor le duc par la tenor de ceste lettre, etc. (2).

A l'exception d'Agnès de Bragelogne, les vendeurs prennent dans cet acte les titres de sire et de dame de Tanlay, qualité à laquelle ils n'avaient certainement aucun droit de leur chef,

---

(1) *Hist. généal. de la maison de Chastellux*, p. 40. Voir une notice sur le tombeau de Marie de Tanlay, dans l'*Annuaire de l'Aube*, 1852.

(2) *Arch. de la Côte-d'Or*, B. 1261.

mais qui leur était probablement due comme tuteurs des enfants mineurs du seigneur Jean ou bien comme *fruictiers* de cette terre, à cause du douaire constitué à Marguerite de Plancy par son premier mari.

Celle-ci mourut dans un âge très avancé, car nous la voyons encore confirmer, en 1306, la donation que son « *chier oncle Thiebauz, jadis sire de Plancy* », avait faite, en 1247, aux religieuses de Jully, pour le remède de son âme, de deux setiers de froment à prendre annuellement sur les tierces de Saint-Vinnemer, le tout à la mesure de Tonnerre.

Pénétrée d'une touchante sollicitude pour le couvent dont les siens avaient charge de maintenir les possessions et de défendre les droits, Marguerite reconnaît, en présence d'Hugues, doyen de Tonnerre, et de Jean, doyen de Molômes, avoir injustement empêché avec Jean de Tanlay, son mari, les nonnes de Jully de percevoir les dites rentes. *Voulant user de plus sain conseil ny destourber ou empeschier les aumosnes*, elle veut et entend que les religieuses touchent, chacun an, le froment et le vin qui leur sont dûs, le lendemain de la fête de saint André. Elle oblige en même temps ses héritiers à exécuter fidèlement ces conventions, sous peine d'être privés, dans sa future succession, d'une part égale à la valeur de la donation.

Les enfants issus du premier mariage de Marguerite de Plancy reçurent en partage les droits attachés à la garde de Jully-les-Nonains avec les terres de Saint-Vinnemer et du Coin, tandis que Jean de Rochefort, le seul enfant né de sa seconde union, recueillit les seigneuries de Bragelogne, Beauvoir, Villon, et partie des terres de Nicey, Gigny et Sennevoy.

Robert II

1285-1310

Avant de parler des différents actes relatifs à Robert II, il est indispensable, croyons-nous, de dire quelques mots du changement introduit dans la seigneurie de Tanlay et qui mit fin à la suzeraineté des sires de Chappes.

Depuis longtemps les ducs de Bourgogne voyaient avec une inquiétude trop mal dissimulée pour ne pas être très réelle, l'influence prépondérante du pouvoir royal sur les grands vassaux. La plus simple prudence leur commandait donc de s'entourer de feudataires dévoués et de protéger leurs frontières par des forteresses capables de résister aux attaques du dehors. Les marches de la Bourgogne présentaient malheureusement une ligne fort irrégulière et mal défendue à l'ouest et au nord, car les seules places qui pouvaient couvrir le pays et assurer sa sécurité en temps de guerre, étaient Chastellux, Avallon, Montréal, Châtel-Gérard, Châtillon-sur-Seine et Larrey.

Les comtes de Tonnerre devaient bien l'hommage-lige pour la châtellenie de Cruzy; mais si les forteresses de Chaunes, Griselles, Thorey, Ancy-le-Franc, Ravières et Rochefort étaient jurables et rendables aux ducs, il n'y avait guère à compter sur la fidélité et le concours de ces puissants seigneurs qui, eux-mêmes, avaient des craintes trop fondées de voir leurs domaines annexés à la Bourgogne. Les dangers qui résultaient d'une telle situation se trouvaient encore aggravés par le voisinage immédiat des comtes de Champagne qui, en vertu d'un traité remontant au xie siècle, possédaient, à titre de suzerain, les châteaux de Rougemont, Montbard, l'Isle-sur-Serein, Pierre-Perthuis. C'était la libre communication par l'Armançon, le Serein, la Cure et l'Yonne, avec leur comté de Sancerre, qui se trouvait ainsi menacée (1).

Le duc Hugues IV paraît avoir compris le premier combien il était indispensable à ses intérêts de placer sous son autorité les places fortes qui gardaient les marches de la Bourgogne. Sans se préoccuper de blesser l'indépendance des barons, il alla jusqu'à menacer, dans un mandement daté de 1272, de considérer comme rebelles ceux qui ne rendraient pas hommage à son fils Robert II.

« Nous vous commandons, dit-il, en s'adressant aux seigneurs de Gyé, de Larrey, de Tanlay, de Noyers, que por maintenant venir à Robert, chevalier, nostre chier fils, et aultre en sa foy et en son homaige des fiez que vos tenez ou devez tenir de nos ; quar nous li avons doné et donons, et volons et requérons à vos sur les féiales à qui vos estes à nos tenus que vos ainsie le faites et por seignor le tenez ainsie com nos et nos prions à nostre seignor le roy de France, que ces de son royaume contraigne à faire. Cest nostre mandement et commandement, si aucuns de vos ne voilloit faire ou estre rebelles (2). »

Or, Noyers et Tanlay ne relevaient aucunement de la Bourgogne et la qualité de suzerain que prend d'une façon si arbitraire le duc Hugues IV, constituait un véritable abus de pouvoir.

A la mort de son père, Robert II suivit exactement la même politique, ne cessant de mettre à profit toutes les occasions favorables pour agrandir son domaine et mettre à l'abri d'une invasion ses pays frontières.

Hugues IV n'ayant pu réussir à placer Tanlay sous sa dépendance, son successeur reprit patiemment son œuvre et parvint à obtenir de Jean de Chappes la cession de ses droits de suze-

(1) Les possessions des comtes de Champagne dans l'Auxerrois et le Nivernais, par M. Challe, bulletin de la société des sciences de l'Yonne, année 1879, p. 82.

(2) Perard, p. 503. — Hist. de Bar-sur-Seine, par M. Coutant, p. 112.

raineté, ainsi que le constate l'acte de vente du mois de décembre 1290, dont nous avons précédemment parlé. Par suite de cette cession, les sires de Noyers devenaient donc les vassaux des ducs de Bourgogne et les seigneurs de Tanlay leurs arrière-vassaux. Ceux-ci devaient, en conséquence, le service militaire à leurs nouveaux suzerains qui, en cas de guerre, avaient encore droit de mettre garnison dans leur château fort. Toutefois le changement qui venait de s'opérer ne s'appliquait en rien à la châtellenie de Noyers qui gardait, comme par le passé, une indépendance absolue.

Mais Robert II sentait trop bien de quelle importance était ce grand fief pour négliger plus longtemps de le réunir à ses états. Instruit que Mile X éprouvait des embarras d'argent, qu'il avait aliéné déjà à Louis de Chalon, comte d'Auxerre et de Tonnerre, une partie de la forêt d'Hervaux, il s'adressa au roi Philippe-le-Bel, afin d'être autorisé à recevoir en hommage-lige le franc aleu de Noyers. Après avoir obtenu du souverain l'autorisation qui lui était nécessaire, le duc traita directement avec Mile X, qui s'engagea à reconnaître sa suprématie sur ses fiefs et arrière-fiefs, moyennant sept mille livres tournois (1295).

Afin de s'attacher plus étroitement le sire de Noyers, Robert II l'appela à prendre rang parmi les grands officiers de sa maison et lui confia la charge de premier bouteiller (1296).

Ainsi, c'est cinq années après la réunion de Tanlay aux nombreux fiefs qui relevaient de la couronne ducale que Mile X consentit à reconnaître la supériorité de Robert II.

Les places fortes qui, à partir de Chastellux jusqu'à Larrey et Châtillon, couvraient désormais les frontières de la Bourgogne, formaient un système de défense parfaitement régulier dont on pouvait, au besoin, tirer un excellent parti pour prendre l'offensive, soit par les vallées du Serein et de l'Armançon, soit par celles de la Laignes et de la Seine. Ces précautions étaient d'une nécessité d'autant plus impérieuse que, par suite du mariage de Philippe-le-Bel avec Jeanne de Navarre (1286), la France s'était agrandie de la Champagne et du comté de Bar-sur-Seine et que les états du roi se trouvaient ainsi limitrophes du duché. De ce côté existait donc un voisinage fort inquiétant, et rien de plus naturel que Robert II se soit efforcé d'y remédier.

Nous sommes entré peut-être dans de trop longs détails au sujet de la cession de Tanlay au duc de Bourgogne, mais il n'était guère permis de passer sous silence un évènement qui eut pour résultat d'établir les relations féodales les plus étroites, pendant l'espace de cinq siècles, entre cette seigneurie et ses nouveaux suzerains.

Dès l'année 1275, suivant Courtépée, Jean de Tanlay avait vendu à l'abbé de Moutier-Saint-Jean la justice et la terre de Joux. Son fils Robert II abandonna également à l'abbaye de Vézelay les droits de tierce qui lui appartenaient sur le territoire de Saint-Pierre. En récompense de cette libéralité, il obtint des moines la permission de bâtir le puits d'Esme (*puteus de Huismo*), dont la source jaillit au dehors pendant une partie de l'année.

Peu de temps après (5 octobre 1301), des contestations s'élevaient entre le couvent de Quincy et le sire de Tanlay, relativement au Moulin-Dumez et à différents droits accordés à ce monastère. D'après les religieux, « *leurs mettes, leurs ostières et la correction des ecuelles à prendre la mouture leur appartenaient* ; ils pouvaient à leur volonté clore la terre et le pourpris situés derrière ledit moulin ; eux seuls avaient droit à la justice comme aux *aleix* ou dépendances de leur église, avec la pêche dans la rivière, jusqu'à l'extrémité du pré appelé la noue Thyon ; le seigneur de Tanlay était tenu de leur payer annuellement cinq sous de petits tournois d'aumône assis sur les censives de Tanlay, douze bichets de froment et quatre bichets d'avoine dûs au portier de Quincy sur la terre de Pimelles, quatre bichets de froment et cinq d'avoine dûs à l'hôtelier. Ils prétendaient encore avoir droit d'usage dans la forêt de Paisson pour eux et leur église, plus six setiers d'orge à prendre à titre d'aumône perpétuelle sur le même finage et, enfin, la faculté de pêcher dans la rivière de Ravières pendant deux jours et deux nuits à l'époque du chapitre général » (1).

(1) Ce droit de pêche avait été accordé aux moines de Quincy, en 1190, par Guillaume de Montlay et Etienne Vilain, son gendre, seigneurs de Ravières.

Robert de Tanlay contestait toutes ces prétentions. Néanmoins, dit le titre que nous avons sous les yeux, après avoir examiné les lettres octroyées par ses prédécesseurs et les avoir soumises à son conseil, il consentit à ce que toutes les concessions faites à l'église de Quincy reçussent leur entière exécution. Quant à la justice haute et petite *hors led. molin et la cloison diceluy, depuis les fourches de Tanlay et le poncel du molin jusques à la haye des vignes de Ban par le rez du Moncel-Confroy*, il fut reconnu qu'elle lui appartenait entièrement. Robert II confirma ensuite les donations de cinquante sous tournois assis sur les censives de Tanlay et sur les essarts de Valleneufve (*Vaulineuse*), les rentes de froment, d'avoine et d'orge dues chacun an, au portier et à l'hôtelier de Quincy, ainsi que l'usage pour les religieux de prendre franchement dans la forêt de Paisson, une charrette à un, à deux ou à trois chevaux, *une fois le jour seulement*, avec pouvoir de couper et prendre toutes sortes d'arbres, *fors les chaines et le fol*. Dans le cas où la forêt serait essartée, les moines auraient droit aux tierces et aux coutumes, suivant les lettres qui leur ont été accordées par le sire de Tanlay, au mois de mai 1236, et par ses successeurs (1).

C'est à Robert II que nous devons également rapporter l'érection d'une seconde chapelle castrale placée sous l'invocation de saint Jean-Baptiste (1302). Guillaume Ier avait accordé, comme nous l'avons vu, à l'abbé de Saint-Michel de Tonnerre, en 1222, le droit de présentation du chapelain, mais cette fois le seigneur de Tanlay se réserve expressément le droit de pourvoir à ce bénéfice (*retenta mihi præsentatione*).

Après avoir doté cette chapellenie de revenus suffisants, Robert et sa femme Agnès prennent soin de déclarer qu'ils entendent maintenir intacts tous les droits qui appartiennent à Saint-Michel, au prieur et à l'église paroissiale de Saint-

(1) Une copie de cette transaction qui existe aux archives de l'Yonne, dans le cartulaire du comté de Tonnerre, p. p. 212, 213, 214, porte que l'accord consenti entre les moines et Robert II est relatif au moulin d'Argentenay. C'est une erreur évidente, car les indications très précises contenues dans l'acte de 1301 ne peuvent s'appliquer qu'au moulin Dumez.

Vinnemer sur les dîmes, les oblations, et suivant qu'il est usité par une ancienne coutume (1).

Jean de Rochefort, évêque de Langres, approuve cette pieuse fondation, par des lettres datées du château de Tanlay, le lundi après le dimanche où l'on chante *reminescere*, l'an de grâce 1302 (*datum apud castellum Tanlaii, die lunœ post dominicam qua cantatur reminescere* (2).

Robert II mourut en 1310, et reçut la sépulture dans l'église de Quincy, « sous un tombeau semé de lys, de même
« que celui du prince Jean, son père, et sur lequel on voyait
« son effigie priant, vestue d'un habit de paix, l'escu de ses
« armes à droite, son épée à gauche et cette inscription à
« l'entour :

LATITANT HIC OSSA ROBERTI TANLAYI MILITIS EXPERTI
DOMINUS HIC FUIT ABSCONSUS MCCLX QUINTA VICE
DENO ANNO DECESSIT. »

Il avait épousé Agnès de Saint-Yon, qui fut également inhumée à Quincy « où elle est gisante près de son époux et où
« elle est environnée des armes de Courtenay, de Saint-Yon,
« de Mello et de Noyers, avec cette épitaphe :

CY GIST MADAME AGNÈS DE SAINT-YON IADIS DAME DE
TANLAY, LAQUELLE TRESPASSA LE SAMEDY VEILLE DE

(1) Cartul. de Saint-Michel de Tonnerre, vol. III, f° 123, r° et v°.

(2) *Reminiscere*, introït du second dimanche de carême. C'était donc le 3 mars 1303, n. style. D'après l'ancien style, l'année 1303 commençait le 7 avril, jour de Pâques.

5 août 1309

Le mercredi devant la Saint-Laurent, un homme de Lyse étant prisonnier à Jully, le bailli de Tonnerre donne commission à Jehan de Ricey, prévôt de Lyse, pour le prendre, comme aussi Robert, chevalier, sire de Tanlay, qui se disoit avoir commandement de Madame de Saint-Vinnemer, sa mère, de mettre la main sur ledit prisonnier, de par ladite dame, soi-disant gardienne desdites religieuses. Enfin l'un et l'autre s'en déportèrent et le laissèrent à la justice des religieuses, dont acte fut donné par Geoffroy de Lyse, notaire de la cour de Tonnerre.

(Arch. de la Côte-d'Or. chron. de Molème, n° 152, p. 235.)

Saint-Pierre entrant d'Aoust, l'an mil trois cent seize » (1).

Robert II laissa trois enfants :
1° Guillaume II, qui suit;
2° Philippe, prieur de Jully, en 1315;
3° Agnès, qui épousa Robert de Rochefort, seigneur de Bragelogne et de Villon (2).

(1) Du Bouchet, hist. généal. de la maison de Courtenay. Agnès de Saint-Yon portait : d'azur à la croix lozangée d'or et de gueules cantonnée de quatre cloches d'argent bataillées d'azur. (De la vraie et parfaite science des armoiries, par Pierre Palliot.)

(2) Au mois de mars 1308, Robert, sire de Bragelogne et Agnès de Tanlay, sa femme, déclarent approuver « les constitutions et ordo-
« nances accordées en 1231, aux homes de Braigeloinne par messire
« Philippes sires de Plancy et de Braigeloinne et noble dame et ho-
« neste madame Agnès, dame de ces mesmes leux. » Par le même acte Robert consent en faveur des habitants et moyennant quatre cent livres, « à ce que l'échoite de quelque costé quelle vaigne, vaigne
« au plus pruchien hoir don costé dont elle meura en quelque leu
« qu'il soit. Et se ny a hoir que leschoite vaigne au fillaul ou à la
« fillèle premier ou première. » (Arch. de la Côte-d'Or, B. 11,438).

Guillaume II

1310-1328

Dès l'année 1305, Guillaume II n'étant encore que simple écuyer, reconnaît avoir vendu, devant Pierre d'Orléans, garde du scel de la prévôté de Troyes, à Philippe de Plancy, chevalier, et à Marie de Noyers, sa femme, tout ce qui lui appartenait au village de Pargues (1).

A la mort de son père, il recueillit les terres de Tanlay, Saint-Vinnemer et Ravières, auxquelles il ajouta plus tard Saint-Thierry. Ce dernier fief, situé près de Corbeil, lui avait été apporté en dot par sa femme Agnès, dont la maison nous est inconnue.

En 1314-1315, le sire de Tanlay est associé à la ligue formée par la noblesse et le clergé des comtés d'Auxerre, de Nevers et de Tonnerre, dans le but de résister aux exactions de Philippe-le-Bel.

Déjà, sous le règne précédent, le pouvoir royal sentant ses forces grandir en raison des divisions qui s'étaient élevées entre les grands vassaux, avait tenté de soumettre ceux-ci à son autorité absolue. Mais sous le nouveau roi, les exigences de la couronne prirent bientôt un caractère plus grave et plus arbitraire. Sans tenir aucun compte du droit qui appartenait à la plupart des barons de battre monnaie, Philippe-le-Bel

(1) Marie de Noyers était fille de Mile VIII, bouteiller de Bourgogne, et d'Alixant d'Etampes.

voulut se réserver exclusivement ce privilège, tout en altérant le titre et la valeur du numéraire qu'il mettait en circulation. Il fit mieux : sous le prétexte que le trésor royal manquait des ressources nécessaires, il exigea des subventions expresses de certaines provinces et frappa dans tout le royaume des impôts arbitraires.

La résistance à de tels abus ne pouvait manquer de se produire et d'entraîner le peuple et la noblesse à faire cause commune. L'explosion fut, en effet, rapide et énergique dans toutes les provinces. Les seigneurs de Champagne, de Beauvoisis, de Normandois et de Bourgogne rédigèrent une déclaration portant « que par les tailles, subventions, exactions,
« changement de monnoie, li nobles et li communs avoient
« esté moult grevés, appauvris et à moult grand meschief
« pour les choses dessus dites qui encore sont. Laquelle chose
« ne pouvons souffrir en bonne conscience, car ainsi per-
« drions nos honneurs, franchises et libertés et nous et ci
« qui après nous vinront (1). »

Parmi les seigneurs qui signèrent l'association générale des états de Bourgogne figurent Guillaume d'Epoisses, Jean de Marmeaux, sire de Ravières ; Guy de Bazarne, Humbert de Rougemont, Erard de Lezinnes, Hugues d'Argenteuil, Guillaume de Tanlay, seigneur de Saint-Vinnemer, etc.

Devant une ligue aussi puissante, la royauté prit peur et livra aux vengeances de la foule le ministre qui passait pour l'instigateur de ces tyrannies financières, le malheureux Enguerrand de Marigny, qui fut condamné à la potence, pour avoir mis peut-être trop de zèle à satisfaire les exigences de son maître.

En 1315, le dimanche après la Trinité, Philippe de Tanlay, prieur de Jully, agissant au nom et comme fondé de pouvoirs de Guillaume II, son frère, rendit foi et hommage au comte de Tonnerre pour la ville de Ravières et ses appartenances. Voici en quels termes fut faite cette déclaration :

« Premiers. La maison fort de la dite ville et toute la ville
« et la maison de Champreoyt, prés, vignes, terres gaigna-
« bles, bois, rivières, homes et femmes, la taille dycels et
« toutes autres rentes.....

(1) Boulainvillers, t. II, p. 29.

« Item. Tout ce que madame Aaliz, mes sires Jehanz de
« Marmeaux, mes sires Hugues de Croumarey tiennent en la
« dite ville et ses appartenances (1).

« Item. Tout ce que mes sires Pierre de Muyz, li hoir mon-
« signor Mille, Guillemin Frochoz, li hoir monsignor Andrié
« de Sereigny et Heuvrardz de Muiz cognoissent à tenir dou-
« dit Guillaume.....

« Item tout ce que li sires de Juilly a ou conté de Ton-
« nerre.

« Item toute la terre de *Vullon* (Villon) come fructiers
« excepté le gaigniage que l'on dit Morize.

« Et furent baillés ci-ditz fiefs par Phelippe de Tanlay,
« prieur de Jully, procureur doudit Guillaume dessus dit,
« lequel Phelippe requist religieuse personne frère Gille,
« humble prieux de Saint-Vynemer que il meist son scel en
« ce présent escript pour tesmoins de vérité (2). »

D'après cet acte d'hommage, Guillaume II aurait possédé le principal manoir de la seigneurie de Ravières dont relevaient les fiefs de Jean de Marmeaux et d'Hugues de Croumarey. C'est ce qu'établissent d'une façon plus complète les dénombrements que nous aurons occasion de citer.

La forêt de Paisson qui, au XIIe siècle, couvrait la vaste étendue de terrain comprise entre le village de Pimelles et la maison du Temple de la Vèvre, était passée, comme nous l'avons dit précédemment, entre les mains des seigneurs de Tanlay, par le mariage d'Adeline de Noyers avec Guillaume de Courtenay.

Un titre de 1143-1159 établit cependant que le monastère de Saint-Michel possédait alors un tiers de cette propriété. Pour des motifs qui nous sont inconnus, les moines firent sans doute l'abandon de ce tiers aux sires de Tanlay, car dans la suite ils ne paraissent plus conserver sur ce domaine, en partie défriché, que des droits d'usage, de tierces et de corvées. Ces droits donnèrent lieu à de fréquentes con-

---

(1) Jean de Marmeaux, sire de Ravières, en partie, était fils de Gilette de Ravières et d'André Ier, de Montréal, sire de Marmeaux. Il avait épousé Alix.

(2) Arch. de la Côte-d'Or, B. 10438).

testations entre les abbés de Saint-Michel et les descendants de Guillaume Ier. Afin d'éviter à l'avenir de pareilles difficultés, les religieux prirent soin de demander au sire de Tanlay la confirmation des lettres qui leur avaient été accordées par ses prédécesseurs et qui réglaient les droits des parties.

Après avoir consulté les titres qui lui furent soumis, Guillaume II reconnut, par une charte datée du vendredi après l'Ascension (18 mai) 1325, « que toutefois que nous seignors « de Tanlay vendons riens doudit bois ou façons vendre en « quelque manière que ce soit lidit religieux en nom de eux « et de leur dite église, doivent havoir et praure franche- « ment la tierce partie en toutes les vendues graus et petites « et aussi la tierce partie de la paisson quand elle est ven- « due. »

Les religieux doivent avoir également leur usage en tout bois, à l'exception du pommier, du poirier et du chêne, tant pour leur four que pour leur maison de Pimelles. Ils peuvent prendre également le bois qui leur sera nécessaire pour leurs moulins de Tonnerre.

Ils ont droit de conduire en tout temps dans la forêt « *tous* « *leurs porcs de leur propre nourriture de leurs maisons de* « *Pimelles* » plus douze porcs, au moment de la paisson, « *pour la propre personne de l'abbé et non plus.* »

Quant aux rentes dues par les habitants de Pimelles pour leur usage dans ladite forêt, comme pour les tierces, mainmortes, eschoites, lods et ventes, les moines en toucheront un tiers et le seigneur de Tanlay les deux autres tiers.

Sont expressément réservés par le seigneur de Tanlay les tierces et autres droits qui lui appartiennent d'ancienneté sur le finage de Paisson, ainsi que la justice et seigneurie de la forêt et des appartenances, où l'église de Saint-Michel ne peut rien prétendre ni demander.

Cet acte eut pour témoins : monseigneur Pierre de Nuits, chevalier; Jean de Tanlay, écuyer; Guillaume Odinot et Robinot, de Cruzy, et Jacquelin Chaffot, de Saint-Vinnemer (1).

Guillaume II décéda avant 1328, laissant trois enfants :

1° Robert III, qui continua la lignée des sires de Tanlay;

(1) Bibliot. de Tonnerre, cartul. de Saint-Michel, D. f°s 178, 179, vol. IX.

2° Jean, écuyer en 1325, qui reçut en partage les terres de Saint-Vinnemer et Ravières en partie et épousa Odette de Pléépape, fille de Guy de Pléépape et de Jeanne de Saulx (1);

3° Philippe, seigneur de Saint-Thierry, Sainte-Savine et Pouligny, qui prit alliance avec Philiberte de Châteauneuf.

(1) On trouve à la Bibliothèque nationale (fonds Foursanvault, t. 40, fol. 126) une pièce originale de 1337 relative à Saint-Vinnemer. C'est une reconnaissance de fief faite à Jean de Tanlay, écuyer, par Jean Clerc, fils de Jean Chaffoz, gruier de monseigneur le comte d'Auxerre, pour divers héritages sis à Saint-Vinnemer. Orig. vélin.

Robert III

1328-1347

Au mois de juillet 1328, Robert III fut appelé à faire partie de l'expédition que Philippe de Valois conduisit dans les Flandres, afin d'y rétablir le comte Louis, qui en avait été chassé par ses sujets.

Irrités de la mauvaise foi dont on usait à leur égard et des exactions violentes qui se commettaient dans le pays, les Flamands avaient chassé les officiers et les percepteurs de leur comte et rompu toutes relations avec lui. Pour ressaisir le pouvoir, celui-ci ne pouvait guère compter que sur l'appui de la commune de Gand qui lui était restée fidèle et sur le dévouement de sa chevalerie; mais Bruges, Ypres, Cassel, toute la West-Flandres formaient une puissante ligue contre laquelle il ne pouvait rien tenter avec ses propres forces. Désespérant de soumettre les révoltés, il se rendit au sacre de Philippe de Valois, auquel il fit hommage, après quoi il lui exposa « *les révoltes et faits intolérables de ses sujets, et dit* « *comment il n'était point assez fort pour obvier à leur ma-* « *lice.* »

Le roi promit qu'il lui viendrait en aide et convoqua ses vassaux pour se trouver prêts à Arras, le jour de la Madeleine.

La chevalerie française, persuadée qu'elle servait ses propres intérêts en prenant la défense du comte Louis contre les communiers flamands, se rendit en foule au mandement de Philippe de Valois.

Robert III partit de Tanlay avec Jean, son frère, et sept écuyers, pour se placer sous la bannière de son suzerain, le maréchal de Noyers.

Après avoir reçu des mains de l'abbé de Saint-Denys et en présence de toute la cour, l'oriflamme qu'il confia à Mile X, « *ce chevalier preux et hardi en tous bons faits d'armes,* » le roi se mit à la tête d'une armée nombreuse et marcha droit sur Cassel, dont il forma l'investissement.

Pour résister à des forces aussi considérables commandées par des chefs éprouvés, les Flamands n'avaient guère à présenter en ligne qu'une quinzaine de mille hommes, paysans, pêcheurs, artisans qui avaient élu pour général un marchand de poisson nommé Zannequin, peu expérimenté, il est vrai, dans la guerre, mais hardi, rusé, plein d'audace. Campés sur une éminence, près de Cassel, cette multitude qui ne comprenait rien à la discipline ni au maniement des armes, paraissait cependant déterminée à défendre bravement son indépendance. Elle poussait même la témérité jusqu'à railler la noblesse française, en arborant une espèce d'étendard sur lequel elle avait fait peindre un coq avec ces mots :

> Quand ce coq chanté aura,
> Le roi Cassel conquèrera.

Mais une sortie malheureuse que les Flamands firent contre le camp de Philippe VI, ayant permis à la cavalerie de les prendre en flanc, ils furent enfoncés et taillés en pièces. « *Il n'en échappa nul*, dit Froissard, *aucun ne recula, tous furent tués et morts l'un sur l'autre sans yssir de la place où la bataille commença.* »

Pour indemniser le sire de Tanlay des sacrifices qu'il avait supportés pendant cette guerre, le roi lui accorda, ainsi qu'à son frère, par des lettres datées de ses tentes de Cassel, le vingt-quatrième jour d'octobre 1328, exemption des impôts et subsides auxquels ils étaient tenus, en raison, ajoute le mandement, « *des grands frais qu'il leur a convenu faire pour venir en notre ost* (1). »

La mardi avant la fête de Saint-Laurent (8 août) 1329, Ro-

---

(1) Du Bouchet, *Hist. généal. de la maison de Courtenay.*

bert III rendit foi et hommage à Jean de Châlon, comte de Tonnerre, pour « son chastiault de Ravières et toutes les au-
« tres maisons que li ha en lad. ville ne es appartenances soit
« en pressours es coloniere ou en autres maisons ; la maison
« de Champront ensemble lou bois et lou pourpris et les au-
« tres bois tous appartenances a lad. ville de Ravières, ses
« terres gaignables, ses vignes, ses prez, ses rivières, sa part
« dou four, sa part dou molin, ses homes, ses fames, ses
« tailles, la main morte, etc. Sa justice seignorie haute et
« basse, ses corvées et toutes ses autres rantes et redevances
« que li ha et puest havoir en lad. ville de Champront, ensem-
« ble tous les fiez de lad. ville. Cest assavoir tout ce que Guil-
« laume de Marmiaux tient de luy tant en fié comme en rere-
« fié soit à Ravières ou à Nuys.....

« Tout ce que mes sires Ferrys de Chardoyne, chevaliers,
« mes sires Gaulchier de Chastillon, madame Agnès de Nuys,
« Guillaume de Nuiz, Artux de Moujelayt, Euvrard de Nuyz
« tiennent de moi, etc.

« Item à Saint-Vinemer les maisons quexque elles soient
« autes et basses soient granges soient pressours en lad. ville
« ne es appartenances, les bois, les terres gaignables, ses
« vignes, ses prez, ses rivières, ses molins, son four, ses
« homes, ses fames, les rantes, les redevances que ils doi-
« vent. Cest assavoir louziesme de lors blez et de lors vins,
« ses rantes, ses coustumes, ses gelines, ses festages, sa jus-
« tice, etc.

« La garde de Jully-les-Nonnayeus ensemble les appar-
« tenances, ensemble la haulte justice doudit leu et son
« droit de labbesse, ensemble tous les fiez que lau tient de luy
« appartenans à lad. ville de Saint-Vinemer. Cest assavoir tout
« ce que Hugues de Cruzy tient de lui en la ville de Saint-Vine-
« mer, tout ce que Hugues de Arrem tient de lui, tout ce que
« Jehanz Chaffoz tient de lui en fié comme en rerefié, etc.

« Item tout ce que Johanz et Phelippes de Tanlay en dui
« frères doudit Robert ont ne puest havoir pour cause de lor
« droit, de lor partaige avec led. Robert pour cause de la
« succession de feu monseignor Guillaume de Tanlay lor
« père en toutes les villes et appartenances dessus dites de
« Ravières, de Saint-Vinemer par non devis lequel droit et

« partaige lidiz Jehanz et Phelippes ont repris doudit Robert
« comme de ayné frère, etc. » (1).

La même année 1329, Guillaume de Marmeaux, fils de Jean et d'Alix, releva de Robert de Tanlay pour ce qu'il tenait de lui en fief à Ravières et lui donna en même temps la déclaration de ses biens (2).

Une partie de la terre de Ravières ne tarda pas à être aliénée par un des enfants de Guillaume II, car dans un nouveau dénombrement fourni au comte de Tonnerre, le 19 juin 1335, par Isabeau de Mercy, dame de Coursent, celle-ci reconnaît tenir « la maison fort de Ravières, moitié du four, moitié du
« moulin, toute la rivière que *monsieur de Tanlay souloit*
« *avoir*, six vingts ouvrées de vignes, etc.

« Toutes les corvées de chevaulx et de buez de Ravières de
« la partie des *enfants de Tanlay* qu'ils doivent trois fois
« chascun an pour gaigner les terres.....

« Toutes les corvées des homes et des fames de Ravières
« de la partie des *enfants de Tanlay*, qui doivent en mois-
« son cinq jours es blez et de les amener et dou moisson-
« ner. »

En 1340-1341, le sire de Tanlay prenait de nouveau le chemin de la Picardie pour marcher à l'encontre d'Edouard III, roi d'Angleterre, que l'on disait « *venir meffaire au royaulme*
« *de France.* » Il était accompagné de sept écuyers avec lesquels il rejoignit sans aucun doute la nombreuse escorte de gens d'armes qui suivait le maréchal de Noyers (3). Jean de Serrigny, Perrinet de Sancy, Gauthier de Pacy, Jean de Maligny, Henri de Chassignelles et nombre d'autres seigneurs du pays étaient venus se placer sous la bannière de Mile X, dont l'expérience et la bravoure étaient en si haute estime parmi les plus vaillants chevaliers (4).

C'est pendant cette campagne qu'Edouard III, d'après les conseils du brasseur Artevelde, data de Tournai une lettre

(1) Arch. de la Côte-d'Or, B. 10,438.

(2) *Hist. généal. de la maison de Chastellux*, p. 49.

(3) Du Bouchet, *Hist. généal. de la maison de Courtenay*.

(4) *Les Sires de Noyers*, p. 143.

adressée à Philippe de Valois, où il prenait le titre de roi de France.

Malgré la perte de la flotte française devant le fort de l'Ecluse et la réunion des armées anglaise et flamande, Philippe VI sut montrer dans des circonstances aussi critiques une prudence qu'on n'eût point attendue de sa forfanterie chevaleresque. Il laissa les confédérés s'épuiser au siège de Tournai et prit soin d'éviter une affaire générale qui l'aurait exposé au choc redoutable des masses ennemies. Cette conduite pleine de sagesse ne tarda pas à porter ses fruits. Fatigué de cette guerre purement défensive, qui n'aboutissait à aucun résultat sérieux, Edouard dut se résigner à ajourner ses espérances et consentit à une trêve qui fut prorogée jusqu'au 24 juin 1342.

C'est vers cette époque que nous devons placer le décès de Robert de Tanlay qui, de son alliance avec Laure de Bordeaux, veuve en premières noces de Guillaume de Montaigu, seigneur de Sombernon, ne laissa pas de postérité (1).

Peu de temps après, Laure contracta une troisième union avec Jean de Bourbon, seigneur de Montpeyroux, dont elle n'eut pas d'enfants, non plus que de ses deux premiers maris. Elle était fille de Guillaume, sire de Bordeaux, et de Simone, dame de Chastellux. Sa sœur Jacquette fut alliée à Jean de Beauvoir, sire de Thury. Ceux-ci étant morts presque simultanément, vers 1350, les quatre enfants qui étaient issus de leur mariage furent placés sous la tutelle de Jean de Bourbon, sire de Montpeyroux et de Chastellux, à cause de sa femme Laure, tante des orphelins (2).

Malgré tous les soins qu'exigeait l'administration des biens de ses pupilles, malgré la distance qui la séparait de l'abbaye de Quincy, où reposaient les restes de Robert de Tanlay, Laure

---

(1) La terre de Bordeaux était située près d'Autun. On ne trouve sur la famille qui prit le nom de ce fief aucun acte antérieur à 1250. On ignore si elle était une branche de la maison de Chastellux éteinte en 1331. Laure de Bordeaux, belle-sœur de Jean de Beauvoir, portait *d'or à la fasce de gueules accompagnée de six merlettes de sable, 3 en chef et 3 en pointe* : c'étaient les armes de la maison de Chastellux. (*Histoire de la maison de Chastellux,* p. 66.)

(2) Arch. du château de Chastellux, livre noir, inv., p. 55. (Note communiquée par M. Petit, de Vausse.)

de Bordeaux paraît avoir gardé une véritable affection pour le monastère qui lui rappelait un passé toujours cher à son cœur. Par un acte de 1377, elle donna aux religieux cent livres de bon or pour la fondation d'une chapelle et de quatre messes par semaine. Plus tard, elle exigea, par une clause expresse de son testament, que ses dépouilles mortelles fussent inhumées dans ce couvent. A cet effet, elle légua à l'abbé et aux moines « *cent francs de bon or, cent livres de cire non ouvrée, six bœufs et un charriot ferré à quatre roues,* » à charge d'aller chercher son corps, après sa mort, de lui donner la sépulture dans leur église et de célébrer, chaque année, un service solennel à son intention. Le roi et l'évêque d'Autun, qu'elle avait nommés ses exécuteurs testamentaires, furent gratifiés l'un de cent livres, et l'autre de quarante livres (1384) (1).

Les dernières volontés de Laure de Bordeaux furent fidèlement exécutées, car on voit aux archives du château de Chastellux une quittance des moines de Quincy « *pour un drap de soie mis* « sur la sépulture de ladite dame, *décédée en 1384* (2). »

Robert III avait été précédé dans la tombe par Jean de Tanlay, son frère puîné, qui, lui-même, était mort sans laisser d'héritiers. Ce fut donc Philippe, le plus jeune fils de Guillaume II, qui fut appelé à recueillir leur succession.

---

(1) *Le Morvand*, par M. Baudiau, t. II, p. 470.

(2) Arch. du château de Chastellux, orig. n° 6, deux liasses cotées N, inv., p. 55.

Dès 1357, Laure de Bordeaux avait renoncé au douaire à elle échu par le décès de Robert de Tanlay, moyennant une pension de 120 livres que devait lui payer sa vie durant Philippe de Tanlay, son beau-frère.

Elle laissa aux religieux de Chore quinze livres de rente, à la charge de célébrer, chaque semaine, trois messes à l'autel de sainte Catherine et deux anniversaires, chacun an.

Philippe

1345-1385

Au fief de Saint-Thierry, qui lui avait été donné précédemment en partage, Philippe réunit, par la mort de ses deux frères, les terres de Tanlay, Saint-Vinnemer et partie de Ravières. Plus tard, par suite de son alliance avec Philiberte de Châteauneuf, il y ajouta la seigneurie de Torcy-Pouligny (1).

Par sa naissance aussi bien que par sa valeur éprouvée, ce seigneur a droit d'être considéré comme un des personnages les plus marquants de la maison de Tanlay. A la tête de onze écuyers et d'une suite nombreuse de gens d'armes levés sur ses terres, il quitte, en 1346, son château fort pour rejoindre l'armée que Philippe VI dirigeait sur la Somme contre les Anglais et assiste, le 26 août, à cette funeste et sanglante bataille de Crécy, où périrent les ducs de Bourbon et de Lorraine, six princes, deux archevêques, quatre-vingts barons à bannière, deux cents chevaliers et trente mille soldats (2).

Echappé aux dangers de cette fatale journée, qui infligeait à l'aristocratie et à la couronne une blessure matérielle et morale dont elles n'avaient guère l'espoir de se relever, le sire de Tanlay suivit la retraite des troupes royales jusqu'au 5 septembre, ainsi que le constate l'ordonnance de Charles de

---

(1) Torcy-et-Pouligny, c. de 341 habit., canton et arrond. de Semur (Côte-d'Or).

(2) Parmi ces écuyers se trouvait noble Robert Déon, dit de Mo-

Montmorency et de Robert de Saint-Venant, maréchaux de France, pour le paiement des barons qui avaient pris part à cette malheureuse expédition.

L'année suivante, Philippe VI adressa de nouveau un pressant appel à sa noblesse, afin de porter secours à la ville de Calais, qu'Edouard III tenait étroitement bloquée. Mais le pays était las et épuisé par la guerre, les chevaliers ne s'armaient qu'à contre-cœur ou dans le seul espoir du butin; aucune passion noble ne donnait plus d'excitation aux courages. Cependant le sire de Tanlay fit partie de cette nouvelle expédition, depuis le 18 juin jusqu'au 7 août, avec quatre écuyers.

Philippe de Valois tenta en vain de forcer le camp anglais, les abords de la place étaient impraticables. Aussi, réduits aux dernières extrémités et n'attendant plus de secours du dehors, les Calaisiens furent obligés d'ouvrir leurs portes

---

lème, né en 1309, qui avait épousé, en 1332, Alix de Gand, fille de Erard de Gand et d'Alix de Senevoy, dame de Queue-de-Mouton.

Il mourut en 1360 et fut inhumé dans l'abbaye de Molème, où il avait été élevé et novice dans sa jeunesse.

On voyait dans cette abbaye son épitaphe ainsi conçue :

HIC JACET NOBILIS ROBERTUS DÉON
COGNOMENTO MOLIMI, ARMIGER PHILIPPI
PRINCIPIS CURTINIACI.
DUM VIVERET NOLUIT
IN SANCTO MANERE FREMO
POST MORTEM VOLUIT
DIU REMANERE IN ISTO.
QUI POTUIT SCUTUM FERRE CURTINIACI
NON POTUIT STOTAM FERRE BENEDICTI
OBIIT ANTE KALENDAM JANNARII
INCARNATIONIS DOMINICÆ
ANNO M.CCC.LX

Son fils, noble Pantaléon Déon, né à Ravières en 1336, eut en partage le fief de la Chapolaine, au linage de Ravières.

Il servit, pendant les premières années de sa jeunesse, dans les grandes compagnies et fut blessé au combat de Brignais. Il fut ensuite, comme son père, écuyer d'Etienne de Courtenay et suivit ce prince dans les guerres de Charles V contre les Anglais, dont il fut prisonnier.

Il laissa un fils, Etienne Déon, né à Charolles en 1373, et qui fut tenu sur les fonts de baptême par Etienne de Courtenay et Béatrix, femme de Jean, comte d'Armagnac, seigneur du Charolais.

Hist. de la vie politique et privée de demoiselle Charles-Geneviève-Louise-Auguste-André-Timothée Déon de Beaumont, par M. de La Fortelle. Paris, 1779.

et de subir les cruelles conditions que leur imposa le vainqueur.

C'est peu de temps après son retour, suivant Du Bouchet, que Philippe de Tanlay assista au contrat de mariage de Jean de Rochefort, seigneur de Bragelogne, petit-fils d'Agnès de Tanlay, sa tante, avec Agnès de Châtillon-en-Bazois.

La mort de Philippe VI, en 1349, ne fit qu'attirer sur le pays de nouvelles calamités. Irrité de n'avoir pas reçu la dot de sa femme, Charles-le-Mauvais, gendre du roi, se met à la tête de nombreuses bandes armées. Les Anglais, toujours prêts à profiter de nos dissensions, pénètrent en même temps sur le sol français et s'emparent d'un grand nombre de villes.

Au mois de mai 1356, Mile de Noyers reçoit les messagers du roi Jean et de Guillaume de Poitiers, évêque de Langres, qui lui ordonnent de se rendre à l'armée avec ses vassaux. Après avoir guerroyé sans succès, pendant les mois de juillet et d'août, en Normandie, le roi se décide à marcher contre le prince de Galles qui, à la tête d'un corps de troupes composé en grande partie de Gascons, ravageait le Rouergue, le Limousin, l'Auvergne et le Berri. A la nouvelle de l'arrivée du roi, le Prince Noir se disposa à regagner le Poitou, mais à peine avait-il passé la Creuse et la Vienne qu'il se vit enveloppé par l'armée française et dans l'impossibilité absolue de continuer sa retraite. Il établit alors son camp près de Poitiers, sur le coteau de Maupertuis qui, environné de haies, de vignes et de bois, formait une position défensive excellente.

Sans se rappeler les dangers qu'ils avaient courus à Crécy, les gens d'armes français se lancèrent résolument à l'attaque, mais accablés sous une grêle de flèches qui partaient des haies et des fossés derrière lesquels ils ne pouvaient aborder l'ennemi, ils furent contraints de battre précipitamment en retraite et jetèrent le désordre dans l'aile gauche de l'armée. Profitant habilement de la confusion qui suivit cette attaque, le prince de Galles sortit aussitôt de ses retranchements avec six cents cavaliers et chargea la division du centre qui, saisie de frayeur, se mit en déroute et fut taillée en pièces. Seul, le roi Jean faisait bonne contenance. Entouré d'ennemis, blessé à la tête, il jouait de la hache avec son plus jeune fils, qui parait les coups que lui portait l'ennemi. Mais la bataille était perdue et il fallut se rendre.

Onze mille morts couvraient le terrain, treize comtes, soixante-dix barons et deux mille chevaliers étaient prisonniers. Parmi ceux-ci se trouvait le sire de Noyers dont la rançon, fixée à plus de mille livres, fut acquittée en partie par les pays qui relevaient de sa châtellenie.

A la nouvelle de ce désastre, la terreur fut grande dans toute la Bourgogne. Craignant pour la sûreté du jeune duc Philippe de Rouvres, qui se trouvait alors à Montbard, ses gouverneurs s'empressèrent de le conduire à Auxonne et d'expédier en même temps des lettres au comte de Joigny, pour le charger de défendre la province. Celui-ci adressa de pressants messages à la noblesse, lui donnant rendez-vous à Montbard, afin d'y tenir conseil et de prendre les mesures qu'exigeaient des circonstances aussi critiques.

Mile XII s'empressa de convoquer ses vassaux et chargea Guillaume Barraban « de pourter deux paires de lettres à Ra« vières de par Monseigneur, le lundi après la Toussains, à « Philippe de Tanlay et les autres à M. Gilles de Marmeaux, « comment ils feussent à la jornée que Monseigneur avoit à « Montbard contre M. de Joigny, le jour de Saint-Martin d'hyver « à cause du fait des armes (11 novembre 1356). » Le sire d'Argenteuil et Gaucher d'Yrouerre étaient également convoqués pour assister à cette réunion (1).

Quelques mois plus tard (mars et avril 1357), des montres ou revues avaient lieu à Dijon, pour chasser les ennemis répandus en Autunois et en Nivernais. Parmi les chevaliers bacheliers qui y assistent, se trouvent Thibaut de Mello, sire d'Epoisses, Philippe de Jaucourt, Jean de Chatenay, Jean de Rougemont, Pierre de Tanlay, fils aîné de Philippe, avec un écuyer (2).

Parti de Troyes, au commencement de l'année 1360, le roi d'Angleterre se dirige sur Cerisiers, puis attaque Saint-Florentin dont il ne peut s'emparer, grâce à la belle défense d'Oudart de Rency, son gouverneur. Il se présente ensuite

(1) Les sires de Noyers, p. 177.
(2) Garreau, description du gouvernement de Bourgogne, p. 102.

devant Tonnerre « et là eut grand assaut et dur et fust la ville
« prinse par force et non le chastel. Mais les Anglois gaignèrent
« le corps de la ville et y treuvèrent plus de trois mille pièces
« de vin qui leur firent grand bien. Le roi et son ost s'y repo-
« sèrent par cinq jours pour la cause des bons vins qu'ils y
« avoient treuvés et assaillirent souvent le chastel, puis quand
« ils furent bien reposés et refreschis, ils prirent le chemin de
« Noyers (1). »

Edouard III ne voulut pas attaquer cette place, dont le seigneur était prisonnier sur parole depuis la bataille de Poitiers. Il remonta alors la vallée du Serein et s'empara de Guillon, où les envoyés de Philippe de Rouvres vinrent le trouver et signèrent cet humiliant traité qui coûtait à la province 200,000 deniers d'or au mouton.

De nombreuses montres qui avaient pour but de repousser les hordes de brigands qui, sous le nom de grandes compagnies, ravageaient le royaume, furent passées en Bourgogne. Il était indispensable en effet de recourir à des mesures énergiques, car l'audace de ces bandits ne connaissait plus de bornes. Non seulement les villages sans défense étaient impitoyablement mis à sac, mais des châteaux importants, tels que Châtel-Gérard (2), Fresnes, Lucy-le-Bois, Marmeaux, Montréal étaient tombés entre leurs mains. Beaucoup de seigneurs perdirent la vie en poursuivant ces aventuriers : Philibert des Granges, Guillaume de Magny, Etienne de Laignes, écuyer du sire de Tanlay (3).

Au mois d'août 1372, eurent encore lieu à Nevers et à Chinon des revues de gens d'armes et de trait passées par Guy du Trembloy, chevalier, conseiller du duc, « pour servir le roy

---

(1) Il existait à cette époque, entre le duc de Bourgogne et Philippe, des relations de bon voisinage, si l'on en juge par la note suivante :

« Mai 1367-68. A Guillaume Verhin, valet de M. de Tanlay, donné par Mgr le duc de Bourgogne pour avoir présenté à Mgr deux lévriers de la part de son maître, — 4 fr. » (Compte du trésorier général du duc de Bourgogne — B. 1430 — Arch. de la Côte-d'Or).

(2) En 1359, Châtel-Gérard avait déjà été assiégé par les Anglais, son château pris et détruit. Guillaume de Ravières avait pris part à la défense.

(3) *Avallon et l'Avallonnais*, par M. Petit, p. 175.

es-parties de Guyenne, » et aux mois d'octobre et de novembre suivant, à Asprez et à Angers, par Guy de Pontailler, maréchal de Bourgogne, pour servir sous le duc Philippe-le-Hardi, afin de purger le pays des pillards « qui n'apportoient que souffrance au pauvre peuple ». Pierre de Tanlay assista à ces deux montres avec Gibaud de Mello, seigneur d'Epoisses ; Jean de Varennes, châtelain de Châtillon ; Jean de Saint-Verain, Guillaume de Grancey, sire de Larrey, etc. (1).

A cette époque, fut commis un crime qui eut un certain retentissement dans le pays. Un certain Jean-le-Baugne, d'Ampilly, avait été assassiné par un individu appelé Jean de Toulouse. Reconnu coupable, celui-ci fut exécuté à Châtillon-sur-Seine.

Une dame Guillemette, qui paraît avoir occupé un rang assez élevé, puisqu'on la qualifie de *maîtresse de la Moïenne* (la Maîne) (2), était accusée de complicité. Comme elle résidait à peu de distance du prieuré de Jully, où Philippe de Tanlay, en vertu de son droit de garde, exerçait la justice haute, moyenne et basse, ce seigneur la fit arrêter et conduire dans ses prisons de Saint-Vinnemer. Mais prévoyant sans doute les embarras que pourrait lui occasionner la détention de cette femme, il se décida à la faire incarcérer au prieuré de Jully.

A cet effet, il chargea Jean Perrinot, de Commissey, juge-commis et député en cette partie, de requérir sœur Moingart de Buteaux, prieure, de recevoir et garder madame Guillemette, par manière de prêt ou de territoire emprunté. En cas de refus, Jean Perrinot avait ordre de mettre ladite dame dans les prisons de Monseigneur de Saint-Vinnemer, à Ravières.

Mais, suivant la coutume d'alors, une foule de témoins parmi lesquels nous citerons Jean Bancrier, chevalier, seigneur de Nesle ; Guillaume de Marmeaux, seigneur de Ravières, Poincart de Serrigny, etc., viennent assister le tabellion juré chargé de dresser un acte authentique des dires et réquisitions des parties. Sœur Moingart de Buteaux accueillit favorablement la

---

(1) Arch. de la Côte-d'Or, B, 11748.
(2) La Maîne, hameau de la commune de Jully (Yonne).

demande qui lui était faite et consentit à prêter ses prisons pour garder ladite Guillemette, mais sans préjudice, est-il dit dans l'acte, « de madame la prieure, ni de son église, et queen « ce nouveaulx droits n'en soit en rien acquis ne anciens pe- « rilliez, ou fortune et péril dudit Monseigneur de Saint-Vin- « nemer et du dict juge, se aucune chouse en avenoit (1372) (1). »

Quelle fut l'issue de cette grave affaire ? La maîtresse de la Maine fut-elle condamnée ? Nous ne trouvons plus dans les archives de Jully aucun renseignement qui nous permette de connaître le résultat du procès.

En 1375, Philippe de Tanlay rend foi et hommage à Gibaud de Mello, seigneur d'Epoisses, pour le fief de Pouligny qui appartenait à sa femme, Philiberte de Châteauneuf (2).

Malgré les alarmes continuelles que répandaient dans le pays l'Anglais, avide de butin, le routier, le seigneur pillard, tous également exécrés « *pour les meschiefs, extorsions, roberies* » qui signalaient leur passage, les plus nobles barons, aussitôt le danger passé, s'empressaient de sortir de leurs châteaux et de s'adonner avec passion à la chasse. C'était au moyen de haies ou de barrières élevées dans les endroits les plus propices qu'ils cherchaient à renfermer le gibier. Armés de la lance et de l'épieu, ils pénétraient ensuite dans ces enceintes, où ils attaquaient bravement les animaux sauvages.

Philippe de Tanlay, en qualité de seigneur de Saint-Vinnemer, avait fait dresser des haies dans les bois de la Côte-Saint-Père qui touchaient à ceux de l'hôpital de Tonnerre (3). Peut-être s'était-il montré peu scrupuleux dans l'exercice de son droit de chasse ou avait-il pénétré trop souvent dans les bois d'Angy ? Toujours est-il que Pierre Dongois, maître de l'hôpital, lui intenta un procès qui fut porté aux requêtes du palais à Paris. Un accord mit heureusement fin à cet ennuyeux débat. Il fut convenu « que le seigneur de Tanlay pourroit faire « a tous jours une haye a chassier bête sauvaige dans les

(1) Arch. de l'Yonne, prieuré de Jully, H. chron. de Molème, n° 152, p. 298.

(2) Note communiquée par M. Petit. Courtépée, t. 111, p. 586.

(3) Les bois de la Côte-Saint-Père sont actuellement ceux de Pinagot.

« bois d'Angy appartenant aux dits de l'hospital qui pourroient
« aussy faire haye dans tous les bois du seigneur appelés bois
« de la Coste-Saint-Père, et auroient lesves pour toutes leurs
« maisons en la seignorie de Saint-Vinnemer (1378) (1). » Le
19 octobre 1379, Monseigneur de Tanlay, appelé au service du
duc de Bourgogne, était reçu en montre à Troyes en qualité de
chevalier-bachelier avec quelques écuyers. Nous le rencontrons
encore à Tournay, le 28 novembre de la même année. (Arch.
de la Côte-d'Or. Chambre des Comptes).

L'abbaye de Quincy, dont les ancêtres de Philippe s'étaient
toujours montrés les insignes bienfaiteurs, ne pouvait manquer
de recevoir des preuves de sa libéralité. Par une charte du
mois d'août 1384, il fit don, du consentement de Philiberte de
Châteauneuf, à l'abbé et aux religieux, de plusieurs maisons sises
à Tanlay sur lesquelles il se réserva la justice, à charge par
les moines de célébrer son anniversaire, celui de sa femme, et
de *faire guet et garde au chastel de Tanlay selon leurs facultés toutes et quantes fois que besoing sera* (2).

Le 20 septembre de la même année, le sire de Tanlay « con-
« fiant du sens léauté et bonne diligence de son bien amé
« escuyer Jehan du Blé, lui donne pouvoir de le représenter
« devant noble baron Monseigneur le comte de Tonnerre et
« d'Auxerre, et spécialement d'entrer en la foy et homage ou
« requérir souffrance dy cellui seigneur de la terre et appar-
« tenances du Coing que nous avons soubs ledit seigneur et
« que nous devons tenir de luy en ladite conté de Tonnerre,
« de requérir et recevoir la main levée d'ycelle terre, de faire
« les solennités qui en tel cas appartiennent estre faites, etc. (3)

Philippe de Tanlay mourut avant le mois de juin 1385, ayant
eu quatre enfants de son mariage avec Philiberte de Châteauneuf, savoir :

1° Pierre, qui servit le duc Philippe-le-Hardi et le roi Charles
V contre les Anglais et fit partie de l'expédition que Charles VI

---

(1) Arch. de l'hôpital de Tonnerre. On appelle *Lesves* ou *Laves* des pierres plates employées pour la couverture des maisons. La *lévère* était la carrière où l'on tirait ces pierres.

(2) Arch. du château de Tanlay. Copie du XVIIe siècle.

(3) Arch. de la Côte-d'Or, B, 10530.

dirigea, en 1382, contre les Flamands. Il assista au siège de Bourbourg, où il fut tué au mois d'octobre 1383, sans avoir pris d'alliance.

2° Etienne, qui dès l'année 1369 prit une part active à l'expulsion des Anglais et accompagna son frère au siège de Bourbourg, ainsi qu'il est rapporté au registre des deniers payés aux comtes, barons, capitaines et chefs de gens d'armes qui suivirent le roi Charles VI : « Monseigneur Estienne de « Tanlay, chevalier, un autre bachelier et sept escuyers de sa « compagnie receus à Chalons en Champagne le 27e juillet mil « trois cent quatre-vingt-trois (1). »

Il mourut la même année, après avoir été marié en premières noces à Jeanne de Marmeaux, fille de Pierre de Marmeaux et d'Isabelle de Saint-Phalle, qui lui apporta en dot une partie de la terre de Ravières (2). De cette union vint une fille unique, Jeanne Ire, qui suit. En secondes noces, il épousa Marguerite de Valery dont il n'eut pas d'enfants (3).

3° Jeanne, qui fut alliée à Jean de Chamigny, sire de Neuvy-Sautour, et dont les enfants furent appelés à recueillir tous les biens de leur cousine Jeanne Ire, décédée sans postérité.

4° Alix ou Alissandre, abbesse de Crisenon, en 1380.

A la mort de Philippe, il n'existait donc plus aucun héritier mâle de cette branche des Courtenay issus du roi Louis-

---

(1) Du Bouchet, hist. généal. de la maison de Courtenay.

(2) Pierre de Marmeaux était un des descendants de la maison de Montréal qui, au commencement du XIIIe siècle, s'était alliée aux sires de Ravières. Quant à Isabelle de Saint-Phalle, elle appartenait à une des familles les plus anciennes de la Champagne, car sa filiation remonte à Otran de Saint-Phalle qui vivait en 1035. Ses armes sont *d'or à la croix ancrée de sinople.* Après la mort de Marmeaux, Isabelle contracta une seconde alliance avec Gilbert ou Gibaud de Beaujeu, seigneur de Montôt.

Ainsi, depuis Robert, Ier du nom, qui épousa Marguerite de Ravières, c'est pour la deuxième fois que des liens de famille unissaient les seigneurs de Tanlay avec ceux de Ravières. Rien n'explique mieux les fréquents rapports qui existaient entre les sires de Tanlay et les habitants de ce bourg, rapports qui ne prirent fin qu'au XVIIe siècle, quand Catherine Chabot, héritière de la maison de Coligny, eut vendu cette terre aux Louvois.

(3) Marguerite de Valery épousa en secondes noces, vers 1385-1386, Gaucher II, seigneur de Maligny. Elle plaidait à cette époque contre Philiberte de Châteauneuf, sa belle-mère, pour raison de son douaire.

le-Gros, dont six générations, pendant l'espace de deux siècles, avaient sans aucune interruption possédé la terre de Tanlay.

Toutefois la famille ne disparut que longtemps après et quelques-uns de ses membres, comme nous le verrons dans la suite, jetèrent un assez vif éclat dans l'histoire de notre pays.

JEANNE Ire

1385-1404

Au décès de son père et de son aïeul, Jeanne de Tanlay était encore très jeune. Elle fut placée d'abord sous la tutelle de sa grand'mère Philiberte de Châteauneuf, qui se remaria vers 1388 à Jean de Blaisy, chevalier, chambellan du roi et seigneur de Marmoillon (1). Celui-ci prit alors l'administration des biens de sa pupille dont une partie était restée sans doute indivise avec Jeanne II, sa tante. C'est ce que constate le dénombrement fourni en 1393, au duc de Bourgogne par Louis de Chalon, comte de Tonnerre, et dans lequel il déclare ce que tenaient de lui à Ravières :
« Messire Jehan de Blaisy, chevalier, comme baillistre de da-
« moiselle Jeanne de Tanlay, fille de feu Messire Estienne de
« Tanlay et de damoiselle Jeanne, fille de Messire Pierre de
« Marmeaux, Monsieur Gaucher, seigneur de Melligny, à cause

---

(1) Jean de Blaisy devait appartenir à une branche cadette de cette maison dont le château, actuellement en ruine, domine le tunnel du chemin de fer de Paris à Lyon, à 30 kil. de Dijon.

Il descendait d'Alexandre de Blaisy, chevalier, auquel Simone de Chastellux donna, en 1331, les fiefs de Quincy-le-Vicomte et Quincerot, *pour services rendus* et en l'appellant *son chier cousin*, fiefs qu'il tenait auparavant de Jean de Chastellux, frère de Simone.

Son père, Geoffroy de Blaisy, fut gruyer de Bourgogne en 1358 et fondateur de la chapelle N.-D. de Blaisy, en 1360 (Bibl. de la ville de Dijon, Mss. Paillot, f°s 787, 788, et Arch. de la Côte-d'Or, D. 10505). Note communiquée par M. Petit, de Vausse.

« de dame Marguerite de Valery, sa femme, comme dona-
« gière, Monsieur Ferry de Chardogne, chevalier (1), Gibaud
« de Montôt, à cause de sa femme, jadis femme de feu Messire
« Pierre de Marmeaux, chevalier, comme donagière (2). »

Jean de Blaisy fit mieux que de veiller aux intérêts de sa pupille, dont la naissance et la fortune faisaient un excellent parti, car il la maria en 1393 à Guillaume de Blaisy, son fils.

Mais cette union devait être, hélas ! de courte durée. Sollicitée par Sigismond, roi de Hongrie, de lui venir en aide pour repousser les hordes ottomanes qui menaçaient ses Etats, la noblesse française n'avait pas hésité un instant à répondre à son appel, sans avoir pris la croix ni accompli les cérémonies religieuses usitées autrefois dans les expéditions contre les infidèles. Le rendez-vous de cette vaillante chevalerie fut fixé à Bude, où l'armée chrétienne passa le Danube. Emportés par leur folle audace à la bataille de Micopolis, les gens d'armes français furent mis en pleine déroute et taillés en pièces. La consternation fut universelle en France, surtout en Bourgogne ; « *les nobles dames et damoiselles*, dit H. Martin, *pleu-*
« *raient leurs maris, leurs frères, leurs amis.* »

L'amiral Jean de Vienne était resté sur le champ de bataille avec quatre cents chevaliers, parmi lesquels se trouvait Guillaume de Blaisy (1396).

Quelques années plus tard, Jeanne de Tanlay contracta une nouvelle alliance avec Robert de Chalus, chevalier, seigneur d'Entragues (3).

Au mois de décembre 1402, celui-ci se trouvait appelé, comme co-seigneur de Ravières « *à cause de Madame Jeanne*
« *de Tanlay, sa femme* », à soutenir un long procès contre les habitants de ce bourg, relativement au droit de servitude et de main-morte.

(1) Ferry de Chardogne ou de Chardennes, vivant de 1329 à 1393, était seigneur de Ravières, en partie à cause de sa femme Ysabeau, sœur de Pierre de Marmeaux.

(2) Gilbert ou Gibaud de Beaujeu, seigneur de Montôt, avait épousé Isabelle de Saint-Phalle, veuve en premières noces de Pierre de Marmeaux.

(3) En 1401-1402, Philippe, duc de Bourgogne, fait une remise de deniers à Robert de Chalus, chevalier, à l'occasion du rachat fait par lui de la terre d'Escorin (Arch. de la Côte-d'Or, B. 3875. Comptes de Thiébaut Coustau, receveur du duc, en Champagne).

Le sire d'Entragues, Ferry de Chardennes et Pierre de Grancey, qui possédaient en commun cette terre, prétendaient « que les manans et habitans de la dicte ville de Ravières « estoient leurs homes de corps, de condicion serve, taillables « hault et bas à volonté, de poursuite et de main-morte en tous « biens meubles, et avec ce courvéables de charrues, à char- « rier leurs foins, vendanges et autrement. Les diz habitans « disans au contraire cest assavoir que ils n'étoient pas de la « condicion devant dite et supposé que aucune chose en fust, « si avoient-ils le privilège ou franchise de la bourgeoisie du « giste de Cruisy qui tel étoit que touttefois que varlet et pu- « celles conjoincs ensemble par mariage aloient le soir de « leurs noces gésir au giste de Cruisy et se avouoient bour- « gois du conte de Tournerre, ils et leur postérité estoient et « demoroient francs et quittes des dites servitudes et deve- « noient franches personnes, etc. »

Après d'interminables « *descors et debaz* » portés tant en parlement qu'aux requêtes du Palais et devant Messire de Raincheval, bailli de Sens et d'Auxerre, les partis parvinrent enfin « à pacifier, transiger et accorder toutes causes, querel- « les, questions et controverses ainsi qu'il suit : Cest assavoir « que lesdits seigneurs se dévestent et délaissent au prouffit « desd. manans et habitans de toutes lesd. servitudes et main- « morte, mais à charge par ceux-ci de payer chascun an, le « lendemain de Noël, pour chaque maison, grange ou habita- « tion à feste cinq sous tournois et pour chascun appentiz deux « sous six deniers tournois. »

A l'exception des prêtres, chaque habitant devait encore acquitter, le jour de Quasimodo, de quelqu'état et condition qu'il fût, un droit de capitation de cinq sous tournois (28 avril 1403) (1).

Le 9 juin 1404, Robert de Chalus rendit foi et hommage et fournit son dénombrement au comte de Tonnerre, « *à cause de son chastel de Crusy* », pour les places, maisons, pourpris et appartenances qu'il avait à Saint-Vinnemer « *séant de lez « léglise dudit lieu et tenant à ycelle d'une part et comme « elles se comportent, ensemble les foussés dycelles* » (1), la

---

(1) Arch. de la Côte-d'Or, layette 128, liasse 1, cote 28.

grange du Pastis (2), la maison de Jean de Thorey mouvant de son fief et qu'il a nouvellement acquise de Messire Gauthier de Chamigny, seigneur de Soustour (3), le moulin banal, le four banal, les faîtages, la rivière, le onzième des blés et vins, — la maison du Coing avec le colombier, jardins, fossés, etc.

Voici quels étaient les différents fiefs qui relevaient alors de la terre de Saint-Vinnemer :

« Le fié que tient de moi Guiot de Laignes, escuyer, à cause « de damoiselle Guillemette de Baiz, sa femme ; — les fiés de « Jehan Cognet, Philippe Goubaut, Jehan de Vaudéon, Phi- « lippe Panfo, Jehan Caubart et Jehan d'Argentenay ; — la « garde de Jully-les-Nonneins avec les droits et appartenances, « ensemble le droit de haulte justice, moyenne et basse dudict « lieu, etc. » (4).

La même année, Robert de Chalus donna son dénombrement à Louis de Chalon, pour ce qu'il tenait en fief, foi et hommage du comte de Tonnerre, à Ancy-le-Serveux, Argentenay, le Coing, etc. (5)

Jeanne de Tanlay décéda peu de temps après, sans laisser d'enfants de ses deux alliances, de sorte que les terres de Tanlay, Paisson, Saint-Vinnemer et Ravières passèrent aux enfants de sa tante Jeanne II, fille de Philippe de Tanlay et de Philiberte de Châteauneuf (6). Bien que la date de cette transmission soit difficile à préciser, nous pensons qu'elle doit être fixée vers la fin de l'année 1404.

(1) C'était exactement là l'emplacement de l'ancien château-vert (*castrum viride*) qui servit de résidence aux XII° et XIII° siècles, aux sires de Plancy et qu'occupa plus tard le prieuré de Saint-Michel de Tonnerre.

(2) La grange du Pâtis est aujourd'hui la ferme de Saint-Vinnemer.

(3) Il y avait certainement eu partage entre les enfants de Philippe de Tanlay, puisque Gauthier de Chamigny possédait du chef de sa femme Jeanne II, des biens à Saint-Vinnemer.

(4) Arch. de la Côte-d'Or, B. 10549.

(5) Arch. de l'Yonne, inv. des titres du comté de Tonnerre, p. 6.

(6) Nous ignorons l'époque de la mort de Philiberte de Châteauneuf. En 1394, elle rendait foi et hommage avec son frère Philippe, à Guillaume de Mello, sire d'Epoisses, pour une portion de terre de Torcy-Pouligny.

Jeanne II

JEANNE II ne doit aucunement figurer sur la liste des seigneurs de Tanlay, par la raison bien simple qu'elle décéda quelques années avant sa nièce. Mais il est indispensable, croyons-nous, de parler de ses deux alliances, afin d'expliquer plus facilement comment elle donna naissance à une tige nouvelle qui vint se greffer sur la maison de Courtenay-Tanlay.

Elle épousa en 1375 Jean de Chamigny (1), chevalier, sire de Sautour (2), de la Brosse (3) et de Montfey (4), dont la famille jouissait d'une grande considération parmi la noblesse de Champagne.

Le samedi après la fête de Sainte-Croix, 1376, ce seigneur

---

(1) Le fief de Chamigny, Chavigny et Chaviguey, avec château entouré de fossés à fond de cuve, était situé sur le territoire de la commune de Cussangis (Aube). Il relevait en plein fief de Lagesse et en arrière-fief de la châtellenie de Chaource.

(2) Le château de Sautour, situé au hameau de la Vallée, à l'est du bourg de Neuvy, était très important au moyen âge. Il était flanqué de sept tours avec larges et profonds fossés; il avait sa façade avec perron et deux ailes en retour d'équerre qui formaient une belle cour d'honneur à laquelle on arrivait par un pont-levis. En 1648, il était à moitié démoli et ruiné. Sautour eut ses seigneurs dès le XIIe siècle, tandis que Neuvy ne fut peuplé que de serfs cultivateurs (Annuaire de l'Yonne, 1845).

(3) La Brosse, hameau de la commune de Montfey.

(4) Montfey, commune du canton d'Ervy.

fit hommage au roi, à cause de sa châtellenie d'Ervy, pour tout ce qu'il possédait « en la ville appartenances et dépen-
« dances de la Broce, emprès Montfeul, assavoir la motte
« ou souloit estre le chastel, six vingts journées de terres
« gaignables, quinze arpens de prés, huit arpens de vignes,
« les deux parts du molin Palluel assis sous Collinon, la taille
« des hommes et fames de serve condition, les deux parts de
« la foire de la Broce, estant chascun an devant la motte, le
« jour de la Madelaine, le bois aux chevaliers, le péage du
« pont de Maigny, etc. »

En 1390, Jean de Chamigny fit encore hommage au roi de ses seigneuries de « Soubstour, Neufvy et Courcelles, » situées au bailliage de Saint-Florentin dont elles relevaient (1).

Il décéda peu de temps après, car le 25 février 1392, Jeanne II était remariée à Hugues Postel, seigneur d'Ailly et des Minières, pannetier de Louis, duc d'Orléans (2), ainsi que le constate un acte d'hommage rendu par ce seigneur « au
« nom et à cause de dame Jeanne de Tanlay, sa femme, dame
« de Soubstour, pour douaire d'elle de par feu messire Jehan
« de Chamigny, seigneur de Soubstour, jadis son mary et se
« come aians à cause d'elle le bail ou garde et gouvernement
« de Gautier et Pierre de Chamigny escuiers mineurs daage
« enfans delle et dudit feu messire Jean Chamigny (3). »

Le dénombrement que donne Hugues Postel s'applique donc uniquement, comme ce seigneur prend soin de le déclarer,

(1) Extrait des aveux et dénombrements de la châtellenie d'Ervy, tiré de la Chambre de Champagne, en 1635.

(2) En 1234, la terre des Minières fut inféodée à Roger Postel, par les princes de Courtenay; elle n'a jamais cessé d'appartenir à cette famille.
En 1320, Jean Postel était maire de Rouen. En 1393, Hugues Postel, seigneur des Minières, grand pannetier de Louis d'Orléans, était marié à Jeanne de Courtenay-Tanlay, descendante directe de Pierre de France, seigneur de Courtenay, fils de Louis-le-Gros.
En 1490, Henri et Charles étaient chevaliers de Malte. Vers la même époque, Thomas Postel est conseiller en l'échiquier de Normandie; puis son fils Antoine lui succède comme conseiller au Parlement de cette province.
Cette famille est aujourd'hui représentée par M. Gaston Postel des Minières, qui a épousé le 23 novembre 1880, mademoiselle Renée de Gand (*Triboulet* du 5 décembre 1880).

(3) Extrait des aveux et dénombrements de la châtellenie d'Ervy.

« aux droits, parts et portions par indivis que à ladite dame
« sa femme peut compéter et appartenir à cause de son dit
« douaire par coustume générale et notoire en Champagne
« ou aultrement ensemble les droits, parts et portions par
« indivis que peut ou doit appartenir auxdits enfants mineurs
« comme héritiers et ayans cause avecq damoiselle Margue-
« ritte de Chamigny, leur seur, dudit Jehan de Chamigny,
« leur père, et héritaiges et revenues qui cy après sen sui-
« vent etc. »

Suivant la coutume de Champagne, où tous les fiefs étaient de profit, Hugues Postel dut acquitter les droits de relief et de quint denier auxquels était assujettie la terre de Chamigny. C'est ce que nous voyons mentionné dans les termes suivants, au compte de Thiébaut Coustan, receveur du duc de Bourgogne, es-années 1396-1397 : « De messire Huc Postel,
« chevalier, seigneur de Soubstour, lequel fina et accorda à
« Thiébaut Coustan, receveur d'Isles en la ville de Chaource,
« en la présence du bailly et procureur dudit Isles, du rachapt
« par lui deu au nom et à cause de madame Jehanne de Tan-
« lay, dame dudit Soubstour, sa femme, come aiant à cause
« d'elle le bail et gouvernement de Pierre de Chamigny,
« escuyer mineur daage, fils d'elle et aussi fils et come héri-
« tier de feu messire Jehan de Chamigny, jadis chevalier, sei-
« gneur dudit Soubstour, à cause de la terre de Chamigny
« mouvant en fié de la fort maison de La Jaisse, appartenant
« à madame Margueritte, vesve de feu messire Phelippe de
« Mussy, jadis chevalier, laquelle fort maison et la terre de
« La Jaisse estoient en la main de Monseigneur pour deffaut
« d'hommage. Laquelle terre de Chamigny estoit eschue de
« pieça et appartenoit en héritaige à Gautier de Chamigny,
« damoiseau, Margueritte de Chamigny sa seur et audit Pierre
« de Chamigny, mineur daage come héritiers de Jehan de
« Chamigny leur père. Et de laquelle terre de Chamigny la
« moitié appartenoit pour douaire seulement à ladite dame
« de Soubstour et lequel rachapt estoit deu tant à cause dudit
« douaire come à cause dudit bail parmy quatre livres tour-
« nois (1). »

(1) Arch. de la Côte-d'Or, B, 3,870, folio 41.

Nous avons insisté trop longuement peut-être sur ces détails qui n'ont d'autre but que d'expliquer l'origine des Chamigny et leur alliance avec les Courtenay-Tanlay. Les renseignements incomplets dont s'étaient servi quelques généalogistes n'avaient fait que propager à cet égard de regrettables erreurs, mais à l'aide des documents que nous venons de citer, nous avons l'espoir que cette question ne présentera plus aucune difficulté.

A la mort de Jeanne, Ire du nom, ses cousins-germains Gauthier, Pierre et leur sœur Marguerite furent donc appelés à recueillir sa succession (1404). Gauthier, l'aîné, continua la lignée des seigneurs de Chamigny et de Sautour, tandis que Pierre reçut en partage les terres de Tanlay, Paisson, Saint-Vinnemer et Ravières. Quant à leur sœur Marguerite, il est probable qu'elle recueillit les fiefs de Sainte-Savine et Pouligny provenant de son aïeule. Toujours est-il que nous la perdons complètement de vue, à partir de 1397.

Pierre de Chamigny

1404-1455

ALGRÉ les bonnes relations qui paraissent avoir existé entre Jeanne Ire et ses héritiers, ceux-ci s'étaient mis, aussitôt leur majorité, en possession d'une partie des biens qui leur appartenaient du chef de leur mère. C'est ce qui résulte d'un arrêt de la cour du Parlement qui leur adjuge, en 1402, la moitié de la seigneurie de Tanlay. Ils avaient également obtenu le fief de Jean de Thorey, situé à Saint-Vinnemer, puisque dans l'acte d'hommage fait par Robert de Chalus, le 9 juin 1404, ce seigneur déclare qu'il l'avait racheté de Gauthier de Chamigny.

Le 27 juin 1411, Pierre de Chamigny se maria avec Jeanne de Montmort, fille de Jacques de Montmort, seigneur de Gounois et de Hermer, en Brie. A peine installé dans le vieux manoir des Courtenay, ce seigneur fut appelé à prendre part à la défense des marches de la Bourgogne, que le comte de Tonnerre menaçait « d'envahir, fouler et dommaiger » à cause de la saisie de sa châtellenie de Cruzy. Le motif de cette violente rupture était l'insigne outrage dont Louis de Chalon s'était rendu coupable envers madame la duchesse de Bourgogne, en séduisant et en enlevant de son hôtel, à force d'armes, Jeanne de Périlleux, sa fille d'honneur.

Bien loin de reconnaître ses torts et de chercher à rentrer en grâce auprès de son puissant voisin, le comte de Tonnerre ne fit qu'aggraver son offense en envoyant défier le duc et en

lui déclarant « que puisqu'il l'avoit dévestu et forclox de ses
« dites terres, à tort, sans cause et sans raison, il ne serait
« plus doresnavant son homme, ne son subjet, ne bien vueil-
« lant, mais ennemi et à tous ceux qui voudroient estre ses
« aydans. »

Les habitants des pays frontières étaient donc dans de continuelles alarmes, craignant à chaque instant les incursions des gens de guerre ; partout on se préoccupait de fortifier les châteaux et de faire provision d'armes.

Dès 1407, Jean-sans-Peur avait détruit de fond en comble le château de Griselles, appartenant au comte. Par mesure de représailles, celui-ci emporta d'assaut le château de Chamelard qu'il ruina entièrement, puis s'empara de celui de Thorey qui appartenait à Régnier Pot, chambellan du duc et l'un de ses serviteurs les plus dévoués.

Grâce au traité d'Arras qui lui permit de rappeler en Bourgogne des forces considérables, Jean-sans-Peur se hâta d'organiser à Châtillon-sur-Seine un corps d'armée destiné à infliger une punition exemplaire à son vassal. Placées sous le commandement de Guillaume de Fribourg, Girard de la Guiche, Andoche de Chissey, ces troupes envahirent le Tonnerrois en 1414. Après avoir attaqué Channes et Cruzy, dont les châteaux étaient incapables d'opposer une résistance sérieuse, les Bourguignons marchèrent rapidement sur Tonnerre, pensant y surprendre leur ennemi. Mais persuadé qu'il ne pouvait sans danger pour sa personne, défendre sa capitale et lutter contre son adversaire, Louis de Chalon s'était prudemment dérobé derrière la Loire aux poursuites des chevaucheurs lancés à sa poursuite. Furieux d'être ainsi déjoués dans leurs projets, les Bourguignons mirent le siège devant Tonnerre, qu'ils prirent d'assaut et détruisirent par l'incendie.

Qui ne pressent les embarras de tout genre auxquels étaient exposés, dans ces graves circonstances, les possesseurs de fiefs dont les châteaux étaient placés sur les frontières du Tonnerrois? Prendre parti pour le duc ou pour les Armagnacs, dont le comte Louis était le fidèle allié, c'était se mettre également en butte à mille dangers. Sous ce rapport, la situation de Pierre de Chamigny était assurément des plus délicates. En effet, tandis qu'il devait l'hommage-lige au comte de Tonnerre pour ses terres de Ravières et de Saint-Vinnemer, son château de Tanlay était jurable et rendable au duc de Bourgogne, son suzerain, auquel il devait personnellement le service militaire.

Hâtons-nous d'ajouter que celui-ci n'eut garde de négliger pareil avantage et de laisser tomber entre les mains de son ennemi, une place qui permettait de couper facilement ses communications avec Laignes, Griselles et Cruzy, et d'inquiéter par de fréquentes sorties la garnison de Tonnerre. Au début de la guerre, la duchesse Marguerite qui, en l'absence de Jean-sans-Peur, s'occupait de parer aux nécessités les plus urgentes, avait fait entrer des gens d'armes et de trait au château de Tanlay (1411). Avec le concours de Pierre de Chamigny, cette garnison suffit pour maintenir sous l'autorité du duc une position défensive excellente, puisqu'elle occupait pour ainsi dire le cœur du Tonnerrois (1).

Montbard, Pacy, Lezinnes reçurent également des secours qui contribuèrent pendant quelque temps à neutraliser les efforts des Armagnacs. Mais ces garnisons éparpillées sur divers points ne pouvaient empêcher les ennemis de ravager impunément les villes et les bourgs dont la défense était confiée à des milices bourgeoises. En 1426, ils surprennent la ville de Ricey qu'ils pillent et rançonnent (2); ils assiègent ensuite Mussy, puis Bar-sur-Seine qui, malgré la courageuse résistance de Jean de Dinteville, son gouverneur, tombe entre leurs mains (3).

Plus près de nous, Larrey est « pris d'emblée, » au commencement de février 1429. Sur l'ordre pressant du maréchal de Bourgogne, Régnier Pot, seigneur de Thorey, se rend de Semur-en-Auxois à Châtillon avec les gentilshommes placés sous ses ordres, afin de reprendre cette forteresse (4).

---

(1) Jean de Saint-Hilaire donne le 25 octobre 1411 un certificat de la montre ou revue des arbalétriers amenés pour la défense du château de Tanlay.
Arch. de la Côte-d'Or, recueil de Peincedé, t. 28, p. 39.

(2) Arch. de la Côte-d'Or, comptes de la châtellenie de Chaussin.

(3) Viguier, Tome III, p. 549, Ms Delamarre, reg. 10396.

(4) Monstrelet, Tome II, p. 59.

A la même époque, Noyers est attaqué, mais repousse l'escalade qu'une compagnie d'Armagnacs ose y tenter (1).

Sur la fin de 1432, Jacques d'Espailly, surnommé Fortépice, forme le projet de s'emparer de Tonnerre, où le duc de Bourgogne tenait toujours garnison; mais le sire de Pizy, François l'Arragonnais, fit avertir le gouverneur de Montbard qui déjoua le complot. Malgré toutes ces précautions, les villages de Villiers-les-Hauts, Nuits, Pacy, Lezinnes, Argenteuil durent payer une forte rançon pour échapper au pillage et recevoir garnison.

Dans l'impossibilité où ils étaient de résister à des ennemis aussi entreprenants, les capitaines des châtellenies envoyèrent des messages pressants à Dijon pour obtenir des secours. Philippe-le-Bon se décida enfin à porter un coup décisif à ces hordes de pillards et à les « rebouter hors de ses états. »

Le 19 juillet 1433, il partit de Châtillon où il avait réuni ses troupes et se rendit à Ancy-le-Serveux, puis à Ancy-le-Franc d'où il surveilla, comme un simple écuyer, les sièges de Lezinnes et de Pacy. La garnison de Lezinnes se rendit le 31 juillet, et celle de Pacy un mois plus tard (2).

Quant à Tanlay, grâce à la solidité de son château-fort et à la vigilance de Pierre de Chamigny, il eut la bonne fortune d'échapper à tous ces désastres.

Après tant de calamités, il était bien permis d'entrevoir la fin de nos discordes civiles et d'espérer que la France pourrait rentrer dans la voie d'ordre et de progrès dont elle avait été si violemment écartée. Aussi le traité d'Arras fut-il accueilli avec une égale allégresse par les Armagnacs et les Bourguignons (1455).

Une préoccupation bien légitime de la part des barons fut de profiter du moment de calme et de repos qui succédait à des temps si troublés, pour obliger leurs vassaux à remplir les devoirs que leur imposait le régime féodal. C'est afin de s'y soumettre que le 8 janvier 1439, le sire de Tanlay fit hommage à Jeanne de Chalon, comtesse de Tonnerre, « à cause « de son chastel de Cruzy, de sa forteresse de Ravières et de

---

(1) Arch. de la Côte-d'Or, B, 1645.

(2) Avallon et l'Avallonnais, par M. Petit, p. 216.

« ses dépendances, savoir : le pressoir, le four, le moulin
« banal, la rivière, les bois, terres, prés, vignes, cens, rentes
« et autres droits et arrière-fiefs qu'il possédait dans ladite
« ville (1). »

Mais si le traité d'Arras avait mis fin à la guerre impie que se faisaient les Armagnacs et les Bourguignons et réuni dans un élan vraiment patriotique toutes les forces vives de la nation pour chasser les Anglais, le roi Charles VII devait éprouver encore de bien graves difficultés pour licencier les troupes engagées à sa solde. Habitués à considérer la guerre comme un des éléments indispensables de leur existence, comment ces soldats auraient-ils consenti à rentrer tout à coup dans une vie oisive pour laquelle ils ne professaient qu'un souverain mépris? Aussi, malgré les ordres pressants du roi, ces bandes indisciplinées, connues sous le nom d'écorcheurs, envahirent-elles les marches de la Champagne et de la Bourgogne, s'y livrant aux actes de brutalité les plus odieux et semant partout l'effroi.

Pour mettre un terme à ces attaques sauvages, le duc de Bourgogne convoqua les principaux seigneurs de la province pour leur dire de rassembler des gens d'armes et de trait. Les sires de Joigny, de Rougemont, de Tanlay, de Chastellux, etc., répondirent à son appel (1438). Mais beaucoup de seigneurs refusèrent de marcher, dans la crainte de voir leurs terres ruinées ou d'être eux-mêmes mis à rançon (2).

Un redoutable adversaire vint toutefois éloigner pour quelque temps ces bandits. Ce fut la peste et la famine qui décimèrent la population et réduisirent le pays à un état de misère que l'on ne saurait décrire.

Mandés par le roi au siège de Pontoise, les chefs de compagnie laissèrent pour quelque temps la Bourgogne en paix. Mais fatigués de prendre part à une expédition qui offrait peu de chances de butin, ils revinrent bientôt en Champagne, puis se répandirent dans le Tonnerrois.

« Au mois d'octobre 1441, trente-quatre seigneurs de la
« province, au nombre desquels figurent les sires de Tanlay,

---

(1) Arch. de l'Yonne, invent. des titres du comté de Tonnerre.
(2) Avallon et l'Avallonnais par M. Petit, p. 233.

« d'Ancy, de Joigny, de Saint-Bris, de la Guiche, furent con-
« voqués pour résister aux écorcheurs logés à Rougemont, à
« Ravières et aux environs (1). » Le comte de Fribourg se mit
à la tête de ces vaillants chevaliers et poursuivit l'épée dans
les reins tous les pillards qui infestaient la contrée.

A quelque temps de là, cependant (février 1442), de
nouvelles bandes s'avancèrent par la vallée de la Loire
et s'apprêtèrent à ravager l'Auxerrois et le Tonnerrois.
Après avoir demandé des subsides à ses états, le duc convoqua de nouveau sa noblesse. « Les sires de Beauvoir,
« de Saint-Bris, de Tanlay, de Joigny, de Rochefort, de
« Chastellux, de Pot, de Damas, durent se trouver en armes
« avec les chevaliers et les écuyers qui marchaient sous leur
bannière (2). »

Cette fois, les écorcheurs sentant que la noblesse était pré-
parée à les recevoir, vidèrent en toute hâte le pays et se diri-
gèrent sur l'Auxerrois, où ces hôtes incommodes signalèrent
leur présence par le pillage et l'incendie.

Les préoccupations incessantes auxquelles devaient obéir les
barons, soit pour veiller à leur sécurité, soit pour se réunir en
armes, afin de chasser les malandrins et les routiers qui ran-
çonnaient sans pitié nos populations, ne leur permettaient
plus comme autrefois d'accorder des témoignages de libéralité
aux monastères que leurs ancêtres avaient fondés. Aussi, les
donations, les pieuses largesses envers les églises se ralen-
tissent peu à peu, comme si la ferveur religieuse subissait le
contre-coup de ces guerres désastreuses.

Pendant plus de quarante ans que Pierre de Chamigny
réside à Tanlay, nous ne trouvons plus aucun acte qui inté-
resse l'abbaye de Quincy, ni les couvents voisins que les
Courtenay avaient si richement dotés.

Citons cependant une transaction de l'année 1446, par
laquelle ce seigneur cède une tour, forteresse, terres et jardins situés à Ravières, au prieur de Jully, en échange de deux
muids de blé, mesure de Tonnerre, à prendre sur les tierces de
Saint-Vinnemer ou bien dans ses greniers et qu'il devait aux

(1) Avallon et l'Avallonnais, par M. Petit, p. 238.
(2) Id. p. 239.

religieuses, suivant une donation faite en 1247, par Thibaut de Plancy, jadis seigneur de Saint-Vinnemer (1).

L'époque de la mort de Pierre de Chamigny ne nous est pas exactement connue ; nous avons tout lieu de supposer cependant qu'elle doit être fixée de 1444 à 1445.

De son alliance avec Jeanne de Montmort, ce seigneur eut quatre enfants :

1° Aymé qui suit ;

2° Philiberte, morte en 1485, après avoir été mariée à Philippe de Courcelles, chevalier, seigneur de Saint-Liébaut (2) ;

3° Catherine qui épousa par contrat du 4 mars 1453 Bleinet de Beaujeu, fils aîné de Pierre de Beaujeu, dit « du Colombier, » seigneur de Montcoquier et d'Asnois (3), et de Marguerite de la Palice ;

4° Antoine qui embrassa la carrière ecclésiastique.

(1) Arch. de la Côte-d'Or, chron. de Molême, n° 153, p. 161.

(2) Saint-Liébault, aujourd'hui Estissac, chef-lieu de canton (Aube). Château très fort aux XVe et au XVIe siècles.

(3) Asnois, bourg avec château fortifié dans le Nivernais, chef-lieu d'une terre très considérable possédée dès le XIIe siècle par la maison de Saint-Verain. Regnaud de Saint-Verain, surnommé Rouge-Fer, sire d'Asnois, chevalier, affranchit en 1304 les habitants d'Asnois et dépendances de l'état de servitude. Isabelle de Saint-Verain, sa petite-fille, porta cette terre à Jean de Beaujeu, dit du Colombier, chambellan du roi, vivant en 1380 et 1396, issu des comtes de Forez. Pierre de Beaujeu, dit du Colombier et de Montcoquier, leur fils, fut père de Bleinet de Beaujeu-Montcoquier, qui vendit le 25 mai 1469, la terre d'Asnois à Pierre de Digoine, seigneur de Thianges, chevalier, sous la réserve du château et place forte dudit lieu, avec des dépendances appelées Asnois-le-Château et dont la propriété et seigneurie passèrent en 1497 dans la maison de Salazar, par le mariage de Catherine de Beaujeu-Montcoquier, sa petite-fille, avec Louis de Salazar, Ier du nom, seigneur de Montaignes, chevalier. La terre d'Asnois entra l'an 1551 dans la maison de Blanchefort par le mariage de Léonarde de Clèves avec Pierre de Blanchefort. (Tablettes généal. de la Chesnaie-des-Bois, t. IV, p. 404 et suiv. — Inventaire des arch. de Nevers, par l'abbé de Marolles, p. 688.)

Aymé de Chamigny

1445-1485

BIEN qu'Aymé de Chamigny ne se trouve désigné dans aucune des montres de gens d'armes et de trait convoquées par le duc de Bourgogne, pour réprimer les inqualifiables brigandages des écorcheurs, tout nous porte à croire qu'il prit une part active à ces nombreuses expéditions, sous la bannière de Pierre de Chamigny, son père.

Il était marié à Ysabeau de Brimeu, fille unique de David de Brimeu, seigneur de Ligny-sur-Canche (1), gouverneur d'Artois, chevalier de la Toison-d'Or, et de Jeanne de Châtillon.

Dès l'année 1437, nous le voyons contracter, tant en son nom personnel, qu'en celui de ses frère et sœurs, différents emprunts de Nicolas Rollin, seigneur d'Autume, chancelier de Philippe-le-Bon. Ces emprunts avaient-ils pour but de désintéresser Gaucher de Chamigny ou Marguerite, sa sœur, des droits auxquels ils pouvaient prétendre dans la succession de Jeanne II, leur mère ? C'est ce qu'il est bien difficile de pouvoir expliquer d'une manière satisfaisante. Toujours est-il que ces dettes, énumérées avec un soin méticuleux par Nicolas Rollin et converties en monnaie de Flandre, à raison de XXXII gros par franc, de monnaie royale, s'élevaient à la

---

(1) Ligny-sur-Canche, commune de l'arrondissement de Saint-Pol (Pas-de-Calais).

somme de cent soixante-un francs quatre sous de rente annuelle.

Par acte daté de Daymeries, le 20 juin 1458, et scellé de ses armes, le chancelier consent à céder et transporter lesdites rentes avec les arrérages à messire Aymé de Chamigny et à sa femme, moyennant la « vendicion » de la terre et seigneurie de Ligny, appartenant à ladite dame et dont elle « doibt se « deshériter a nostre prouffit et nous en faire adhiter deue- « ment pour nous et nos hoirs (1). »

Le nouveau seigneur qui était appelé à succéder aux Courtenay dans les fiefs de Tanlay, Saint-Vinnemer et Ravières, occupait déjà un rang distingué parmi la noblesse de la province, puisque l'acte de transport que nous venons d'analyser, lui donne le titre de chambellan de *Monseigneur de Bourgoingne*.

Son dévouement à nos ducs fut toujours à la hauteur des circonstances les plus critiques, et ses conseils étaient souvent partagés par les personnages les plus expérimentés. C'est ainsi qu'il fut appelé à Dijon, le 16 août 1460, comme représentant de la noblesse, pour discuter le traité relatif aux fortifications de la province. Parmi les seigneurs, au nombre de vingt-neuf, qui firent partie de cette assemblée, nous citerons : Pierre de Beaufremont, comte de Charny; Jean de Chalon, Claude de Chastellux, Jean de Villers-la-Faye, Charles de Mello, Claude et Tristan de Toulongeon, Antoine de Rochefort, etc.

Les mesures pleines de prudence que prenait Philippe-le-Bon avaient non seulement pour but de protéger ses frontières contre les écorcheurs, mais encore de résister aux entreprises de son puissant voisin, le roi de France. Aussi, lors-

---

(1) Nicolas Rollin, chancelier de Philippe-le-Bon, était par son crédit et ses richesses un des personnages les plus importants de la cour de Bourgogne. Il fonda le bel hôpital de Beaune qu'il dota de biens considérables, ainsi que la collégiale de Notre-Dame d'Autun, où il fut inhumé en 1461.

On sait le mot de Louis XI, à ceux qui préconisaient ses bienfaits : « Il est bien juste que celui qui, par ses exactions, a fait tant de « pauvres, bâtit une vaste maison pour les loger. » Il possédait plus de 40,000 livres de rente et 25 terres parmi lesquelles se trouvait Ricey, dans le Tonnerrois. Il avait épousé Guigonne, fille d'Etienne de Salins, seigneur de Poupet.

qu'éclata entre Charles-le-Téméraire et Louis XI, cette terrible rivalité, où la fortune de la France finit par triompher de la puissante maison de Bourgogne, les places fortes et les châteaux étaient en état de parer aux premiers dangers.

C'est ce qui eut lieu pour Noyers, où une compagnie « des gens du roy » ayant essayé, en 1463, de surprendre la place, fut repoussée. Plus tard, de nouvelles tentatives furent encore faites contre Saint-Florentin et Chablis, mais elles restèrent également sans résultat.

Grâce à la garnison qu'il entretenait à sa solde et aux travaux importants qu'il avait fait exécuter dans sa demeure, Aymé de Chamigny gardait solidement entre Tonnerre et Châtillon, les marches du duché. C'est pour l'attacher davantage à sa cause et pour le récompenser en même temps des services qu'il n'avait cessé de lui rendre, que Charles-le-Téméraire lui adressa de Saint-Omer, le 25 octobre 1471, les lettres suivantes, qui témoignent en quelle estime il tenait ce vaillant chevalier :

« Charles, par la grâce de Dieu, duc de Bourgogne, de
« Lothier, de Brabant, etc. A nos amez et feaulx les président
« et gens de nostre conseil, à Dijon, savoir faisons que en
« faveur des services que nostre amé et féal chevalier, Messire
« Aymé, seigneur de Tanlay, nous a faiz par cy devant en noz
« guerres et armées, et pour aucunement le récompenser des
« pertes par lui soustenues en ce que ses biens et chevances
« estans ou royaulme, lui sont empeschiez et des grands des-
« pens et travaulx quil a eu, et que journelement lui convient
« avoir pour tenir en nostre obéissance, sa place dudit lieu
« de Tanlay, qui est place de garde assise en frontière, et fort
« propre pour nos subgeetz pour résister à l'encontre de noz
« ennemis. Et affin qu'il ait couraige de y continuer de bien
« en mieux. Nous avons audict seigneur de Tanlay pour ces
« causes et autres ad ce nous mouvans donné, cédé et trans-
« porté, donnons, cédons et transportons de grâce spécial par
« ces présentes les rentes et parties cy après déclarées. »

Suit la désignation des biens et revenus confisqués par le duc de Bourgogne sur ses vassaux, qui « tiennent nostre parti contraire » et qu'il abandonne au seigneur de Tanlay, savoir : les terres appartenant aux héritiers de Philippe Sousfran, celles de Philibert de Channeton, de Jean de Montaigu, de Philibert de la Forest, du seigneur de Craon, les rentes et émoluments des cures de Girolles (1), d'Anniot (2), d'Annay-la-Côte (3), de Saint-Léger-de-Fourcheret (4), de Talcy (5), plus la maison d'un sieur Evrardot, située à Noyers, dans la rue Franche (6).

En conséquence de ces lettres, Jean Yvard, seigneur d'Eschevannes, « chief du conseil et président des parlements de Monseigneur le duc, » fait savoir aux baillis d'Auxois et de Noyers, ainsi qu'à Dreux d'Eschenon, secrétaire de mondit seigneur et commis à la recette et gouvernement des biens que les « Français et autres tenant parti contraire a nostre dit seigneur » ont en ses pays, qu'il lève au profit d'Aymé de Chamigny, tous les empêchements qui pouvaient être mis sur lesdites terres et rentes (30 mai 1472).

Le sire de Tanlay prit-il part à la funeste guerre que Charles de Bourgogne entreprit en 1476 contre la ligue helvétique, « pour un charriot de peaux de moutons que Monseigneur de « Romont prit à un Suisse, en passant par sa terre » et qui, malgré la légèreté de ce prétexte, se termina par les sanglantes journées de Granson et de Morat? Bien des raisons permettent de le supposer.

Enfin le bonhomme de Tours, qui à force de patience, de ruse et d'habileté avait fait subir de si cruels revers « à ce « moult rude archer qui mesuroit toutes choses à l'aulne de « son pouvoir, » recueillit après Nancy le fruit de ses efforts, et vit la fortune forcée de rendre hommage à ses calculs.

Malgré ses regrets, Aymé de Chamigny dut courber la tête devant la dure nécessité et passer, comme tant de fiers gentilshommes bourguignons, au service d'un nouveau maître. Il mourut avant 1485, sans laisser de postérité, de sorte que tous ses biens passèrent à Philiberte de Chamigny, sa sœur.

Celle-ci avait épousé, vers 1450, comme nous l'avons dit précédemment, Philippe de Courcelles, seigneur de Saint-Liébaut.

(1) Girolles, commune du canton d'Avallon (Yonne).
(2) Annéot, id.
(3) Annay-la-Côte, id.
(4) Saint-Léger-de-Fourcheret, commune du canton de Quarré-les-Tombes.
(5) Talcy, commune du canton de l'Isle-sur-Serein.
(6) Arch. de la Côte-d'Or, inv. Peincedé, t. II, p. 498.

MAISON DE COURCELLES

D'azur à la fasce d'or surmontée de trois étoiles d'or en chef, écartelé de gueules à deux épées d'argent les pointes en bas, passées en sautoir.

Philippe

1485-1504

L'ALLIANCE du nouveau seigneur de Tanlay avec les Chamigny s'explique facilement par les rapports de voisinage et, peut-être, par les liens de parenté qui existaient déjà entre ces deux familles. En effet, la terre dont Philippe portait le nom, située à la base de la colline où est bâti le bourg de Neuvy, se trouvait à une faible distance du château de Sautour.

Comme les Chamigny, les Courcelles étaient donc originaires de la Champagne, et leurs biens situés en grande partie dans le bailliage de Troyes. Ils passèrent au service des ducs de Bourgogne en 1328, date à laquelle Philippe de Valois assigna à Jeanne de France, fille de Louis-le-Hutin et femme du duc Eudes IV, la châtellenie de Chaource, en compensation de ses droits sur le comté de Champagne.

L'un d'eux, Jean de Courcelles, fut nommé, en 1397, gruyer de Philippe-le-Hardi, en remplacement de Jean de Mussy, décédé. C'était le père du seigneur de Tanlay (1).

Les gruyers qui prirent dans la suite le nom de maîtres des eaux et forêts, occupaient une situation très importante au xve siècle. Ils avaient, chacun dans leur ressort, l'inspection sur les bois, étangs et rivières. Leurs jugements ressortissaient à la table de marbre, à Dijon.

Ces officiers avaient non seulement mission de veiller à la conservation des forêts formant l'apanage de la couronne ducale, mais ils étaient encore chargés de détruire les animaux malfaisants et nuisibles, et de protéger les populations rurales contre la dent des loups. De ce côté, Jean de Courcelles ne restait pas inactif dans l'accomplissement de ses devoirs. Nous lisons, en effet, dans les comptes de Jean Coutan, receveur pour le duc des châtellenies de l'Isle et Chaource, es-années 1402-1403, « qu'il fust payé par ordre de M^{re} de « Courcelles à ung cordier pour ung harnois à chasser les « loups, pesant 160 livres, à raison de 15 deniers la livre. »

Dès 1398, il était panetier de Philippe-le-Hardi, qui lui accorda remise de 504 livres pour le quint et requint denier de la moitié du châtel et des terres de Saint-Liébaut, à cause de l'acquisition par lui faite de Guillaume de Boves et de demoiselle de Fontenay, sa femme.

Son dévouement à Jean-sans-Peur lui occasionna des pertes considérables, pendant les guerres que ce prince eut à soutenir contre les Armagnacs. Malgré une résistance opiniâtre, son château de Saint-Liébaut fut emporté d'assaut et démoli, en 1430, par le sire de Barbazan, lieutenant-général en Champagne. Sa veuve, Catherine de Fontenay (2), obtint, en 1440, des lettres de Charles VII, contenant « congié et licence de « clorre, fortifier et remparer la dite place de Saint-Lyébault, « d'y faire murs, fossés, tours, paslis, barbacanes, barrières, « boulevards, portes, ponts-levis et touttes choses qui, à place « forte, doivent compéter et appartenir (3). »

(1) Arch. de la Côte-d'Or, B. 3,871.
(2) Catherine de Fontenay était fille de Jean de Fontenay, bailli de Troyes, en 1370, et seigneur de Saint-Liébaut.
(3) Annuaire de l'Aube, 1859, p. 129.

Jean de Courcelles laissa trois enfants, savoir :

1° Pierre, qui reçut en partage la terre de Courcelles et prit alliance avec Prégente de Melun-la-Borde, le 8 mars 1435 ;

2° Philippe, seigneur de Saint-Liébaut, Tanlay, Saint-Vinnemer et Ravières, qui suit ;

3° Marie, qui épousa en 1438 Guillaume de Melun, frère de Prégente, seigneur du Mez et de Beugnon, fils de Jean de Melun IV, chambellan du roi, maître-enquêteur des eaux et forêts de France, Champagne et Brie, et d'Ysabeau de Savoisy.

La famille seigneuriale qui succédait aux Chamigny occupait donc, tant par le mérite personnel de ses représentants que par ses belles alliances, une haute situation dans la province de Champagne.

Au mois de novembre 1485, Ysabeau de Brimeu, qui jouissait, à cause de son douaire, de certains droits sur la terre de Tanlay, et Philippe de Courcelles, seigneur de Saint-Liébaut, « ayant le bail et gouvernement des enffens demourés du « décès de feue damoiselle Philiberte de Chamigny, sa femme, » étaient en procès avec les habitants, au sujet des redevances auxquelles donnaient lieu les anciennes coutumes du pays.

A quelque temps de là, nous trouvons l'explication toute naturelle des difficultés qui s'étaient élevées entre le seigneur et les habitants. Ceux-ci obtiennent, en effet, le 27 juillet 1486, une charte qui les affranchit de la main-morte, et règle en même temps les charges auxquelles ils demeurent assujettis. Il est inutile de nous étendre davantage sur cette transaction, d'autant mieux qu'en parlant du village, nous en avons fait connaître les principales dispositions. Ajoutons toutefois que cet acte est le premier où sont mentionnés les noms de Georges, Edme et Catherine de Courcelles, enfants mineurs de Philippe et de Philiberte de Chamigny (1).

En 1497, le seigneur de Tanlay vend à Claude de Mertrus, sieur de Saint-Ouen, la terre de Humbeauville, située près de Saint-Dizier. Mais cette seigneurie fut retirée à l'acquéreur par retrait adjugé à Guillaume de Hangest, qui en était le suzerain, à charge de payer le prix de la vente et les loyaux coûts (2).

(1) Arch. du château de Tanlay.
(2) Revue de Champagne et de Brie.

La nomination des chapelains chargés de desservir la chapelle castrale avait probablement donné lieu à quelques contestations entre Philippe de Courcelles et les abbés de Saint-Michel de Tonnerre. Afin d'éviter à l'avenir de pareilles difficultés, il y eut accord entre les parties. Par acte du 13 mai 1501, Etienne de Nicey, abbé de Saint-Michel, « consentit à ce « que le seigneur de Tanlay nommeroit aux chapelles de « Sainte-Croix et de Monseigneur Saint-Jehan-Baptiste unyes « et annexées d'ancienneté, fondées audit chasteau de Tanlay, « sur laquelle nomination ledit sieur abbé de Tonnerre pour- « voyeroit. »

En exécution de ces conventions, Philippe de Courcelles nomma, au mois de mai 1505, le sieur Pierre Noblet, prêtre, qui fut mis en possession le 1er juin suivant, par Etienne de Nicey.

A la mort du sieur Noblet, l'abbé de Saint-Michel en fit autant pour le sieur Jean Pillet, qui prit possession le 6 juin 1528 (1).

Nous ne dirons rien des oblations et autres bénéfices auxquels le prieur de Saint-Vinnemer avait droit comme curé primitif. Ils étaient absolument les mêmes que ceux fixés dans le traité de 1515, dont nous avons parlé à propos de la chapelle de Saint-Emilien.

Philippe de Courcelles résidait la plus grande partie du temps dans son château patrimonial de Saint-Liébaut; aussi nos archives renferment fort peu de documents sur lui.

Par suite de la mort de Georges, son fils aîné, ce fut Edme qui, à l'époque de sa majorité, prit le titre de seigneur de Tanlay. Toutefois, les terres de Tanlay, Paisson, Saint-Vinnemer et Ravières restèrent indivises avec sa sœur Catherine, mariée à Claude de Ray, chevalier.

Avant de nous occuper d'Edme de Courcelles, disons quelques mots des sires de Ray, dont l'alliance jetait, pour ainsi dire, un nouveau lustre sur les derniers représentants de la maison de Courtenay-Tanlay. Cette famille seigneuriale était une des plus anciennes de la Franche-Comté. Parmi ses membres, on peut citer : Simon de Ray, qui vivait en 1098 ; Jean

---

(1) Invent. des arch. du château, f° 24.

de Ray, gardien du comté de Bourgogne, de 1306 à 1330 ; Aymé, sire de Ray, associé à la ligue formée par les nobles de la province, pour résister aux exactions de Philippe-le-Bel (1314); Jean, surnommé *Porte-Paix*, qui assiégea en 1368, dans son château de Rochefort, et fit prisonnier Jean IV, de Chalon, comte d'Auxerre, poursuivi par Philippe-le-Hardi, pour avoir ravagé ses terres de Franche-Comté et d'Outre-Saône, puis assista Jean-sans-Peur, alors comte de Nevers, dans la guerre de Hongrie (1396); Antoine, chambellan de Charles-le-Téméraire, bailli d'Amont; enfin Claude, sire de Ray, chevalier de l'Annonciade, lieutenant au gouvernement du comté de Bourgogne, qui épousa Catherine de Courcelles, dame de Tanlay.

Cette maison portait : *de gueules à l'escarboucle d'or pommetée et fleuronnée de même*. Elle a possédé les fiefs de Ray, de la Ferté, de Pressigny, de Courcelles, de Rolland, du Pin, de Vaudrey, etc. — Alliances : Neufchastel, Châteauvillain, Estrabonne, Vergy, Vienne, Bauffremont, Vaudrey, etc.

Edme

1504-1534

LE terrier de la châtellenie de Noyers, qui fut dressé le 12 février 1510, contient les noms de tous les possesseurs de fiefs sujets à payer le quint denier. Nous y trouvons la mention suivante, relativement à la terre de Tanlay :

« Ayme (Edme) de Courcelles, seigneur de Vinemay, Parson (Paisson), confesse tenir en fiez de Monseigneur, le chastel, maison fort à pont levys avec toute la terre et seignorie de Tanlay, dont les menues parties sont déclarées aud. dénombrement, ensemble plusieurs fiez à luy appartenans et subjects de Monseigneur. »

C'est le 25 décembre de la même année que le seigneur de Tanlay rendit foi et hommage à son suzerain et lui prêta serment de fidélité. A cet effet, il se présenta lui-même à Noyers, devant Jean de Baudreuil, maître d'hôtel ordinaire et conseiller de très haut et puissant prince messire Louis d'Orléans, marquis de Rothelin, comte de Neufchâtel et seigneur de Noyers, ayant procuration spéciale de recevoir les foi et hommage, reliefs, rachats et autres droits seigneurlaux, et lui adressa les paroles suivantes :

« Je viens me présenter à vous comme à la personne de mon très redoubté seigneur, Monseigneur le marquis et vous requiers au dit nom procurateur me recepvoir en la foy et hommage pour le chastel à pont levys, maison fort, fossés, basse court à vol de chappon (1) dudit lieu terre et seigneurie de Tanlay, ensemble la moitié par indivis de tous et chascuns les prouffictz, revenus, esmoluments, justices, seignories, appartenances, apendances et dépendances de la dicte seignorie de Tanlay à moy advenue et eschue par le trespas et décedz de mon feu frère esné que Dieu absolve Georges de Courcelles, en son vivant seigneur par droict d'aynesse dudict chastel et de la moictié de la dicte seignorie et appartenances d'ycelle. Et vous offre selon la coustume de Lorris, gardée d'ancienneté en la dicte seignorie de Tanlay les trois offres accoustumées, c'est assavoir le revenu d'une année à prendre du jour de la main mise faicte sur la dicte seignorie pour faulte des dictes foy et hommage non faicts et debvoirs non payés, le dict de deux preudhommes ou le marc d'argent que lon dict estre une somme de deniers, pour laquelle somme je vous offre vingt escus d'or.

Jean de Beaudreuil qui s'était fait assister à cette occasion d'Emery Remondet, procureur, et de Jean des Chesnes, receveur du marquis de Rothelin, déclare recevoir les offres d'Edme de Courcelles, ainsi que son hommage pour le château de Tanlay et la moitié de la seigneurie, comme héritier « seul « et pour le tout de son défunt frère, plus pour le quart à « lui advenu de son chef de feue damoiselle de Chamigny, sa « mère, en son vivant dame de Tanlay, tant pour la justice « terre et seignorie de Tanlay, que pour un bois appelé vul- « gairement Pesson, Foiseux, Nogens et les Jarries (2). »

Cet acte nous donne les détails les plus précis sur la manière dont s'opérait le partage des fiefs « eschéans en ligne directe tant de père que de mère. » Ainsi, Georges de Courcelles avait obtenu par préciput, à cause de son droit d'aînesse, le château de Tanlay et les héritages y attenant, « jusques à l'étendue d'un vol de chapon, » plus la moitié des seigneuries de Tanlay et Paisson. Les deux autres enfants de Philiberte de Chamigny avaient donc recueilli seulement chacun un quart de la succession de leur mère.

En 1514-1515, Edme de Courcelles fit partie de l'expédition que François Ier conduisit par delà les Alpes, à la conquête de l'Italie. Malgré les cruels revers éprouvés par Charles VIII et

(1) D'après la coutume de Lorris, le vol d'un chapon « laissoit à entendre un arpent de terre hors la cloture et fossés du chasteau. »

(2) Arch. du château de Tanlay.

Louis XII, dans les guerres de la Péninsule, il tardait à leur jeune successeur de revendiquer, les armes à la main, cette belle Lombardie si riche, si peuplée, qu'il regardait comme son héritage et où la chevalerie française avait cueilli déjà tant de lauriers.

Quant à la noblesse, son plus ardent désir était de prendre une éclatante revanche des humiliations de Novarre et de Dijon, et de chasser de la Lombardie ces Suisses orgueilleux et grossiers qui, pour quelques florins, avaient déserté nos rangs et nous avaient infligé de si terribles désastres.

Au mois d'août 1515, après des efforts incroyables pour s'opposer au passage des Alpes et tourner l'armée française, les Suisses s'étaient vus dans la nécessité de se replier en toute hâte vers Milan. François Ier voulant user d'une louable prudence, tenta d'abord d'entrer en négociation et d'acheter, moyennant grosse indemnité, leur retraite du Milanais. Mais excités par notre implacable ennemi, le cardinal de Sion, ils se refusèrent à tout accommodement et marchèrent résolument sur le camp français, qui occupait une position excellente près de Marignan. Les bataillons helvétiques, couverts de peaux d'ours au milieu desquels brillaient à peine quelques cuirasses, et guidés par le bruit sourd des cornets d'Uri et d'Unterwald, s'avancèrent tête baissée sur les lanskenets, qui reculèrent à ce choc terrible. La gendarmerie française, cinq cents hommes par cinq cents hommes, fit plus de trente charges sur cette tête de colonne sans pouvoir l'arrêter. Vainement elle était enfilée de flanc par l'artillerie, harcelée par les bandes noires composées de Gascons, elle s'avançait toujours, pique basse, serrant les rangs à mesure que le canon y faisait des trouées. La nuit seule l'arrêta. Au point du jour le combat recommença, mais le connétable ayant réuni toutes ses troupes et pris de bonnes dispositions, les Suisses furent repoussés. Enfin, lorsqu'ils entendirent les cris de l'armée vénitienne qui, sous la conduite de l'Alviano, avait marché toute la nuit pour prendre part à la bataille, ils se retirèrent en bon ordre, laissant douze mille morts sur le terrain (13 septembre 1515).

La présence d'Edme de Courcelles à cette sanglante journée se trouve mentionnée dans un long procès survenu entre la maréchale de Châtillon et les habitants de

Gland, en 1542. Nous lisons, en effet, dans une des pièces de la procédure :

« Que les habitants dudict Gland avoient commencé à meffaire dans les bois de Pesson, appartenans au seigneur de Tanlay parceque celuy cy étoit allé pour les affaires de nos prédécesseurs les roys de France au camp des Suisses devant Marignan, environ le mois de septembre 1515, au premier an du règne du roy Francoys nostre très honoré sire et père, que Dieu absolve, et que ycelles terres de Tanlay et Pesson avoient esté délaissées tant par le depart dudict sieur de Courcelles que par absence dudict Claude de Ray qui tous jours avoit faict sa résidence audict Ray au comté de Bourgogne. »

En parlant de Guillaume de Tanlay, II\ïeme du nom, nous avons dit quelques mots d'une transaction passée, en 1325, entre ce seigneur et le couvent de Saint-Michel, au sujet de la forêt de Paisson. On voit, par ce traité, que les religieux jouissaient alors de droits importants sur ce domaine, dont la superficie s'élevait à plus de deux mille arpents. Plus tard, les moines en firent sans doute l'abandon aux seigneurs de Tanlay, car ceux-ci comparaissent seuls dans les actes relatifs à cette propriété.

Du reste, ces grandes solitudes boisées, où les populations voisines conduisaient leurs troupeaux au pâturage et à la glandée, étaient à peu près improductives.

Séduit peut-être par les propositions qui lui furent faites de défricher et de mettre en labour, moyennant certaines redevances, une partie de son domaine, Edme de Courcelles se décida à accepter les offres de trois habitants de Trichey, les sieurs Martin Paraut, Josselin et Pierre Ferrand. En conséquence, un traité fut conclu entre les parties et rédigé dans les termes suivants :

« C'est assavoir que ledit seigneur pour le cler et évident proffit de luy et de la dame Catherine de Ray et pour l'accroissement et augmentation des biens, droitures, terres et seigneuries et pour les bons rapports que faicts luy ont esté des personnes desdicts Paraut et Ferrand dessus nommez et affin que au temps advenir ils soient et demeurent vrays hommes et subjects, tant eux que leurs femmes et enfants nés et à naistre et faire leurs demeurances, manoirs et habitations perpétuelles au lieu de Paisson, etc.

« Pour ces causes nous leur avons baillé à eulx et leurs successeurs qui voudront le temps advenir demourer aud. Paisson, pouvoir et puissance de prendre accin, mex et pourpris contenant un arpent de Tonnerre, payant pour led. accin, mex et pourpris douze deniers tournois de cens portant lods et vente de vingt deniers tournois par livre avec un bichet d'avoine et un chapon suranné ou deux sols tournois pour ledit chapon au choix dudit seigneur ou de ses successeurs (1). »

Non seulement Edme de Courcelles affranchit les futurs habitants de la main-morte et du formariage, mais il leur abandonna 165 arpents de bois destinés à être mis en labour, plus les droits d'usage et de pâturage, sous la seule réserve de ne pas en abuser, ni de prendre aucun bois vert, si ce n'est le mort-bois (25 août 1520).

Mais les abus qu'on cherchait à prévenir ne tardèrent pas à se produire sous toutes les formes, de sorte que les concessions si libérales d'Edme de Courcelles devinrent une source de tracas pour ses successeurs.

C'est à la généreuse initiative de ce seigneur qu'est encore due la charte d'affranchissement de Saint-Vinnemer, qui porte la date du 11 octobre 1524.

Il fait remise aux habitants de la main-morte qui lui donnait droit « selon la coustume de Tonnerre, quand ils vont de « vie à trespas sans hoirs en celle de prendre tous leurs biens « et les appliquer à son proffict. »

Il leur accorde en même temps droit d'usage pour couper « en toute manière de bois vert et sec » et pour mener pâturer leur bétail en toutes saisons dans :

1º Le bois de Pierre-Percée et Angy, tenant à la côte Saint-Père, aux usages de Lezinnes ; à l'hôpital de Tonnerre, aux terres de Louère et au bois de Sebille, suivant la levée ;

2º Le canton appelé Bucherien et la Vieille-Couarde (2) ;

3º Le canton appelé Fourcherolles.

Il leur donne en outre plusieurs prés ou « pasquis » avec le droit de faire rouir leurs chanvres dans la rivière d'Armançon, d'y abreuver leur bétail et d'y prendre du sable pour toutes leur nécessités. Il leur permet enfin « de pescher à la « trouble, nasse et estriquets » dans le ruisseau de Ravisy, où

(1) Arch. du château.

(2) Le bois de la Vieille-Couarde a été défriché et converti en carrières.

il défend cependant de mettre des chanvres ou autres choses qui pourraient empêcher « la vollerye » (1).

De leur côté, les habitants s'obligent à payer chaque année, à leur seigneur, une poule, le jour de Saint-Martin d'hiver, ou quinze deniers tournois à leur choix, — la onzième partie de leurs vins, grains, chanvres et lins ; — cinq sous tournois « pour chascun faiste de maison » ; plus une demy poule ; — de cuire leurs pâtes et moudre leurs grains aux fours et moulins bannaux, etc. (2).

Nous n'en dirons pas davantage sur cet acte d'affranchissement, car il reproduit à peu près dans les mêmes termes les dispositions adoptées au XVI° siècle pour ces sortes de transactions.

Au mois de septembre 1525, Edme de Courcelles fait un échange avec Ysabeau de Carrefort, veuve d'Antoine du Blou, écuyer. Il lui abandonne un arpent de pré assis au finage de Tanlay, lieu dit le « Petit-Vain, » tenant d'un bout à la rivière d'Armançon, d'autre à Pierre de Lescluse (3). Il reçoit en contr'échange un autre arpent de pré situé dans sa terre et seigneurie de Thuisy (4).

La veuve d'Antoine du Blou résidait alors à Tanlay, où elle possédait le fief de Plancy dont nous parlerons plus tard.

D'après tous les témoignages historiques qui nous sont restés, Edme de Courcelles n'aurait jamais été marié. Il avait auprès de lui un bâtard, de son nom appelé Jean, son fils ou son frère naturel, car son degré de parenté ne nous est pas exactement connu, auquel il portait la plus tendre affection. Prévoyant tous les embarras qui pourraient s'élever un jour, au sujet de sa succession, il voulut lui créer une situation

---

(1) Vollerye : chasse au gibier-plume (perdrix, canards, hérons) avec l'épervier ou le faucon.

(2) Arch. du château.

(3) Pierre de Lescluse était gendre d'Ysabeau de Carrefort et recueillit tous ses biens.

(4) Thuisy, hameau de la paroisse de Saint-Liébaut (Estissac), où Edme de Courcelles possédait un fief.

indépendante. Dans ce but, il déclara par un acte authentique, en date du 27 avril 1528 :

« Que pour la bonne amour et dilection naturelles quil et disoit avoir à Jehan, bastard de Courcelles, écuyer, présent, il donnoit par domination irrévocable faicte entre vifs, sans espérance de jamais la révoquer, ralier, mettre en dobte ne venir contre en aucune manière audict Jehan acceptant le don qui sensuit :

« Premièrement. Une pièce de terre appelée la *Grande-Laume*, contenant trente journées ou environ, tenant d'une part aux hoirs Jehan Seurre, etc. (Suit la désignation des autres biens comprenant 83 journaux de terre et 9 arpents de prés.)

« Tous lesquels héritages cy dessus spécifiés et déclarés led. seigneur donateur a donné et donne audict Jehan ses dits hoirs et ayans cause demeurans francs et quittes tant de droits d'onziesme que aultres choses et servitudes quelconques dont ils pourroient estre tenuz redevables audict donateur avant la date des présentes.

« Item a donné et donne droit d'usage en sa rivière bannale de Sainct-Vinemer, pour en ycelle pescher et faire pescher à tous angins sans aucune réserve et touttes et quantes fois que bon luy semblera aussy pour touttes nécessités.

« Item pouvoir, faculté et puissance de mené et faire mené daurannavant pasturer son bestial en nostre pré assis aud. Sainct-Vinemer, appelé le *Grand-Sossis* incontinant après la première tonsure delles et dès le jour nativité Saint-Jehan-Baptiste sera passée et eschue jusques au jour commémoration Nostre-Dame apprès en suyvant, etc. (1). »

Tout en donnant au bâtard de Courcelles des preuves de son affection, le seigneur de Tanlay se préoccupait de laisser après lui un témoignage incontestable de ses sentiments religieux. A cet effet, il fit bâtir le pénultième jour de juillet 1529, une chapelle dédiée à Saint-Emilien, le glorieux évêque de Nantes, qui, au VIIIe siècle, avait aidé à repousser de nos contrées l'invasion des Sarrazins. Il y fonda trois messes par semaine et assura au chapelain une rente de vingt livres tournois (2).

En 1527 et 1531, il rendit foi et hommage au comte de Tonnerre, avec Catherine de Courcelles, sa sœur, pour les terres de Ravières et de Saint-Vinnemer (3).

L'année suivante (25 juin 1532), il fut choisi comme arbitre

(1) Arch. du château.
(2) Id. ancien inventaire.
(3) Arch. de l'Yonne, invent. des titres du comté de Tonnerre, p. p. 9, 12 et 69.

par Ysabeau de Carrefort et les habitants de Tanlay, qui prétendaient avoir droit « de faire regain dans une pièce de pré « appartenant à ladite dame. » Le seigneur de Tanlay déclara les habitants mal fondés dans leur demande et, sur son rapport, Jean de Chauvigny, prévôt, les condamna aux dépens (1).

Cet acte est le dernier où nous voyons figurer le nom d'Edme de Courcelles. Il décéda en 1533, précédé dans la tombe par la dame de Ray, sa sœur.

Ni l'un ni l'autre ne laissaient d'héritiers en ligne directe, de sorte que tous leurs biens devaient passer pour moitié, dans la ligne paternelle, aux descendants de Pierre et de Marie de Courcelles et, pour l'autre moitié, dans la ligne maternelle, aux représentants de N... de Chamigny et de Catherine de Chamigny. Mais l'ordre naturel de succession fut singulièrement modifié par un codicile du testament d'Edme de Courcelles, en date du 13 février 1533, qui instituait héritier pour un tiers de ses biens Claude des Essarts, son cousin, seigneur de Thieux et de Sormery, marié à Gabrielle de Gouffier, dame de Sautour.

L'origne de Claude des Essarts est assez connue, mais il convient, croyons-nous, de la rappeler ici, ne serait-ce que pour honorer la mémoire du généreux seigneur auquel les habitants de Neuvy doivent la construction de leur belle église. Il descendait de Pierre des Essarts, Ier du nom, argentier du roi Philippe-le-Long, en 1320, et dont le petit-fils, grand bouteiller de France, accusé d'avoir voulu enlever le roi et le duc de Guyenne, fut condamné, le 1er janvier 1430, à avoir la tête tranchée.

Antoine des Essarts, IIIe du nom, épousa Perrine de Menou dont il eut un fils unique, Claude, légataire d'Edme de Courcelles (2).

Quant à Gabrielle de Gouffier, elle était fille d'Annet de Gouffier et de Claude de Chamigny, dame de Sautour, par conséquent parente à un degré assez rapproché du seigneur de Tanlay. Rappelons, en passant, que sa petite-fille Charlotte devint la maîtresse du roi Henri IV.

(1) Arch. du château.
(2) Claude des Essarts, portait : *de gueules à trois croissants d'or.*

Les deux autres tiers de cette succession devaient donc appartenir :

1° Dans la ligne paternelle, aux enfants mineurs de Gaspard de Coligny, maréchal de France, et de Louise de Montmorency, sa femme, par représentation de leur aïeule, Eléonore de Courcelles; puis à Ysabeau de Chamigny, mariée à Jean de Magnicourt; à Marguerite de Chamigny, sa sœur ; et Françoise du Blou, épouse de Pierre de Lescluse, par représentation de Marie de Courcelles, leur aïeule ;

2° Dans la ligne maternelle, à Catherine de Beaujeu-Montcoquier, femme de Louis de Montaignes, dit Salazar, seigneur d'Asnois ; à Jean et Claude de Lestang, par représentation de Catherine de Chamigny, leur aïeule et bisaïeule.

Il est facile de pressentir combien d'embarras et de difficultés devait soulever une succession à laquelle avaient droit tant de cohéritiers. Mais une femme énergique et peu disposée à laisser, en son absence, les gens d'affaires embrouiller les choses, devait arriver promptement à une solution équitable pour les intérêts de chacun. Nous voulons parler de Catherine de Beaujeu, petite-fille de Pierre de Chamigny, alors veuve de Louis de Montaignes. A peine informée du décès d'Edme de Courcelles, elle s'empressa d'acheter de Jean et Claude de Lestang leurs droits dans la succession du défunt, puis fit monter ses fils à cheval et, accompagnée elle-même d'une escorte de gens d'armes, arriva en toute hâte à Tanlay, s'empara du château où elle mit garnison, manifestant résolument l'intention d'en défendre l'entrée à ses cohéritiers (1).

Sans se préoccuper autrement de blesser les justes susceptibilités des représentants de la maison de Courcelles, elle rendit foi et hommage au comte de Tonnerre, le 3 février 1534, pour la terre de Saint-Vinnemer « à elle appartenant, « est-il dit dans sa déclaration, comme seule héritière et « habile à succéder au feu seigneur de Courcelles (2). »

Pendant ces violents débats, nous ne trouvons pas trace des légitimes revendications que Claude des Essarts était en droit d'exercer, en vertu du codicile de 1533. Peut-être fut-il mis

(1) Lettre de M. le marquis de Blanchefort, seigneur d'Asnois, du 18 novembre 1556.
(2) Arch. de l'Yonne, invent. des titres du comté de Tonnerre, p. 13.

mis en possession, par suite d'un accord, des seigneuries de Saint-Liébaut et de Thuisy? Nous le croyons volontiers, car ces fiefs ne figurent plus parmi les biens dont on doit opérer le partage.

C'est assurément la maréchale de Châtillon qui avait le plus à souffrir des mesures extrêmes prises par Catherine de Beaujeu, mesures suggérées peut-être à cette dernière par le désir trop ouvertement manifesté par Louise de Montmorency, de posséder Tanlay et ses dépendances.

Des ouvertures, des pourparlers avaient eu lieu à ce sujet, mais sans aboutir à un résultat satisfaisant. Enfin, le 3 avril 1535, Catherine se décida à vendre à la maréchale tous les droits qui lui appartenaient à Tanlay, Paisson, Saint-Vinnemer et Sennevoy-le-Haut (1).

Voici les principales conditions de cette vente insérées dans un acte reçu par Mes Guillaume Payen et Jean Trouvères, clercs, notaires du roi, notre sire, au Châtelet de Paris :

« C'est assavoir que pour chascune cent livres tournois de rente ou revenu annuel que seront avérés valloir les dictes terres et successions susdictes ou le droict appartenant en ycelles à la dicte damoiselle de Montquoquier, la dicte dame Loyse de Montmorency a promis et sera tenu, promet et gaige payer à la dame de Montquoquier, la somme de deux mille cinq cens livres tournois, en ce comprins le chasteau de Tanlay, ou deux mille livres tournois pour chascune cent livres tournois de rente ou revenu annuel que se trouveront valloir les dictes terres ou portion dycelles appartenans à la dicte damoiselle, sans en ce y comprendre le dict chasteau de Tanlay de lestimation duquel chasteau, les bastiments dycellui les dictes parties ont convenu et accordé à la somme de sept mille cinq cens livres tournois (2), laquelle somme ou la portion appartenant à lad. damoiselle de Montquoquier, en ycellui chasteau ycelle dame a promis sera tenu, promet et gaige la lui payer au choix et élection de la dame de Montquoquier, la liquidation préalablement faicte des droits, parts et portion appartenans à la dicte damoiselle de Montquoquier esd. terres et succession sus ditte. Et pour faire la liquidation de lad. part et portion appartenant à lad. damoiselle de Montquoquier, lesd. parties ont promis elles se trouver en ceste ville de Paris, le mercredy des féries du jour et

(1) Partie de la terre de Sennevoy avait été achetée par Edme de Courcelles, peu de temps avant sa mort.

(2) D'après l'ouvrage de M. Leber, intitulé : *Essai sur l'appréciation de la fortune privée au moyen âge*, ces 7,500 livres tournois équivaudraient à 127,500 fr. de notre monnaie.

feste de Penthecouste prochainement venant, en l'hostel de noble et saige maistre Francoys Le Fêvre avocat en la cour de parlement et seigneur de Beaulieu ou procureurs pour elles suffisamment fondés de procurations. Et pour faire lad. liquidation a promis et promet lad. dame Loyse de Montmorency faire venir en l'hostel dudict Le Fêvre, audict jour, Jehan de Magnicourt, damoiselle Ysabeau de Chamigny, sa femme, damoiselle Marguerite de Chamigny, sœur de la dicte Ysabeau, Pierre de Lescluse et damoiselle Françoise de Blou, sa femme, prétendant doict à cause des dictes femmes es-dictes seigneuries et succession, etc.

En attendant leur évaluation, les biens devaient être affermés au plus offrant et dernier enchérisseur, et les revenus en provenant, délivrés ainsi qu'il suit : un tiers à Catherine de Montcoquier et les deux autres tiers à Louise de Montmorency. Celle-ci consent encore à payer comptant à la venderesse « cinq « cens escus dor soleil bons et de poids du coing du roy, » lesquels seront à imputer sur ses droits de succession.

Enfin, sur la demande de madame de Montcoquier, qui tenait sans aucun doute à conserver jusqu'à parfait paiement le gage dont elle s'était si résolument emparé, la maréchale de Châtillon consentit à lui laisser « dès à présent et pendant « la dicte liquidation sa demourance audict chasteau. »

C'est pendant ce séjour que Catherine s'empara d'une foule de titres concernant la terre de Tanlay, et notamment d'un gros volume en parchemin qui renfermait les actes les plus intéressants sur la maison de Courtenay. En 1756, ce volume se trouvait encore au château d'Asnois, comme nous l'apprend une lettre de M. le marquis de Blanchefort, l'un des descendants de madame de Montcoquier. Qu'est-il devenu depuis ? Nos recherches pour le découvrir ont toujours été vaines.

Ainsi s'éloignaient du vieux manoir de Tanlay les derniers représentants de la maison de Chamigny, alliés aux Courtenay ; mais les Châtillon qui vont le posséder lui donneront un nouveau lustre, car entourés d'une auréole de gloire, leurs noms tiennent une large place dans les fastes de la monarchie française.

MAISON DE COLIGNY

De gueules, à l'aigle d'argent becquée, membrée et couronnée d'azur.

Louise de Montmorency, dame de Coligny [1]

1534-1549

Louise de Montmorency, dame d'honneur de la reine Eléonore d'Autriche, était fille de Guillaume, seigneur de Montmorency, d'Ecouen et de Chantilly, qui devint la tige des ducs de Montmorency, et d'Anne Pot, dame de Châteauneuf, de la Roche-Nòlay, de la Prune-au-Pot, de Damville et de Thorey, en Tonnerrois.

Elle était la sœur aînée du connétable qui recueillit après la mort de son frère François, décédé en 1551, sans laisser de postérité, les terres de Thorey, Rugny, Villon, Melisey et Chamelard, situées dans le département de l'Yonne, et celles de Bernon, Lignières et Pruzy, situées dans le département de l'Aube.

[1] Les Montmorency portaient : *d'or à la croix de gueules cantonnée de seize alérions d'azur*.

Ainsi, l'acquisition par la maréchale de la seigneurie de Tanlay avec ses belles dépendances, présentait un double avantage : celui de sauvegarder les droits de ses enfants, comme héritiers d'Eléonore de Courcelles, leur aïeule, puis d'empêcher le démembrement d'une terre patrimoniale placée à deux lieues à peine du château-fort de Thorey, appartenant à son frère.

Elle avait épousé :

1° En l'année 1504, Ferri de Mailly, II° du nom, seigneur de Sailly, Talmas, Toutignies, etc., échanson du roi et sénéchal d'Anjou, mort en 1513, en Italie, des suites d'une blessure qu'il reçut au siège de Milan où il commandait une compagnie de cent hommes d'armes (1);

2° En 1514, Gaspard de Coligny, Ier du nom, seigneur de Coligny, d'Andelot, de Châtillon-sur-Loing, etc., décédé le 24 août 1522.

Originaires de la Bresse, où ils possédaient en toute souveraincté de nombreux fiefs, les Coligny remontent à Humbert Ier qui fonda l'Abbaye du Miroir en 1131, et suivit l'empereur Conrad III en terre sainte. L'un de ses descendants, Jean III, prit parti pour Louis XI contre le duc de Bourgogne, Charles-le-Téméraire. Il fut le premier qui fixa sa résidence en France et à Châtillon-sur-Loing ; malgré cela, sa famille conserva toujours les noms et titres de Coligny et d'Andelot qui rappelaient les anciennes propriétés seigneuriales de la Bresse. Il avait épousé, en 1464, Eléonore de Courcelles, décédée à Saint-Lyé (Aube) en 1510, comme l'indique l'inscription tumulaire récemment découverte dans l'église de cette commune et dont voici la copie :

CY DEVANT GIST PARTIE DU CORPS DE NOBLE DAME ELIENOR DE COURCELLES, VEFVE DE FEU MESSIRE JEHAN DE COULLIGNY EN SON VIVANT SEIGNEUR DE CHASTILLONG, DANDELO ET DE FORMENTES LAQUELLE DAME EN ALLANT FAIRE PÉLERINAGE A LA GLORIEUSE VIERGE MADAME SAINTE SIRE TRESPASSA EN LOSTEL ÉPISCOPAL DE CE LIEU DE SAINCT-LYÉ LE PÉNULTIESME JOUR DE JUIN LAN DE GRACE MIL CINQ CENS ET DIX PRIEZ DIEU POUR SON AME (2)

---

(1) Les armoiries des Mailly étaient : *de gueules à trois maillets d'or*.
(2) *Revue de Champ. et de Brie*, novembre 1880, p. 368.

Jean III eut deux fils, Jacques II et Gaspard Ier, ainsi que plusieurs filles.

Jacques II, seigneur de Châtillon-sur-Loing, suivit Charles VIII en Italie, où il se distingua. Il fut tué en 1512, à côté de Bayard, au siège de Ravenne, sans postérité d'Anne de Chabannes, sa première femme, fille unique de Jean de Chabannes, seigneur de Saint-Fargeau, ni de Blanche de Tournon, sa seconde femme.

La châtellenie de Châtillon-sur-Loing revint alors à son frère, Gaspard Ier. Ce dernier accompagna Charles VIII, quand il passa en Italie pour faire la conquête du royaume de Naples ; il se fit remarquer à la bataille de Fornoue, en 1495, et à celle d'Agnadel, où il se trouvait en même temps que Jacques II, son frère, le 14 mai 1509. Il revint en France, puis suivit plus tard François Ier à la conquête du Milanais, et se distingua en 1515, à la bataille de Marignan. L'année suivante, le roi créa en sa faveur une nouvelle charge de maréchal de France. Il mourut en se rendant au siège de Fontarabie, le 21 août 1522, laissant à Louise de Montmorency, la tutelle de ses quatre enfants.

Ainsi, la maréchale était veuve depuis treize ans, lorsqu'elle acheta de ses cohéritiers les droits qui leur appartenaient dans la succession d'Edme de Courcelles. Mais elle n'avait pas attendu l'accomplissement de cette dernière formalité pour remplir ses devoirs de vassale, car le 22 juin 1534, Léon Lefort, son fondé de pouvoirs, s'était présenté devant Jeanne, duchesse de Longueville, marquise de Rothelin, comtesse de Neufchâtel, dame de Blandy, Saint-Georges, Noyers, etc., et lui avait fait hommage pour les seigneuries de Tanlay, *Villemer* et *Ravières*, leurs appartenances et dépendances mouvantes en plein fief de la dite dame, à cause de son château de Noyers.

Le représentant de Louise de Montmorency ignorait sans doute que les terres de Saint-Vinnemer et de Ravières dépendaient de la châtellenie de Cruzy et nullement de la baronnie de Noyers.

Le 3 avril 1535, la maréchale demanda à la duchesse de Longueville *terme et delay* pour lui rendre hommage des biens acquis, le même jour, de Catherine de Montcoquier. Par ses lettres datées de son hôtel de Blandy, le 18 juin 1536, Jeanne de Hocberg donna mandement à Pierre Longain, bailli de Noyers, d'accorder « à sa très chière et amée cousine Louise de Montmorency jusques au jour de Toussainct prochainement venant. » Celle-ci n'attendit pas le terme de rigueur, car le 13 juillet 1536, noble homme Antoine Rigault, sieur d'Evron, se rendait à Blandy afin d'accomplir cet acte si important sous le régime féodal. Admis en la présence de Jeanne de Hocberg, le procureur de la maréchale s'exprime ainsi :

Madame je come procureur espécial de madame la mareschalle de Chastillon, ma maistresse, vous offre en vertu du pouvoir à moy donné les foy et homage de la tierce partie du Chastel maison fort et pourpris terre et seigneurie de Tanlay et de Pesson, membre et dépendances des dictes seigneuries acquises depuis un an en ça de Catherine de Montcoquier, vesfve de feu Louis de Montagne, tenues et mouvans de vous madame à cause de vostre chastel et seigneuries de Noyers, vous offrant en oultre madame satisfaire des droicts et debvoirs telz quilz vous peuvent estre deubs par le moyen de la dicte acquisition selon la coustume où est assis le dict chastel de Tanlay et Pesson, et pour ce madame que vous pouviez obisser que les offres par moy faictes ne soyent suffisantes obstant quil est requis quelles soyent faictes en personne et au lieu du dict Noyers et fief dominant, je vous supplie madame que en faveur de ma dicte dame, la mareschalle ma maistresse, veilliez accepter les dictes offres estre de tel effect que sy elles estoient faictes par ma dicte dame la mareschalle, ma maistresse à vostre personne et au fief dominant (1).

Jeanne de Hocberg ne fit aucune difficulté d'agréer les offres du mandataire de Louise de Montmorency, mais après avoir reçu le quint denier de l'acquisition faite par la maréchale, elle eut soin de protester contre les abus qui pourraient en résulter à l'avenir, faisant réserve expresse « des droits que « à dame féodale compete et appartient à lencontre de ses « vassaux et subjects. »

Bien que Louise de Montmorency fût attachée par de pieux souvenirs à Châtillon-sur-Loing où elle veillait à l'éducation de ses enfants placés sous l'habile direction de Nicolas Béraud, l'ami d'Erasme, elle n'en prenait pas moins un vif intérêt à sa terre de Tanlay, où elle faisait de fréquents

(1) *Arch. du château.*

séjours. Nous en avons pour preuve la requête adressée par elle au roi François Ier, afin d'obtenir pour ce bourg l'établissement de foires et de marchés. Sa demande reçut le meilleur accueil, comme le constatent les lettres patentes du mois de décembre 1538, rapportées dans la notice qui concerne le village.

La maréchale de Châtillon fut toujours préoccupée d'assurer à ses enfants le rang auquel ils avaient droit parmi les plus grands seigneurs du royaume, tant par la noblesse de leur origine que par les éminents services rendus par leur père. Dans son désir de les voir porter seuls le titre de seigneurs de Coligny, elle acheta en 1540, du comte de Chalant, une portion de cette terre appelée Coligny-le-Neuf, et qui, à l'occasion d'un partage avec un puîné de la maison, avait été distraite de cet ancien fief.

A la même époque, de longs débats s'étaient élevés au sujet de la prise de possession du prieuré de Jully-les-Nonnains, entre Guillaume de Latéranne, abbé de Bon-Repos, et Claude de Nicey, cellérier de Molème, convaincu par arrêt de la cour du parlement de Paris, du crime de lèze-majesté. Louise de Montmorency « soy disant fondatrice dudict Jully » voulut intervenir et exercer son droit garde, comme l'avaient fait plusieurs seigneurs de Tanlay. Mais, par jugement du 4 mai 1540, elle fut déboutée de sa requête (1).

Elle vérifiait elle-même les comptes de Pierre Plachant, son receveur pour les terres de Sailly-au-Bois et de Courcelles, situées en Picardie, et provenant de la succession de Guillaume de Montmorency, son père.

Sailly rapportait alors....................	649ˡ 2ˢ 5ᵈ
et Courcelles.............................	772ˡ 7ˢ 6ᵈ
Ensemble.............	1,421ˡ 9ˢ 11ᵈ

En 1542, la maréchale était en procès avec les habitants de Gland, qui prétendaient avoir droit de *vive et vaine pasture*, dans sa forêt de Paisson. La dame de Tanlay disait au contraire :

Que tant à cause d'elle que du feu Edme de Courcelles, seigneur de Sainct-Lyébault, qu'autres ses prédécesseurs luy compétoient et appar-

---

(1) *Arch. de l'Yonne*, prieuré de Jully-les-Nonnains, II.

tenoient entre aultres choses la terre justice et seigneurie dudict Paisson, avec une grande forest de haulte futaye, contenant de huict à neuf cens arpens, peuplée de beaux et grands chesnes avec les terres enclavées dans le duché de Bourgogne, entre les finaiges de Nicey, Gigny, Cruzy, Pymelles et ledict Gland es-quels bois yceux habitans n'avoient aulcunement droict au pasturage. Qu'ayant autrefois conduict leurs bestiaux dans la forest sus dicte, leurs vaiches furent incontinent saisies par les forestiers. En quoy faisant lesdicts habitans de Gland desguisés et habillés en femmes à ce qu'ils ne fussent cognus, vindrent au devant desdicts forestiers officiers de Tanlay et de Paisson pour par force leur oster lesdictes vaiches, mais ce nonobstant, ycelles furent menées audict Tanlay, et pareillement eulx s'étant ingérés faire ladicte rescousse prins et constitués prisonniers et furent yceulx habitans condamnés à de grosses amendes. Mais feu frère Estienne de Nicey, abbé de l'abbaye de Molosmes et à cause d'ycelle abbaye sieur dudict Gland fist tant envers lesdicts sieurs de Tanlay et Paisson, qu'il en appointa avec eulx à grande quantité d'escus qu'il paya comptant tant pour amendes encourues que dommaiges, aultrement n'eussent eu leurs vaiches.

Ces ennuyeux débats prirent fin au mois de mars 1549, la veille de Pâque fleurie, date à laquelle le parlement de Bourgogne maintînt les seigneurs de Tanlay dans la possession entière et complète du droit de vive et vaine pâture, condamnant les habitants de Gland à payer *les mésuz, dommaiges et intérêts* et en outre à cent livres d'amende pour avoir fait champoyer leur bétail en temps prohibé.

Nous trouvons dans une des pièces de la procédure certains détails dont le caractère de vraisemblance nous a frappé sur l'origine attribuée dès le xvie siècle, au village de Gland. Bien que cette origine n'ait rien de commun avec la terre de Tanlay, nous croyons utile, dans l'intérêt de notre histoire locale, de la rappeler.

Avant le XIIe siècle, dit le titre que nous avons sous les yeux, Gland n'estoit encore qu'une mestairie et un grangeage appartenant aux abbé, religieux et couvent de Molosmes, où ils avoient et tenoient quelque peu de bestial, pour lequel conduire et gouverner y envoyoient seulement tenir ung ou deux de leurs convers et n'estoit ledict lieu de Gland habité d'aucuns autres frères ny habitans. N'estoit un village, ains encor lesdicts convers et serviteurs de Molosmes sy tenoient pour quelque temps pour la nourriture dudict bestial et faire labourage, mais puis après quand bon sembloit auxdicts de Molosmes en ostoient revocqués en la dicte abbaye ou renvoyés en d'autres grangeages. Depuis lequel temps dudict lieu de Gland s'estoit faict un beau et gros village et par après une ville cloze et fermée de cent à six vingts feux.

Dans les dernières années de sa vie, Louise de Montmorency ne quitta plus guère Châtillon-sur-Loing, où elle était entourée de l'affection de ses enfants. Elle y décéda en 1549.

Avant sa mort, refusa-t-elle de recevoir un prêtre, comme l'admet, sur la foi d'un écrivain du xvie siècle, M. Jules Tessier (1)? Il est permis d'en douter, car la réforme n'avait pas encore troublé les âmes au point de rejeter comme entachées de papisme, les consolations suprêmes de l'église catholique.

La maréchale fut inhumée à Châtillon, auprès de son époux. Sur son tombeau, placé jadis dans la chapelle du château et profané en 1793 par les membres du district de Montargis, on lisait l'épitaphe suivante :

> Cy gist puisqu'il le faut ainsy
> Loyse de Montmorency,
> La seur d'Anne le connestable,
> Qui laissa son sainct corps icy,
> Pour en esprit plus accomply,
> Aller veoir Dieu en lieu plus stable.
> Messire Ferry de Mailly,
> Baron de Couty, tant louable,
> Fust son mary, lequel failly
> Et par dure mort assailly,
> De Chastillon le bon seigneur,
> Mareschal de France honorable,
> Chevalier de l'ordre notable.
> Elle espousa en tout honneur.
> Autant a elle eut de bonheur
> D'avoir eu d'eux plusieurs enfants
> En biens et honneurs triomphants (2).

De son mariage avec Gaspard de Coligny, Ier du nom, Louise de Montmorency eut quatre enfants :

1° Pierre, enfant d'honneur de François Ier, né en 1514, mort en 1532, âgé de dix-huit ans ;

(1) *L'amiral de Coligny*. Etude historique. 1872.
(2) ANDRÉ DUCHESNE, hist. de la maison de Montmorency. Paris, 1623.
Tourangeau, géographe du roi, p. 371.

2° Odet, né le 15 juillet 1515, évêque et comte de Beauvais, cardinal au titre de Saint-Adrien, abbé de Saint-Euverte d'Orléans, de Saint-Benoit-sur-Loire, de Vauluisant, de Quincy, etc., décédé le 14 février 1571, après avoir embrassé la religion réformée et épousé Ysabeau de Haute-Ville, dame de Loré ;

3° Gaspard, II° du nom, seigneur de Châtillon-sur-Loing, né le 16 février 1516, lieutenant général de Paris, Ile-de-France et Picardie, colonel général de l'infanterie en 1547, amiral en 1552, assassiné le 24 août 1572 ;

4° François, seigneur d'Andelot, Tanlay, Paisson, Saint-Vinnemer, Ravières, etc., né à Châtillon, le 18 avril 1521, et dont il sera parlé plus loin.

François de Coligny, seigneur d'Andelot

OULOIR raconter la vie de d'Andelot, serait entreprendre une véritable histoire des guerres de religion auxquelles il se trouva mêlé parmi les principaux acteurs.

Ce serait donc sortir du cadre de cette étude; aussi bien, nous bornerons-nous à enregistrer sommairement quelques notes, quelques dates, destinées seulement à ne pas laisser interrompue la chaîne des événements qui se rapportent à Tanlay.

Dès l'âge de vingt et un ans, d'Andelot embrassa la carrière des armes qui, après cinq années de services remarqués, le conduisit (1547) à une des charges les plus importantes de l'armée française; celle de colonel général de l'infanterie.

Cette même année (1547), il épousait Claude de Rieux, issue d'une famille qui occupait un des premiers rangs de la noblesse de Bretagne. Dès cette époque, il jouissait sans doute de la terre de Tanlay, car nous lisons dans son contrat de mariage : « le dit seigneur d'Andelot a doüé et doüe la dite
« damoiselle Claude de Rieux, de doüaire coustumier ou de
« deux mil livres tournois de rente de doüaire préfix, à l'un
« diceux doüaires soit préfix ou coustumier, avoir et prendre
« par la dite damoiselle Claude de Rieux à son choix et option
« sistost et incontinent que doüaire aura lieu. Et si aura la
« dite damoiselle au cas qu'elle survive pour son habitation,

« sa vie durant, la *maison de Tanlay* et ses prés, clostures,
« outre les dits deux mil livres tournois de doüaire, meublée
« la dite maison jusqu'à la somme de mil livres tournois pour
« une fois. »

En 1548, d'Andelot reprit la vie des camps qui se continua sans interruption jusqu'en 1551, année ou il fut fait prisonnier en Italie. Sa captivité devait durer cinq ans. C'est pendant qu'il était étroitement enfermé dans le château de Milan qu'il fut, dit-on, entraîné par des lectures à embrasser la cause de la réforme dont il devint plus tard un des plus fervents soutiens.

Claude de Rieux était allée partager sa captivité, et le 28 février 1553, elle mettait au monde, dans le château de Milan même, Marguerite de Coligny. Plus tard, en 1555, naissait près de Turin son deuxième enfant, Paul de Coligny.

Sa liberté reprise au moyen d'une rançon (1556), d'Andelot alla rejoindre l'armée française aux prises avec les impériaux ; en 1557, il entre dans Saint-Quentin, que défendait l'amiral son frère. Tous deux furent pris, mais d'Andelot put s'échapper pour retomber dans une autre captivité, car accusé d'hérésie par Henri II, il fut enfermé au château de Melun. Il n'en sortit qu'au prix d'une sorte d'abjuration.

De 1559 jusqu'à 1569, année de sa mort, il prit part à toutes les prises d'armes qui troublèrent ces années. Enclin aux mesures de violence, il donna des avis qui furent malheureusement trop souvent suivis. Sur le champ de bataille, il se montra brave et expérimenté capitaine.

En 1561, il perdit Claude de Rieux.

En 1562, il fit un long voyage en Allemagne pour y recueillir des subsides et lever des troupes; c'est à son retour qu'il mit à sac le couvent des cordeliers de Tanlay.

En 1564, il se remaria avec Anne de Salm, veuve du seigneur Balthasar de Haussonville.

Au courant des expéditions incessantes qu'il dirigeait contre les troupes royales dans le Poitou, il sentit sa santé si ébranlée, qu'il dut aller chercher du repos à Saintes. Il y mourut en 1569. Les Huguenots prétendirent qu'il avait été empoisonné, mais n'apportèrent aucune preuve, même aucun indice à l'appui de leur allégation.

Son corps fut transporté et inhumé à La Rochelle. A sa mort, la terre de Tanlay était abusivement occupée par un individu que soutenait Barbezieux, gouverneur de la Champagne. Barbezieux lui-même détenait les papiers et les meubles qui avaient été enlevés du château, et prétendait ne les rendre que contre une somme considérable. L'amiral de Coligny prit en main les intérêts de la veuve et des enfants de d'Andelot et écrivit à ce sujet, au roi Charles IX, une lettre datée des Riceys (1570).

Justice fut rendue aux enfants de d'Andelot, mais nous ne pouvons préciser à quelle date exacte ils rentrèrent dans leur domaine de Tanlay.

D'Andelot avait laissé trois enfants de Claude de Rieux, et trois d'Anne de Salm.

Le règlement des intérêts, entre les deux branches, se fit très facilement par un contrat qui intervint en 1572 (11 février), entre Anne de Salm, veuve de d'Andelot, et son beau-frère l'amiral. Ce contrat n'était d'ailleurs que la confirmation pure et simple du testament de d'Andelot, du 7 mai 1569.

Anne de Salm conserva les meubles qui se trouvaient à Tanlay, sauf les robes, bagues et joyaux qui étaient abandonnés à Marguerite de Coligny, survivante des enfants du premier lit.

Comme nous nous proposons de placer sous forme de tableau généalogique, à la fin du volume, la descendance de d'Andelot, nous disons seulement ici que la terre de Tanlay passa aux mains de sa fille, Anne de Coligny, qui épousa en 1594, Jacques Chabot, marquis de Mirebeau.

C'est ainsi que Tanlay fut une nouvelle fois transféré à une famille illustre.

Séjours et travaux d'Andelot à Tanlay

Depuis la mort de sa mère, 1547, d'Andelot fit à Tanlay de fréquents mais courts séjours, car sa vie se passa presque constamment au milieu des camps; jusqu'en 1568, nous n'avons guère de renseignements sur les travaux d'agrandissement et d'embellissement qu'il fit à Tanlay, car les archives antérieures à cette date, concernant d'Andelot, ont disparu.

Château.   Nous savons cependant, qu'en 1559 il construisait sur l'emplacement de l'ancienne forteresse, un corps de logis qui existe encore. C'est celui qui occupe l'angle gauche de la cour d'honneur. Il est composé de deux ailes qui se relient intérieurement à la tour de l'horloge, et extérieurement à celle improprement appelée de *la Ligue*. L'aile droite s'étendait jusqu'au vestibule; celle de gauche est facilement reconnaissable; son élévation, l'ornementation de ses fenêtres permettent à l'imagination de l'isoler du bâtiment qui la prolonge actuellement.

Parc.   En 1565, nous voyons d'Andelot occupé des plantations du parc.

Il y travaillait encore en 1567.

C'est en 1568 que nous avons le plus de documents sur les travaux de d'Andelot, grâce à un mémoire d'ouvriers réglés pendant le cours de cette année.

Petit-château.   Ce mémoire nous apprend que d'Andelot fit construire en 1568, le bâtiment appelé aujourd'hui *Petit-Château* ou *Avant-Château*, et qui est désigné dans ce mémoire sous le nom de *Portal-Neuf*.

Ce nom n'est pas entièrement tombé dans l'oubli, car les

habitants de Tanlay, fidèles à la tradition, disent encore qu'ils vont au Portail, qu'ils passent sous le Portail : ils ne croient sans doute pas si bien dire.

Ainsi se trouve condamnée sans appel, l'opinion de quelques écrivains qui ont placé la construction de ce bâtiment à une époque postérieure. Disons en passant qu'au-dessous des deux pavillons du *Portal* se trouvaient une buanderie et une laiterie.

<small>Boulevards.</small> Pendant cette même année, d'Andelot faisait travailler aux boulevards, dont une partie occupait sans doute l'emplacement du potager qui a conservé le nom de boulevard.

Ils s'appelaient : boulevard de derrière *la ou les boutiques*, boulevard de derrière *la ou les granges*; ce n'était pas de simples promenades, mais de véritables lignes de défense à revêtements en maçonnerie avec *canonnières* et *petite guette*.

Ils communiquaient à la rue Recorbe par des ponts.

<small>Bastion de droite.</small> Si nous nous orientons face au Petit-Château (puisque c'est le nom consacré par l'usage), les boulevards, reliés au bastion de droite, construit ou réparé à la même époque, se dirigeaient sur la tour qu'on voit encore à l'angle du mur du potager du château et des bâtiments occupés aujourd'hui par les religieuses. A partir de cette tour, les murs des Cordeliers complétaient l'enceinte jusqu'à la perspective.

<small>Bastion de gauche. Courtine. Terrasse.</small> La partie de gauche était aussi solidement défendue. Un bastion en face celui des écuries se reliait au *Portail* et au *Moulin* proche le parterre par deux courtines. Ces courtines défendaient extérieurement, du côté du village, les abords d'une terrasse dont le revêtement intérieur était la muraille même des fossés. La grande courtine suivait une direction parallèle à celle du ruisseau actuel du village. Elle s'arrêtait à la hauteur du petit acqueduc qui sert encore de décharge aux eaux des fossés ; un mur dans lequel était ménagée une porte de communication, la séparait des terrains du dehors et de la poterne.

<small>Poterne.</small> Cette poterne, reliée sans doute au moulin, fermait du côté du village le chemin qui, traversant l'emplacement du parterre actuel, mettait en communication la rue de Quincy avec la rue Basse. De la poterne, on accédait à cette dernière par un pont.

— 148 —

Rien n'a été changé à la destination primitive des lieux ; seul le nom de terrasse est tombé dans l'oubli.

Moulin. L'emplacement du moulin que d'Andelot avait bâti vers 1564, avec les matériaux provenant de la destruction de l'église des Cordeliers, est encore très visible, et permet de déterminer presque rigoureusement l'extrémité de la terrasse.

Ce moulin était construit entre la croix dite de la rue Basse et le mur du parterre. A cet endroit, la courtine maçonnée à fruit au-dessous du cordon, cesse brusquement. A une simple maçonnerie succèdent de grosses pierres, assises d'une construction qui avait à se défendre contre les eaux courantes et qui est surmontée d'un mur percé de fenêtres qui gardent les traces d'un incendie.

A côté de ces assises, on voit encore une tête de voûte également en grosses pierres, par laquelle s'écoulaient les eaux des fossés pour gagner l'étang après avoir été utilisées par le moulin.

C'est donc bien là qu'était ce moulin bâti par d'Andelot. Quant au pan de mur aux pierres calcinées, de quel incendie porte-t-il la trace ?

Nous ne savons comment le moulin de d'Andelot fut détruit ; si ce pan de mur échappa à la destruction, il fut sans doute incorporé plus tard au moulin que Chabot construisait sur l'emplacement du premier, et incendié en même temps que ce dernier.

Une seconde voûte est superposée à celle qui servait de passage aux eaux du moulin ; quelle en était la destination ? Peut-on l'expliquer par les travaux hydrauliques de d'Hémery ? On sait qu'après l'incendie du moulin de Chabot, d'Hémery utilisa les constructions qui avaient encore quelque solidité, pour remplacer le moulin par une machine à élever l'eau dans un réservoir d'où elle allait embellir le parterre sous forme de jets d'eau. Cette voûte servait-elle donc au passage de l'eau ainsi surélevée ? Ne fut-elle construite que pour soulager la voûte inférieure sur laquelle venaient s'asseoir de nouveaux murs ? Nous nous garderons d'adopter plutôt l'une que l'autre de ces explications, qui sont également plausibles.

Qu'étaient aussi les « colonnes des murs de la terrasse »

construite par d'Andelot ? Ornaient-elles ce mur et n'étaient-ce pas de simples pilastres ? Nous le croyons, car à l'endroit où ce mur de clôture se reliait à la courtine, on voit encore du côté du village le pied d'un pilastre.

<small>Pont-levis du Portal.</small>

Les boulevards, bastions et courtine étaient sans doute précédés d'un fossé à sec qui, suivant une ligne non interrompue, venait défendre l'accès du Portal. On voit encore les évidements pratiqués dans la façade de cette dernière construction pour la manœuvre du pont-levis qui permettait de franchir le fossé.

Tous ces divers ouvrages faisaient donc du château une véritable citadelle, où les défenseurs pouvaient se réfugier si l'ennemi avait pu franchir l'enceinte de la fermeté de Tanlay.

Qu'étaient, et où étaient la *boutique* et la *grange* qui ont donné leurs noms aux boulevards ? Aucun document ne permet de fixer avec quelque exactitude l'emplacement de la *boutique* ; quant à la *grange*, elle était, croyons-nous, située à peu de distance du bastion de droite.

Le mémoire des travaux nous apprend que ce bâtiment comportait un cul-de-lampe, encorbellement de pierre qui supportait sans doute la *guette*.

<small>Chaussée du parc.</small>

En 1568, d'Andelot construisit encore, ou répara les murs extérieurs des fossés, et édifia la chaussée qui retient les eaux du parc, et à travers laquelle elles débouchent dans les fossés par les cascades qui donnent tant de vie à ce coin de paysage.

Avant lui, les communs occupaient l'emplacement qui porte le nom de cour verte ; les vieilles écuries se trouvaient à gauche du pont qui conduit de cette cour à la cour d'honneur, en faisant face au château.

<small>Ecuries neuves</small>

Après les avoir rasées, d'Andelot construisit des écuries neuves qui, perpendiculairement au Portal et à la hauteur du pavillon de droite, se dirigeaient vers le grand canal du parc, suivant à peu près le mur de clôture qui sépare la cour verte de la basse-cour actuelle.

Sous d'Andelot, la cour verte était donc une basse-cour et formait un quadrilatère limité d'un côté par les fossés ; les écuries neuves formaient la clôture parallèle ; un mur reliait les fossés à l'extrémité des écuries neuves, du côté du parc; du côté du village, le Portal avec deux pans de murs reliés aux fossés et aux écuries neuves fermaient le quadrilatère.

A l'intérieur du château, le mémoire de 1568 indique des travaux de réparation à diverses pièces, parmi lesquelles nous remarquons la salle des *prebtres*, sans doute salle destinée aux prêches; la galerie, le cabinet dit de la *Ligue*.

Ce cabinet est curieux à plus d'un titre.

Comme il a déjà été décrit par M. Chaillou des Barres et M. Victor Petit (dans l'*Annuaire de l'Yonne*, années 1841 et 1855), nous ne rappelons l'attention du lecteur que sur la fresque qui décore le plafond de cette salle.

Elle offre à l'œil un assemblage de nudités mythologiques devant lesquelles on serait tenté de prêter à l'amiral et à d'Andelot des goûts passablement égrillards, si ces peintures n'étaient dans le goût de l'époque et si la vie privée des deux frères ne protestait contre une interprétation de ce genre.

Si le souci de la plastique a visiblement guidé le pinceau de l'artiste, ce n'est pas, tant s'en faut, une scène voluptueuse qui se déroule devant le spectateur curieux de deviner le rôle des personnages.

On peut les séparer en deux groupes principaux entre lesquels trône un personnage symbolique à double visage, le Janus antique. A sa gauche, nous reconnaissons les Protestants qui ont pris les attributs de la paix : ils ont placé dans leur camp Minerve, la Sagesse, qu'accompagne une femme tenant un carquois vide et portant sur l'épaule une colombe. Ses vêtements sont blancs par opposition aux couleurs rouges dont se parent les catholiques. A ses côtés est le dieu Neptune avec son trident; il a à ses pieds le cheval dont la création lui est prêtée par la Mythologie quand il disputa à Minerve l'honneur de donner un nom à Athènes. Il écoute avec une attitude méditative les conseils que paraît lui donner Hercule armé de sa massue.

La légende veut que nous découvrions l'amiral sous les traits de Neptune et son frère d'Andelot sous ceux d'Hercule. Elle peut être acceptée, car les traits de ces deux personnages sont bien ceux qui sont familiers aux amateurs de portraits historiques. Leurs attitudes, qui contrastent entièrement, ne sont pas démenties par l'histoire. C'est bien d'Andelot, dont l'énergie sut vaincre en maintes circonstances les hésitations de l'amiral, qui intervint opiniâtrement dans tous les conseils pour l'entraîner aux dernières extrémités des guerres civiles. Comme suprême argument, il montre à l'amiral une scène de dévastation dont une partie a malheureusement été effacée sans qu'on puisse savoir ni par qui, ni quand. Au dire de M. Ernest Petit, qui a bien voulu faire des recherches sur les personnages de cette fresque, l'un d'eux serait le prince de Condé. C'est celui qui montre à droite et derrière Janus une tête aux cheveux crépus, à la barbe touffue.

Dans la partie droite de la scène sont les catholiques, et ici les emblèmes de la Paix sont remplacés par ceux de la guerre. C'est d'abord Mars qui s'avance casque en tête et revêtu d'une armure brillante.

A côté de lui, les cyclopes forgent à tour de bras armes, casques et boucliers.

Si dans le camp huguenot l'artiste a peint Minerve, déesse de la Paix, c'est Vénus qu'il a placée dans celui des Catholiques. Sans doute, elle est toujours la déesse de la beauté; mais en ce moment elle est surtout la compagne obéie du dieu de la guerre, car sa main droite ordonne à l'Amour de remettre les traits au carquois, et de sa gauche elle pousse Mars vers les combats.

Elle est entourée d'un essaim de beautés qui rappelle l'escadron volant de Catherine de Médicis; Junon avec son paon en fait partie. L'artiste n'a eu garde d'oublier l'orgueilleuse et vindicative déesse.

Quel nom donnerons-nous au dieu Mars? Il n'est pas téméraire de prononcer celui de Guise; c'est dans cette famille que les Coligny rencontrèrent des ennemis implacables.

Quant à Vénus, si la beauté nous guide dans le choix des femmes qui prirent parti dans les guerres de religion, nous l'appellerons Diane de Poitiers.

Nous ne risquons pas trop d'ailleurs de commettre une erreur, car derrière elle nous reconnaissons facilement la silhouette de François Ier. Point n'est besoin de l'art des transitions pour aller du galant homme à la galante fille.

A défaut de Diane de Poitiers, M. Petit incline à reconnaître, sous les traits de Vénus, Catherine de Montpensier, qui a sa place marquée parmi les ennemis de Coligny.

Dans le même groupe nous distinguons la Justice, qui tient d'une main les faisceaux et la hache du licteur, et de l'autre désigne les Protestants à Mercure qui prend son élan pour porter la nouvelle.

Quelle nouvelle?

Assurément celle d'une entreprise imminente contre les Protestants, entreprise qui vient d'être résolue, car les portes du temple de Janus sont ouvertes.

Le dieu tient la clef; il la brandit menaçante comme une arme du côté des Protestants auxquels, sous son double profil, il montre celui qui est des plus rébarbatifs, tandis qu'il réserve aux Catholiques la vue de traits entièrement séduisants.

Jupiter lui-même, supporté par l'aigle, ne reste pas indifférent à cette scène, car ses foudres sont prêts et son doigt désigne les Protestants au dieu de la guerre.

En examinant l'un et l'autre des profils de Janus, il est impossible de reconnaître Catherine de Médicis; peut-être l'artiste a-t-il voulu éviter une ressemblance même lointaine avec la reine; mais si ce n'est la reine, c'est, nous le pensons, la royauté qu'il a voulu représenter, la royauté accusée par les Protestants de partialité et de provocation dont cette peinture veut laisser un témoignage.

Nous estimons que l'amiral et d'Andelot ont emprunté le pinceau pour écrire l'apologie de leur conduite politique.

A-t-elle été dictée par l'approche des événements de 1568, qui remirent encore une fois les armes aux mains des Catholiques et des Protestants? Et les Protestants ont-ils obéi au désir de se justifier d'avance de la prise d'armes de 1568? Nous ne le croyons pas, car à cette époque, ainsi que nous relevons dans les notes justificatives, les peintures n'étaient sans doute pas commencées, puisque l'on pose les colonnes destinées à supporter la voûte.

Si la fresque est postérieure à cette époque, elle n'aurait que le caractère d'une apologie générale; nous inclinons d'autant plus vers cette opinion, que l'artiste a rapproché des personnages dont le rôle, dans les guerres de religion, n'a pas été simultané.

NOTES JUSTIFICATIVES

concernant les travaux de d'Andelot à Tanlay

PARC

« Je ne scay si je dois espérer de vous pouvoir veoir quel-
« que jour céans. Mais si jamais je vous y tiens je vous
« monstreré assez d'allées pour vous altérer et donner envie,
« avant que les avoir toutes achevées, de boire ung aussy
« grant trait que cestuy duquel vous feis gagner pour ung
« escu en Almagne, et si vous feray veoir que j'ay bien remué
« du mesnages et à quoy je suis enchores bien empesché. »
(Lettre de d'Andelot à M. de Gordes, datée de Tanlay,
23 avril 1565.)

A Châtillon, l'amiral ne songeait qu'à ses vendanges, et d'Andelot traçait pacifiquement des allées dans son parc de Tanlay.

(*Histoire des princes de Condé*, par le duc d'Aumale.)

PETIT CHATEAU OU PORTAL

Notes tirées d'un Mémoire de travaux, en 1568

— Du 3 au 8 mai 1568. — La somme de soixante-et-dix sols que j'ai paiés à Jehan Dumez lesnel et à Jehan Dumez le jeune, pour chascun six jornels qu'ils ont besonnié en la présente semaine à faire des sintres pour vestir la laierye de dessous le portal neuf.

— De fin mai au 5 juin. — Paié à Jehan Dumez et Ambroise Sainct-Ciergues, charpentiers, pour chascun six jornels qu'ils ont esté tant à poser les sintres de la buanderie que a faire une enchevestrure pour poser la lucarne du portal neuf qui regarde la bassecourt, la somme de soixante-douze sols.

— Du 7 au 12 juin. — La somme de quarante sols que j'ay

paiés à Jehan Vergat, Guillemin Baigne et Etienne Carny, pour chascun trois jornels ung tiers qu'ils ont esté a besonnie aux curanges de la closture et pavillon qui se faict au bout des écuries neufves.

La somme de soixante sols que j'ay paiés à Jehan Dumez et Ambroise Sainct-Ciergues, pour chascun cinq jornels qu'ils ont esté à fayre des enchevestrures au portal neuf.

— Du 21 au 26 juin. — La somme de vingt-huict sols que j'ay paiés à Guillemin Baigne, Jehan Vertat et Etienne Carny, pour sept jornels qu'ils ont esté à paraschever les curanges des fondaux dudit pavillon.

La somme de six livres, neuf sols, huit deniers que j'ay paiés à Estienne Marquis, Edme Monnard, Jacques Moniot, Adrian Bernard, Estienne Barbenoyre et Mathieu Pierre, massons, pour chascun trois jornels qu'ils ont esté à besonnié aux fondaux de la cloyson et pavillon près le jardin.

— Du 12 au 17 juillet. — La somme de dix livres seize sols que j'ay paiés à Gaucher Dumez, Jehan Dumez le jeune, Guillaume Dumez, Jehan Dumez lesnel, Jehan Preveny, Richard Bessonnet et Ambroise Sainct-Ciergues, charpentiers, pour avoyr esté chascun cinq jornels en lad. semaine à escarre du boys et scie des soliveaulx pour le portal neuf.

— Du 19 au 24 juillet. — La somme de six sols que j'ay paiés à Mathieu Pierre, Jehan Jobert et Jehan Remelly, massons, pour chascun six jornels qu'ils ont esté a besonnié en la massonnerye des escuries neufves et pavillon du bout desdictes escuries.

— Du 25 au 31 juillet. — La somme de sept livres que j'ay paiés à Jehan Taler lesnel, Jehan Taler le jeune, Guillaume Dumez et Vallier lesnel, pour six jornels qu'ils ont esté, tant à faire la charpenterye de la lucarne dung des pavillons du portal neuf du coste du chasteau, avoyr escarre troys poultres pour maitre aud. portal avec aultres ouvrages qu'ils ont faict.

— Du 23 au 28 août. — La somme de trante deux sols que j'ay paiés à Estienne Marquis pour quatre jornels qu'il a este a ayder a massonner les fenestres basses et secondes du premier, portail et le coing par ou on entre sur la terrasse du coste des vieilles escuries.

BOULEVARDS

— Du 26 avril au 1er mai 1568. — Paié a Me Charles, masson, pour six jornels qu'il a besonnié en lad. sepmaine au boulevard de derrière la bouticque à raison de sept sols par jour, la somme de quarante-deux sols.

— Du 3 au 8 mai. — La somme de dix-neuf sols six deniers

paiés a ung maneuvre de Comissey, pour cinq jornels deux tiers de jour qu'il a travaillé a servy les massons qui besonnient au boulevard deri la grange.

— Du 10 au 15 mai. — Paié a maistre Jehan Venevaulx, M⁰ masson, et a cinq ouvriers qu'il a mis a besonnié avec luy chascun deux jornels a parachever les canonnieres du boulevard de derriere les granges avec la petite guette ensamble, deux desd. massons qui ont este chascun trois jornels a parachever lesd. canonnieres la somme de cent huict sols, qui est a chascun desd. massons sept sols par jour, et aud. M⁰ Jehan douze sols.

— La somme de soixante sols que j'ay paiés a Jehan et Mathieu Pierre, pour chascun cinq jornels qu'ils ont besonnié a la mesme massonnerye dud. boulevard, a chascun six sols par jour.

— Du 5 au 10 juillet. — Paié a Jacquin Morot, pour la fasson de quatre douzaines de clous qu'il a faicts tant pour maitre sur la tour abattue que pour racouster les ponts allent en Recorbe et pour les pyonniers, la somme de soixante sols comme appert par la quittance dud. Morot.

BASTION DE DROITE

— Du 5 au 10 juillet. — La somme de quarante-huict sols que j'ay paiés a Estienne Marquis, pour six jornels qu'il a este en la présente semaine, tant a musser la fenestre de la chambre de la salle neuve qui regarde sur le fosse que avoyr besonnié au petit bastion du bout des escuries a raison de huict sols par jour.

La somme de six livres six sols que j'ay paiés a Guillaume de Molosmes, pour dix-huit jornels qu'il a besonnié aud. bastion a raison de sept sols par jour.

— Du 12 au 17 juillet. — La somme de quatre livres quatre sols que j'ay paiés a Mathieu Pierre et Guillaume Mere, pour chascun six jornels qu'ils ont este tant a parachever le petit bastion que taillé des coings pour le pavillon du bout des escuryes.

BASTION DE GAUCHE, COURTINES ET TERRASSE

— Du 30 août au 4 septembre 1568. — La somme de quarante huict sols que j'ay paiés a Pierre Regnard, Nicolas Guileur et Denis Grineau, pour chascun cinq jornels ung tiers de jour qu'ils ont esté a tirer de la pierre pour faire la cortine de la terrasse allant au molin.

— Du 19 septembre. — La somme de dix-huict sols que j'ay paiés à Nicolas Gailer et Francoys Regnard pour chascun troys jornels qu'ils ont esté à tirer de la pierre, pour paraschever la cortine de la terrasse près le mollin.

MUR DE CLOTURE DE LA TERRASSE

— Du 9 au 14 août 1568. — La somme de quatre livres six sols que j'ay paiés a Ambroise Galley, menuisier, pour avoir faict une porte en la closture de la fermeté de la basse court et en avoir racousté une autre pour maitre en la closture du bout des colonnes de dessus la terrasse comme appert par la quitance dud. Galley.

POTERNE

— Du 24 au 29 mai 1568. — Paié a Estienne Marquis, masson, pour six jornels qu'il a besonniés a racouster le petit pont de la poterne.
— De fin mai au 5 juin. — Paié a Estienne Marquis pour cinq jornels qu'il a esté a paraschever le petit pont.

MOULIN

— Du 21 au 26 juin 1568. — La somme de six livres quatre sols que j'ay paiés a Jehan Dumez lesnel, Jehan Dumez le jeune, Guillaume Dumez, Ambroise Sainct-Ciergues et Gaucher Dumez, pour vingt et une jornels qu'ils ont esté a faire des chenez pour le portal neuf, avoir scié des soliveaulx pour paraschever les planchers des mollins.

GRANGES

— Du 24 au 29 mai 1568. — La somme de six livres que j'ay paiés a Claude Maslot et Pierre Fondard, couvreurs de lesve, pour six-vingts toyses de couverture qu'ils ont faict sur les murailles autour le bastion de derrière les granges.
— Du 30 août au 4 septembre. — La somme de quarante sols que j'ay paiés a Estienne Marquis, pour avoyr rampieté du long du pan de muraille du boulevard, pres le jardin de la Gurlose, tirant au portal neuf a l'endroict du cordon.

CUL-DE-LAMPE

— Du 3 au 8 mai 1568. — La somme de soixante et douze sols que j'ay paiés a Mᵉ Jehan Menevaulx, pour six jornels qu'il a besonnié en lad. sepmaine au cu de lampe de derrière les granges qui est a raison de douze sols par jour.

— A Guillaume de Molosmes, pour six jornels qu'il a besonnié a ayder a talier le cu de lampe, la somme de quarante deux sols.

FOSSÉS DU CHATEAU. — CHAUSSÉE

— Du 25 à fin juillet 1568. — La somme de quarante cinq livres dix sols que j'ay paiés a Anthoyne Simonnet, chaufornier, demeurant a Paisson, pour soixante muids de chaulx qu'il a fornis pour faire la muraille des fossés et le pan qui tire aux mollins.

— Du 19 au 24 juillet. — La somme de neuf livres cinq sols que j'ay paiés aux pionniers qui cure les fossés.

1568. — La somme de six-vingt dix livres que j'ay paiés a Edme Monnard et Estienne Marquis, pour la fasson du pan de muraille qui estoit tombe dans les fosses du costé derrière la maison Jehan Guot, contenant soixante quatorze toyses ung tiers de toyse, a raison de trente cinq sols la toyse, suivant le marche faict par monseignʳ avec les dessusd. et comme appert par leur quitance.

1568. — La somme de six vingt troys livres que j'ay paiés a Didier Fortin, Jehan Fortin et Guillemin Baigne, pour la curange de fosses qui sont a l'entour du chasteau de Tanlay, a quatre sols la toyze de lad. curange et comme appert par la quitance desdessusd.

— Du 24 au 29 mai 1568. — La somme de cinquante-troys sols que j'ay paiés a Robert et Jacquin Morotz, pour la fasson de troys douzaines de clous pour chafaulder sur le portal neuf, et pour chascune une jornel qu'ils ont esté a coupper du boys pour faire des pieux pour faire la chaussée du canal pour tenir leau.

VIEILLES ÉCURIES

— Du 23 au 28 août 1568. — La somme de trante deux sols que j'ay paiés a Estienne Marquis, pour quatre jornels qu'il a esté a ayder a massonner les fenestres basses et secondes du premier portal et le coing par ou on entre sur la terrasse du costé des vieilles escuries, a raison de huict sols par jour.

ÉCURIES NEUVES

— Du 7 au 12 juin 1568. — La somme de quarante sols que j'ay paiés a Jehan Vergat, Guillemin Baigne et Estienne Carny, pour chascun trois jornels ung tiers qu'ils ont esté a besonnie aux curanges de la closture et pavillon qui se faict au bout des escuries neuves a raison de chascun quatre sols par jour.

— Du 14 au 19 juin 1568. — La somme de soixante sols que j'ay paiés a Guillemin Baigne, Estienne Carny et Jehan Vertat, pour chascun cinq jornels qu'ils ont esté en lad. semaine a faire les curanges du pavillon près le bout des escuries neuves.

— Du 21 au 26 juin 1568. — Paié a Leroy Pingat et Jehan Bourgeois, pour chascun cinq jornels qu'ils ont esté a tirer de la pierre en la perriere de Montot, pour faire les fondaulx du bout des escuries neufves la somme de quarante sols, qui est a raison de chascun quatre sols par jour.

La somme de vingt huit sols que j'ay paiés a Guillemin Baigne, Jehan Vertat et Estienne Carny, pour sept jornels qu'ils ont esté a paraschever les curanges des fondaulx dud. pavillon.

CLOTURE DE LA FERMETÉ DE LA BASSE-COURT

1568. — La somme de centz livres que j'ay paiés à Marquis Estienne et a M° Jehan Menevaulx, pour la recharge de six pieds qu'ils ont faicte en la muraille qui sert de closture pour la basse court prenent sur la muraille du fossé tirant aux escuries neufves et pour la fasson de la cortaine qui se prend a tenent du portal neuf tirant au mollin, le tout contenant soixante-six toyses deux tiers a raison de trante sols la toyse et comme appert par la quittance des dessusd.

Aud. Receveur de Saint-Michel la somme de quatre-vingt livres sur le charroy de la pierre qu'il a fallu pour le parachevement du portal et pour le charroy de celle du pan de muraille qui a este faict pour la fermeture de la basse court prenent aux escuries neufves tirant aux fosses comme appert par la quitance dud. Receveur.

SALLE DES PREBTRES

— Du 17 au 22 mai 1568. — Paié a Estienne Marquis, masson, pour six jornels qu'il a besonnié en lad. semaine à paver la sommellerie de dessus la chambre des prebtres, a raison de sept sols par jour, quarante deux sols.

— Du 10 au 15 mai. — La somme de quarante deux sols que j'ay paiés a Estienne Marquis, pour six jornels qu'il a besonnié tant au forneau a chaulx que au parement de la salle des prebtres, a raison de sept sols par jour.

GALERIE

De fin mai au 5 juin 1568. — La somme de vingt livres ung sol que j'ay forniz a M° Larme pour avoyr des painctures pour le paraschevement de gallerie de Monseigneur, suyvant ung petit billet ou est contenu les dictes painctures siné de la main dud. M° Larme.

La somme de centz dix livres quatorze sols troys deniers que j'ay paiés a M° Larme, galleryer, sur la somme de centz cinquante livres qui luy sont dheubs pour le paraschevement des painctures de la gallerye, à quoi monseigneur a marchandé avec led. galleryer et comme appert par sa quitance.

CABINET DE LA LIGUE

— Du 5 au 10 juillet 1568. — La somme de quatre livres deux sols que j'ay paiés a Jehan Dumez, Guillaume Dumez et Ambroise Sainct-Ciergues, pour chascun quatre jornels deux tiers qu'ils ont esté a faire une potence pour estaier les greniers, avoyr faict des collonnes pour ung cabinet que monseigneur l'admiral a commande de fayre au dessus du cabinet de monseigneur et aultres ouvrages qu'ils ont faict.

Jacques Chabot

1594-1610

IL est inutile, croyons-nous, de parler longuement des Chabot dont la maison occupait un rang si élevé parmi la noblesse de Bourgogne. Disons seulement que l'aïeul du seigneur de Tanlay, Philippe, fut amiral de France, chevalier des ordres de Saint-Michel et de la Jarretière, gouverneur de Bourgogne et de Normandie. Tout jeune encore, il avait été placé auprès du roi François I*er*, en qualité d'enfant d'honneur. Plus tard, il prit part à la défense de Marseille, assiégée par l'empereur Charles-Quint, et combattit vaillamment à la bataille de Pavie où il fut fait prisonnier.

Pendant sa longue carrière, l'amiral fut un exemple frappant de l'instabilité des choses humaines. Nous le voyons d'abord comblé de dignités et d'honneurs, puis disgracié et jeté en prison ; enfin rappelé par la faveur de son souverain et admis à prendre rang parmi ses plus fidèles conseillers.

Ses ennemis les plus redoutables furent le connétable de Montmorency et le chancelier Poyet qui, par les plus fausses accusations, parvinrent à le perdre dans l'esprit du roi et à le faire condamner à mort. Son innocence fut heureusement reconnue, et il mourut entouré de l'estime de ses contemporains. Il avait été marié à Françoise de Longwi, fille de Jeanne d'Orléans-Angoulême, sœur naturelle de François Ier, parenté qui servit beaucoup à sa fortune.

L'amiral Chabot laissa six enfants, parmi lesquels nous citerons : 1º Léonor, seigneur de Chagny et de Buzançais, grand écuyer de France et capitaine de cinquante lances des ordonnances du roi. Nommé par Henri III, lieutenant-général au gouvernement de Bourgogne, Léonor y rendit les plus grands services. Au moment de l'affreux massacre de la Saint-Barthélemy, il prit, de concert avec le président Jeannin, toutes les mesures nécessaires pour éviter à la province les horreurs de cette fatale journée, et partagea avec lui la reconnaissance des Bourguignons dont le sang fut ainsi épargné ;

2º François, marquis de Mirebeau (1), comte de Charny (2) et baron de Chaumont, qui épousa Catherine de Silly, fille de Louis, comte de Larocheguyon et d'Anne de Laval. C'est de cette alliance que sortit Jacques Chabot (3) qui, par son mariage contracté en 1594, avec Anne de Coligny, devint seigneur de Tanlay, Saint-Vinnemer, Paisson, Ravière, Gigny et la Chapelle-Sennevoy.

Malgré la profonde scission qui se manifesta, dès le commencement de la ligue entre les seigneurs bourguignons, la maison de Chabot resta constamment dévouée à la cause royaliste.

Après la campagne infructueuse tentée par Henri IV, contre Villars et le duc de Parme, en Normandie, Jacques Chabot s'était décidé, en 1592, à quitter l'armée et à rentrer dans ses terres. Mais des bandes de ligueurs et de royalistes battaient le pays de tous côtés, et les chemins étaient si peu sûrs qu'il

---

(1) Mirebeau est situé à 4 lieues de Dijon. Ce marquisat comprenait Bellenouve, Bezenotte, Magny, Saint-Médard, Oisilly, Tanay, Lambelin et Savolles en toute justice, et la haute justice à Renève et Cheuze.

(2) Charny, à 3 lieues de Saulieu.

(3) Les autres enfants de François Chabot étaient : 1º Françoise, mariée à Charles de La Rochefoucault, baron de Barbézieux; 2º Antoinette, alliée à Jean d'Aumont, Ve du nom, maréchal de France; 3º Anne, qui épousa Charles de Halluyn, seigneur de Piennes; 4º Jeanne, abbesse du Paraclet.

était dangereux de voyager sans escorte. Le marquis de Mirebeau en fit la triste expérience, car en voulant gagner Semur où siégeait le parlement de Bourgogne, il fut surpris près de Moutiers-Saint-Jean et conduit sous bonne escorte au château d'Epoisses où commandait le capitaine Marchand, l'un des plus zélés partisans de Mayenne (1).

Rendu peu de temps après à la liberté, il continua avec Cypierre, d'Aumont, Tavanes, de faire une guerre incessante au parti de la Sainte-Union. Vers la même époque, il réunit ses forces à celles de Baillet de Vaugrenent, et escalade, pendant la nuit, la place de Flavigny. Cherizi, son gouverneur, veut se défendre, mais il est tué et la ville obligée de se rendre (2).

En récompense de ses services, Jacques Chabot, qui était déjà chevalier des ordres du roi et capitaine de cinquante hommes d'armes de ses ordonnances, fut nommé gouverneur de Flavigny et de Saulieu, puis maistre de camp du régiment de Champagne. C'est à la tête de ce régiment, qui avait embrassé l'un des premiers la cause d'Henri IV, que, le 11 août 1594, il attaqua la ville de Bourg dont il s'empara deux jours après (3).

Au commencement de l'année 1595, le marquis de Mirebeau fut mandé en toute hâte pour se joindre aux compagnies de cavalerie assemblées à Fontaine-Française, dans le but de repousser les troupes espagnoles qui, sous le commandement de Fernand de Valesco, gouverneur du Milanais et connétable de Philippe II, étaient descendues des Alpes et traversaient la Franche-Comté, pour venir au secours de Mayenne.

Le danger était grave pour qu'Henri IV écrivit ce billet pressant au sire de Grancey : « *Fervaque, à cheval; l'ennemi approche, j'ai besoin de ton bras.* » En effet, les Espagnols, après avoir franchi la Saône à Gray, se disposaient à dégager Dijon et Talant investis par les troupes royales. Sans attendre le gros de ses forces, le Béarnais s'avança avec sept ou huit

---

(1) Courtépée, vol. III, p. 544.
(2) Courtépée, vol. III, p. 501.
(3) Revue de Champagne et de Brie.

cents lances sur la route de Gray, afin d'inquiéter l'ennemi. Mais à la vue des premiers escadrons de Mayenne, ne prenant conseil que de son héroïque témérité, il chargea et culbuta les uns après les autres trois ou quatre corps de cavalerie plus forts que le sien, risquant ainsi dix fois sa vie.

C'est au plus fort de cette mêlée, au milieu d'une charge furieuse, qu'Henri IV, apercevant Chabot, lui cria : « *Marche là, Mirebeau !* » en même temps qu'il lui montrait du bras quelques rangs écrasés sous les forces supérieures de l'ennemi. Excité par la voix comme par l'exemple de son souverain, Chabot se précipita sur les escadrons espagnols qu'il culbuta et poursuivit l'épée dans les reins, contribuant par sa bravoure au succès de la journée.

Le combat avait été rude, car le lendemain le roi écrivait à sa sœur : « *Ventre-saint-gris ! madame, vous avez pensé être mon héritière.* » Mais il eut les plus heureux résultats, car il mit fin aux espérances de Mayenne et de son frère le duc de Nemours, qui furent obligés de recourir à la clémence d'Henri IV.

Comme un témoignage bien flatteur de la reconnaissance du roi, le marquis de Mirebeau fut reçu, le 5 janvier 1597, chevalier du Saint-Esprit, dans l'église de Saint-Ouen, à Rouen, et nommé ensuite lieutenant-général au gouvernement de Bourgogne.

Nul doute que pendant les luttes incessantes qu'Henri IV eut à soutenir contre Mayenne et son fanatique allié, le roi d'Espagne, Jacques Chabot fut absorbé par des soins plus pressants que ceux de visiter sa belle terre de Tanlay. Cependant l'année même de son mariage, il fit construire dans sa demeure un superbe jeu de paume.

Ce jeu, qui remonte à la plus haute antiquité et dont François Ier et Henri III s'étaient montrés grands amateurs, était regardé par la noblesse comme un amusement privilégié. Le Béarnais excellait, lui-même, à faire voler la balle ; mais il était, paraît-il, de fort mauvaise humeur quand il perdait.

C'est le 31 décembre 1594, que le marquis de Mirebeau fit marché avec Jean Bollon, qui s'engagea « de faire et parfaire « dans la fin du mois de may prochain, un jeu de paulme de « la longueur dans œuvre de seize toises ung pied huict

« pouces (1), et de largeur cinq toises cinq pieds entre les
« gros murs (2), entre lesquels gros murs fera les galleries
« avec les piliers pour soustenir, les galleries rabattues dans
« œuvre de quatre pieds et demy et de haulteur jusques au
« couvert desdictes galleries six pieds neuf pouces. La muraille
« de parpains, lesquelles galleries seront faictes de pierre de
« taille avec les ouvertures tant huis, fenestres que aultres
« nécessaires d'espaisseur de huict pouces et quant auxdicts
« gros murs, seront faicts d'espaisseur de trois pieds dans les
« terres ou plus sy besoin faict et audessus de deux pieds
« d'espaisseur fors à l'endroit du tabourin (3) qu'elle sera de
« trois pieds d'espaisseur jusques au hault. Les quatre coings
« du quel jeu de paulme seront faicts de pierre de taille en-
« semble tout le costé et pan de la bricoile entièrement au
« dedans dudict jeu, lesquels gros murs seront élevés de terre
« depuis le pavé dud. jeu de trois toises.

« Sera pareillement les portes, huis et aultres nécessaires
« pour entrer dans ledict jeu tant à la muraille de la basse-
« court du chastel que aux murailles dudict jeu de paulme de
« pierre de taille. En chascune d'ycelles portes sera tenu de
« faire les armes de mondict seigneur et de madame son
« espouse suyvant le plan et devis de ce faict (4). »

Si nous en jugeons par le portail sud de l'église de Saint-Pierre de Tonnerre, qui fut bâti par Jean Bollon, en 1601, et par celui de l'église de Saint-Florentin qu'il édifia en 1610, nul doute que le jeu de paume de Tanlay n'ait été digne du talent que savait apporter dans ses œuvres cet habile tailleur de pierres (5). Malheureusement cette construction fut condamnée à disparaître, lorsque d'Hémery remplaça l'ancienne

---

(1) Cette longueur équivalait à 32^m 55^c.

(2) La largeur était de 11^m 66^c.

(3) Avant le XVIe siècle, c'était avec la paume de la main que les joueurs lançaient la balle; mais à partir de cette époque, on se servit exclusivement de la raquette ou tambour, d'où le nom de tambourin donné à l'endroit même qu'occupaient les lutteurs.

(4) Le prix de cette maçonnerie était fixé : pour les fondations à raison de 55 sous la toise, et pour tout le reste de la construction, à « ung escu sol. »

(5) Almanach historique de l'Yonne, année 1851, p. 31.

basse-cour du château par les vastes communs qui existent aujourd'hui.

Le 7 septembre 1597, honorable homme Edme d'Origny, receveur général de la terre de Tanlay, stipulant pour le marquis de Mirebeau, achète de Sébastien Leroy et Didier Lecerf « ung maisonnement, accin et pourpris consistant en deux « chambres haultes, de fond en comble, deux granges, esta- « bles, cour, jardin, places, aisances et dépendances assis hors « et prosche la fermeté dud. Tanlay, tenant le tout d'une part « et d'ung bout à mondict seigneur acquesteur, d'aultre à « Françoyse Beau et aux murailles de la fermeté dud. Tanlay ; « d'aultre bout au chemin commun qui tire à Quincy, chargés « de cens envers led. seigneur de ung bichet d'avoyne et ung « chapon..... moyennant soixante-six escus deux tiers d'escus « d'or de principal (1). »

Le 16 juillet de l'année suivante, Jacques Chabot est installé à Tanlay, ainsi que le constate un contrat de vente par lequel il cède et abandonne au sieur Droyn Boninin, laboureur, demeurant à Saint-Vinnemer, « une place, aisances et appar- « tenances d'ycelle assises en la fermeté dudict Saint-Vinne- « mer, lieudit la rue du Pont ou d'ancienneté Saulcis, prosche « la grange appartenant à mondict seigneur, moyennant dix « escus (2). »

Comme nous pourrons le vérifier facilement dans la suite, le marquis de Mirebeau avait une prédilection marquée pour les moulins et les cours d'eau. Le 26 décembre 1598, il donne pouvoir à noble Claude Grannalet, son maître d'hôtel, d'acquérir de David d'Anstrude, écuyer, capitaine exempt des gardes du roi, demeurant à Tanlay, « tout le droit, part et portion, « raison et action que à luy compète et appartient au moulin « neuf de Tanlay, tant en maison, court, cave, grange et « pourpris, chute d'eaux, moture, terres et prés, ainsi qu'il a « acheté de Jean Huope, le tout assis au finage de Tanlay, « prosche les usages dud. lieu. Ce vendu le prix et somme de « vingt escus sol en principal marché, les vins de raison (3). »

(1) Arch. de l'Yonne, minutes de du Deffand, notaire à Tanlay.
(2) Arch. de l'Yonne, minutes de du Deffand, notaire à Tanlay.
(3) Arch. de l'Yonne, minutes de du Deffand, notaire à Tanlay.

Dans quel endroit ce moulin était-il situé? L'indication *prosche les usages* nous fait déjà supposer qu'il devait être placé à proximité des bois de Tanlay, sur le ruisseau de Baon. L'acte de vente du pré des communes fait le 5 octobre 1663, par les habitants à M. de la Vrillère, ne laisse plus subsister aucun doute à cet égard. Le rapport des experts chargés d'estimer cette propriété constate en effet qu'elle était limitée d'un côté par l'étang du parc, et de l'autre par les ruisseaux de Baon et de Quincy « *jusques au moulin neuf ruyné.* » Il n'y a donc plus d'hésitation possible, d'autant mieux qu'à l'extrémité du *champ de la Masure*, se trouvent les substructions de l'ancienne usine.

Le 4 mai 1606, Jacques Chabot donne à bail aux sieurs Denys Moyne, Sébastien Evrard et Vailler Evrard, le labourage de Tanlay et le pré de la Grande-Pâture, moyennant quatre-vingts bichets de blé, quart froment, méteil, orge et avoine, plus dix-huit livres en argent (1).

Peu de temps après, il quitte Tanlay pour rejoindre le corps d'armée qu'Henri IV faisait marcher sur Sedan, afin de mettre à la raison le duc de Bouillon qui, tranchant du petit souverain, entretenait des alliances secrètes avec les princes d'Allemagne et les Suisses.

Pendant son absence, c'est madame Anne de Coligny « *son espouse et compagne* », qui règle toutes les questions d'intérêt relatives à la terre de Tanlay. Le 20 mai 1506, elle loue pour neuf années, aux sieurs Larbouillat et Edme Bernard, son gendre, la métairie de Sebille, consistant en terres labourables; ensemble les maisons, granges, accin et pourpris, aisances et dépendances d'ycelle, avec les prés du Grand-Vain, du gué du moulin, des noues, du rupt, etc., moyennant quatre-vingt-dix bichets de blé et soixante et onze bichets d'avoine (2).

Le 29 juin suivant, elle donne également à bail aux sieurs André Jamet, boulanger à Tanlay, et à Gilles Marmignat, de Saint-Vinnemer « le moulin banal dudict Tanlay, assis hors « et prosche la fermeté dudict lieu, tirant à Commissey, à

(1) Arch. du château de Tanlay.
(2) Arch. du château de Tanlay.

« charge d'entretien des bois, travaillans et non travaillans,
« des meules gisantes et volantes, etc. Ce bail est consenti
« moyennant une redevance de deux cens bichets de blé,
« grains sur bord.

« Et demeurera mondict seigneur exempt de la mouture de
« tout le blé qu'il fera mouldre aux moulins de Tanlay, tant
« pour la despense de sa maison, celle des pauvres et celle
« de ses chiens (1). »

Un nombreux personnel était alors attaché au service du marquis de Mirebeau, ce qui nous prouve de la façon la plus évidente que ce seigneur avait établi sa résidence ordinaire à Tanlay (2).

Au mois d'août 1607, il était de retour de son expédition de Sedan, ainsi que l'indique un marché fait avec les sieurs Guillaume du Boys, tailleur de pierre à Cruzy, et Jean Gendre, maitre maçon à Nicey, pour la reconstruction des moulins « assis en la fermeté dudict lieu proche le chasteau. »

Ceux-ci s'obligent à faire « toute la muraille qui sera néces-
« saire dans les vieilles murailles et rendre du mauvais le bon.
« Faire l'entablement de pierre de taille selon l'ordonnance de
« l'ancien bastiment, faire trois croysées de 4 pieds de large
« et de haulteur jusques à la poultre, deux croysées de 5 pieds
« de large et de haulteur jusques aux poultres du costé des
« colonnes. Les deux portes de la chambre du meunier, l'une
« qui regarde sur le vannage et l'autre du costé du petit pont,
« une croysée en ladicte chambre du meunier, cinq flaman-
« ches sur les croysées larges et rendues à l'équipollent et
« suyvant l'ordre du bastiment. La cheminée de la chambre
« du meunier et celle de la salle de la plus belle fasson que
« se pourra faire. — Faire aussy la muraille qui est commen-
« cée à l'escarie dud. moulin et la faire régner jusques au
« petit pont de la ville, ainsy qu'il leur a esté montré et de
« haulteur qu'il conviendra, réparer ce qui a prins coup au
« devant dud. moulin du costé du petit pont et paraschever la
« muraille commencée jusques en fin des vannages, etc. »

---

(1) Archives du château de Tanlay.
(2) Voir l'état de son personnel page 173.

Toute cette besogne était marchandée moyennant cinq cents livres et devait être terminée le 1er avril 1608.

Ces détails paraîtront peut-être dépourvus d'intérêt, mais comment expliquer plus exactement ce qu'était ce moulin regardé par Fodéré, « comme un des plus superbes et artificiels qui soit en France », si ce n'est en faisant connaître les travaux entrepris pour sa restauration? Nous n'avons plus aujourd'hui d'autres témoignages à consulter que les gravures d'Israël Sylvestre et les documents que renferment nos archives; continuons donc d'y puiser les renseignements qui nous sont nécessaires.

Le 24 septembre 1607, Jacques Chabot fait un nouveau marché avec Nicolas Gourdot, maître couvreur à Tonnerre, pour tout ce qui a trait à la couverture du moulin. Celui-ci se charge « de latter, contrelatter et couvrir d'ardoises le pavil-
« lon de mondict seigneur, de mesme eschantillon que le portal
« de la basse-court, faire la plomberye des deux espèces dud.
« pavillon avec la plomberye du faiste comme celle du portal
« où seront les armoyries de mondict seigneur tant du cousté
« de l'allée des colonnes que du cousté du pont de la ville.
« Fournira aussy led. Gourdot les clous à lattes et à ardoises
« qu'il fauldra pour faire les besognes, avec les grands clous
« pour attacher les coyaulx de dessus l'entablement et rendre
« ladicte besogne faicte et parfaicte et deument audict de
« gens à ce cognoissant deux mois après que les charpentiers
« auront dressé leurs boys, à la charge que mondict seigneur
« sera tenu et a promis fournir en place l'ardoise, latte, con-
« trelatte, plomb, sodure, barreaulx de fer et charbon, plus le
« bois que conviendra pour chaffauder et aussy les pannon-
« ceaux. Et oultre mondict seigneur a promis payer audict
« Gourdot sept vingt sept livres (1). »

Un sieur Chaperon, couvreur d'ardoises à Tonnerre, s'associe pour ce travail au sieur Gourdot et signe, quelque temps après, le marché dont nous venons d'indiquer les principales dispositions.

D'après les témoignages qui précèdent, il est facile de constater que le pavillon restauré avec tant de soin par le marquis

---

(1) Arch. du château de Tanlay.

de Mirebeau, avait un caractère vraiment monumental et nous comprenons qu'à la vue de ces pilastres, de ces flamandes, de ces plombs armoriés, les auteurs contemporains aient exprimé leur profond étonnement de trouver un moulin aussi remarquable. A une époque qu'il nous est impossible de préciser, cette usine fut détruite par un incendie, ainsi que l'indiquent les fenêtres à moitié calcinées qui existent encore dans le mur d'enceinte du parterre. C'est un peu à droite et dans le prolongement d'une ruelle étroite, aujourd'hui réduite à l'état d'impasse, que se trouvait le petit pont communiquant à la ville et que les eaux provenant de la décharge des fossés faisaient mouvoir le moulin.

D'Hémery, et plus tard les La Vrillère utilisèrent le bâtiment restauré par Jacques Chabot, et y placèrent une grande roue hydraulique avec godets, destinée à alimenter un réservoir en plomb qui faisait fonctionner tous les jets d'eau établis dans le parterre et les jardins du château. Cette machine, dont l'entretien était fort dispendieux, s'appelait la *mécanique*.

Cette machine était hors d'usage en 1711, date à laquelle un long procès-verbal nous décrit exactement l'état des lieux. Nous y lisons : « que les murs de la machine, cinq pilastres
« ornés de leurs bases et chapiteaux sont cassés et rompus,
« qu'il faut rempiéter lesdits murs à la hauteur de trois pieds,
« les pilastres et chapiteaux au nombre de neuf sont brisés
« avec la corniche de six pieds de longueur ; — que les murs
« dedans qui servent de cours aux eaux, ensemble les deux
« jambages et pieds droits à tous les passages des eaux, les
« pierres en sont culbutées ; que la vouste aqueduc ou passe
« l'eau du fossé est gelée ; — qu'il n'y a plus dans ladite
« machine aucun plomb dans l'auge qui reçoit les eaux ni
« tuyaux ni canniveaux qui faisaient jouer les eaux dans le
« bassin du parterre ; — que les vannages et poteaux, ensem-
« ble la roue, deux escaliers pour monter sur ladite machine,
« les gobelets et courbes sont généralement ruynés. »

Bref, toutes ces constructions sont dans un état si déplorable qu'on estime les réparations les plus indispensables, à la somme de deux mille trois cent soixante-dix-sept livres.

Nous profitons des renseignements que nous donne le marché fait avec le sieur Gourdot, pour nous élever de nouveau contre l'hérésie archéologique à laquelle s'est laissé entraîner M. le baron Chaillou des Barres, au sujet du Portail ou petit chateau (1). Ce gracieux modèle de l'architecture civile qui date de l'année 1568, a été bien à tort attribué à Chabot qui s'est contenté seulement de le donner pour modèle à l'ouvrier chargé, en 1607, de couvrir d'ardoises et de poser les plombs du moulin de la ville. C'est donc une erreur manifeste que d'indiquer l'année 1610, comme l'époque de sa construction.

Les délais qu'avait fixés le marquis de Mirebeau, pour l'achèvement des travaux, ne subirent aucun retard, car le 24 avril 1608, il donnait à bail le moulin de la ville au sieur Jullien Cassin, meunier, demeurant à Brienon-l'Archevêque, avec le « moulin d'en bas situé hors la fermeté de Tanlay, « tirant à Commissey, pour d'iceulx lever, percevoir les « fruits, proffits et revenus à la manière accoustumée qui est « de vingt-quatre minages l'un... A la charge d'entretenir les « chaussées et vannages et moyennant trois cens bichets de « bled, tiers froment, mesteil et orge (2). »

En vertu d'un bail perpétuel consenti le 12 janvier 1558, en faveur des sieurs Jean Dongois et François Pinagot, par François de Coligny d'Andelot, Anne de Coligny, sa fille, avait droit de percevoir annuellement sur la métairie de la Côte-Saint-Père comprenant accin, pourpris, bâtiments, soixante-deux arpents et demi de terres labourables et quarante arpents de bois-broussailles, la quantité de 30 bichets d'avoine, 12 bichets de seigle, 3 bichets d'orge, à la courte mesure de Saint-Vinnemer, plus 6 deniers de cens par chaque arpent desdites terres, et 6 livres, tant rente que cens, pour les bois.

Aux premiers fermiers, succéda un sieur Antoine Barrault, marchand à Tonnerre, qui, réglant fort mal le prix de son bail, se vit sur le point d'être exproprié. Afin d'échapper aux poursuites dont il était menacé, celui-ci prit le parti le plus sage : ce fut de demander directement au marquis de Mirebeau une réduction des charges qu'il ne pouvait plus acquitter, en lui exposant « que lesdites terres labourables étaient

(1) Annuaire de l'Yonne, 1841, p. 133.
(2) Arch. du château de Tanlay.

« sujettes à geler et autres incommodités de l'air, à cause
« qu'elles sont environnées de bois ; que le plus souvent on y
« recueille que la semence. »

Ces plaintes n'étaient, hélas ! que trop fondées, car la ferme en question était située sur un plateau des plus arides et des plus sauvages qu'on puisse voir. Par un traité qui porte la date du 31 mai 1609, le seigneur de Tanlay ayant égard aux doléances du sieur Barrault, consentit à réduire le bail perpétuel de la Côte-Saint-Père à 16 bichets de grain, deux deniers de cens par arpent et deux chapons payables chaque année, le jour de Saint-Martin d'hiver (1).

A partir de la mort d'Henri IV (14 mai 1610), Jacques Chabot ne fit plus que de rares séjours à Tanlay. L'influence de Concini, le mécontentement du prince de Condé, des ducs de Longueville et de Vendôme, les haines religieuses toujours très vivaces dans le Midi devenaient autant d'éléments de troubles qui obligeaient les gouverneurs de provinces à veiller plus attentivement aux intérêts qui leur étaient confiés.

Aussi le marquis de Mirebeau ne quitte plus guère Dijon, où il habite son magnifique hôtel de la rue Chabot-Charny. C'est là que meurt en 1615, Anne de Coligny, sa femme, après avoir arrêté ainsi qu'il suit, ses dispositions testamentaires :
« Je veux et ordonne estre enterrée aux Cordeliers de Tanlay
« sans aulcune pompe ne cérémonie. Je donne mes meubles
« au Sr de Mirebeau, mon mary, excepté ceux de ma maison
« de Tanlay, ensemble la jouissance de tous mes propres et
« anciens jusques à ce que Charles Chabot, mon fils, que j'ins-
« titue mon héritier soit marié, à charge de lui fournir chas-
« cun an, pour son entretien, la somme de quatre mille
« livres et de l'acquitter de toutes debtes généralement
« excepté ce que j'ay promis à dame Catherine Chabot, ma
« fille, femme de haut et puissant seigneur César-Auguste de
« Bellegarde, seigneur de Termes, premier gentilhomme de

---

(1) La Côte-Saint-Père qui prit, vers 1558, le nom d'un des anciens fermiers appelé Pinagot, appartenait en 1780 à M. de Chamon. Elle fut saisie à la Révolution, comme bien d'émigré, passa ensuite entre les mains de M. Xavier Hugot, qui la vendit à M. Barry. Celui-ci laissa tomber les bâtiments en ruine et fit planter toute cette métairie en bois.

« la chambre du roy, son premier escuyer, capitaine et gou-
« verneur des ville et chasteau de Dijon (1). »

Le désir exprimé par Anne de Coligny d'être inhumée au couvent des cordeliers fut-il respecté? Nous ne saurions l'affirmer. Il résulte plutôt des pièces que nous avons été à même de compulser, que la marquise de Mirebeau fut enterrée dans la Sainte-Chapelle de Dijon, où l'amiral Chabot avait fait construire un caveau sépulcral destiné à la sépulture de sa famille.

Personnel employé au château de Tanlay par Jacques Chabot, marquis de Mirebeau

1° Noble homme Evandelin de Rouvre, sieur des Bordes, capitaine du château ;

2° Edme d'Origny, le jeune, chapelain de la chapelle du château ;

3° Jacques Haubert, secrétaire de Monseigneur ;

4° Nicolas de la Marre, précepteur du fils de Monseigneur ;

5° Edme d'Origny, receveur général des terres et seigneuries de Tanlay, Saint-Vinnemer, Paisson, etc. ;

6° Noble Claude Grannalet,
7° Noble Philibert Fajoste, } Maîtres d'hôtel de Monseigneur ;
8° Noble de la Feuilletière,

9° Didier Dumez, pourvoyeur ;

10° Jeanne Chartrousse, ayant charge du linge ;

11° Venture Saintciergues, cuisinier ;

12° Thomas Cabre, valet de chambre ;

13° Charles Blanche, jardinier ;

14° Simon Thiébaut, dit Lagache, archer de la compagnie de Monseigneur le marquis de Mirebeau ;

---

(1) Du Bouchet, extrait du trésor des titres de Châtillon-sur-Loing, p. 1121.

15° Jacques Mathieu, sergent forestier ;
16° Michel Dusez, forestier de Vaulineuse ;
17° Antoine Botat, forestier de Paisson ;

Officiers de justice

1° M° Paul Leclerc, juge en garde des terres, justices et seigneuries de Tanlay et dépendances ;
2° Edme du Deffand, lieutenant en la justice de Tanlay ;
3° Pierre Dodun, procureur fiscal ;
4° Toussaint Testard, lieutenant en la justice du Breuil ;
5° Claude Mignard, procureur de Monseigneur à Noyers.

Charles Chabot

1615-1621

CHARLES Chabot n'était âgé que de seize ans à la mort de sa mère. Elevé avec un grand soin par Nicolas de la Marre, son précepteur, il promettait, par son intelligence et ses belles qualités, de devenir un gentilhomme accompli et de marcher dignement sur les traces de ses ancêtres.

Il épousa, en 1620, Charlotte de Castille, fille de Pierre, contrôleur général et intendant des finances, et de Charlotte Jeannin, dont la famille jouissait d'une si juste considération dans toute la Bourgogne.

A cette époque, plusieurs villes du Midi, parmi lesquelles nous citerons La Rochelle, Saint-Jean-d'Angely, Montauban, etc., blessées des rigueurs que Louis XIII avait employées pour rétablir par la force le culte catholique dans le Béarn, s'étaient soulevées et avaient reçu des garnisons protestantes.

Trop confiant dans les talents militaires de Luynes, qui s'était fait donner la charge de connétable et que le prince de Condé prétendait, par ironie, être un excellent général en temps de paix et un bon garde des sceaux en temps de guerre, le roi vint mettre le siège devant Montauban, le 18 août 1621.

Quoique bien jeune encore, Charles Chabot fut appelé à faire partie du corps d'armée chargé de réduire cette place.

Au lieu d'enfermer la ville dans des lignes de circonvallation protégées par des forts, comme le vieux Lesdiguières l'avait conseillé, le connétable et son frère, le maréchal de Chaulnes, ne voulurent pas qu'on perdît le temps à ces précautions inutiles. Aussi le présomptueux duc de Luynes éprouva-t-il désappointement sur désappointement.

La défense fut si vigoureuse et l'attaque si mal conduite que le roi, après trois mois d'efforts et après avoir perdu 8,000 hommes, fut obligé de lever honteusement le siège (12 novembre 1621).

Les pertes énormes que l'armée venait de subir ne tenaient pas seulement à l'impéritie des chefs et aux sorties meurtrières des assiégés, mais encore à une maladie contagieuse dite fièvre rouge ou fièvre maligne, qui avait décimé les rangs. Charles Chabot en fut atteint et mourut au milieu de ses compagnons d'armes, à peine âgé de 22 ans.

Ses restes, rapportés à Tanlay, furent inhumés dans l'église des Cordeliers, où un magnifique mausolée en marbre, soutenu par quatre lions, rappelait la fin prématurée de ce digne rejeton de l'amiral Chabot (1).

La terre de Tanlay et ses dépendances passèrent alors à sa sœur, Catherine Chabot.

(1) Annuaire de l'Yonne 1877, pages 42, 43.

Catherine Chabot

1621-1642

CELLE-CI avait été mariée en premières noces, le 15 juillet 1615, à César-Auguste de Saint-Lary, fils de Jean de Saint-Lary, baron de Termes, dit de Bellegarde, et d'Anne de Villemur. César-Auguste de Saint-Lary avait été d'abord chevalier de Malte, puis grand prieur d'Auvergne. Plus tard, sur la démission de son frère Roger, il fut pourvu de la charge de grand écuyer de France et nommé gouverneur de Dijon. C'était, au dire de Tallemant des Réaux, un gentilhomme de grand mérite, sachant bien mieux la guerre que son frère et fort capable de commander.

Il mourut, le 22 juillet 1621, d'une blessure qu'il reçut au bras, au siège de Clérac, et fut très regretté de toute la cour. Il avait eu de son alliance avec Catherine Chabot un fils décédé en bas âge et une fille, Marie-Anne de Saint-Lary, qui épousa, par dispense, son cousin Jean-Antoine de Gondrin et de Pardaillan, marquis de Montespan, qui fut substitué à tous les biens de la maison de Bellegarde (1).

C'est quelques années plus tard (29 mars 1630), que Jacques

---

(1) La maison de Saint-Lary tirait son nom de la seigneurie du même nom de *Sancto Hilario*, située en Comminges. Elle était

Chabot, lieutenant-général au gouvernement de Bourgogne, succomba à une attaque de paralysie (1).

En 1635, sa fille contracta une nouvelle union avec Claude Viguier, baron de Barbezieux, Villemaur-Saint-Liébault et Jully, conseiller d'Etat, intendant des armées et de cour du roi, président au Parlement de Metz, fils de Jacques Viguier, conseiller ordinaire du roi, seigneur de La Chapelle-Gauthier, Riceys, Bagneux, Beauvoir, etc., et de Marie de Mesgrigny.

Après tant d'illustres alliances avec les Châtillon, les Laval, les Rohan, les Jarnac, la vanité de la maison de Chabot fut, paraît-il, très blessée du mariage de Catherine avec Viguier, simple président au Parlement de Metz et homme de naissance bourgeoise. Cette vieille famille fut toute troublée de voir une maison toute neuve se greffer sur elle, et dans la haute noblesse de l'époque, Viguier n'était souvent désigné, par ironie, que sous le nom de présidenteau (2).

Tallemant des Réaux, qui ne laisse passer aucune occasion de décocher une épigramme contre la noblesse, rapporte à ce sujet que Mlle du Tillet étant allée rendre visite à Mme Viguier, peu de temps après son mariage, lui dit, comme faisant semblant de ne rien savoir : « Que veulent donc vos gens, madame « ma mie (elle appelait ainsi toutes les femmes), ils vous « appellent Madame Viguier ; vous avez un beau et bon nom,

---

connue dès le XIIIe siècle ; elle a fourni un maréchal de France en 1574.

Armes : Ecartelé au 1, d'azur au lion couronné d'or, qui est de Saint-Lary ;

Au 2, d'or à quatre pals de gueules ;
Au 3, de gueules au vase d'or, qui est Orbessan ;
Au 4, d'azur à trois demi-pals flamboyants d'argent, qui est Termes ;

Sur le tout : d'azur à la cloche d'argent, qui est Lagoursan.

L'érection en duché-pairie, sous le nom de Bellegarde, du marquisat de Seurre avait été accordée à Roger de Saint-Lary en 1619.

César-Auguste de Saint-Lary fut inhumé dans l'église des jésuites de Dijon.

(1) Jacques Chabot avait épousé en secondes noces, en 1622, Antoinette de Loménie, fille d'Antoine, seigneur de la Ville-au-Clercs, secrétaire d'Etat, et d'Anne Dubourg. Elle mourut le 4 juin 1638.

(2) Etrennes à la noblesse. Paris, chez Jean Thomas, imprimeur, an III de la liberté.

« pourquoi ne vous appellent-ils pas Madame de Termes ? —
« Hé ! Mademoiselle, dit l'autre, c'est que j'ai épousé M. le pré-
« sident Viguier. — Jésus ! ma mie, que dites-vous là ? reprit
« Mlle du Tillet, si vous aimiez ce garçon, eh bien ! ne pou-
« viez-vous pas en passer votre envie ? Dieu pardonne, Madame
« ma mie, mais les hommes ne pardonnent point (1). »

Catherine Chabot n'eut pas du reste à s'applaudir de son mariage avec Viguier, qui lui rendit la vie insupportable. Il était jaloux, violent à l'excès, et se livrait au jeu et à des dissipations qui compromirent bientôt sa fortune.

Le président avait cependant montré dans plusieurs circonstances une énergie de caractère qui avait attiré sur lui l'attention de Richelieu. Lors de l'invasion des provinces du nord par les armées hispano-impériales (1636), le cardinal sachant toute l'influence dont Viguier disposait en Champagne, le fit nommer intendant de justice et police. Il lui donna en même temps mission de se transporter à Troyes, Rheims, Château-Thierry, Sens, Auxerre, Joigny et autres pays le long de la rivière d'Yonne, « afin de faire contribuer tous les bourgs, vil-
« lages, paroisses, hameaux ès-bailliages et présidiaulx des-
« dites villes, entrer, seoir et présider dans lesdits bailliages,
« corps de ville et élections d'icelles, pour convier, exciter
« par les raisons et moyens qu'il jugerait convenables tous nos
« subjects, de quelque qualité et condition qu'ils soient... suy-
« vant les lettres que nous leur escrivons, à nous assister et
« fournir en toute diligence par l'affection qu'ils doibvent à
« cest état et à leur propre salut le plus grand nombre
« d'hommes qu'ils pourront tant de cavalerye comme d'infan-
« terye bien armez et soldoyez par deux ou trois monstres
« afin de nous opposer aux desseins de nosdits ennemis et
« empescher les progrès qu'ils essayent de faire en ce
« royaulme... voulant que pour le bien de nostre service vous
« vous trouviez et assistiez en tous les conseils qui sont tenus
« par nos gouverneurs et lieutenants-généraux desdites villes
« soit pour l'effect de la guerre, de la justice et police, de nos
« finances et autres affaires secrettes et importantes sans
« exception, pour y contribuer vos avis et nous y assister

(1) Tallemant des Reaux, t. I, p. 119.

« selon ce que nous attendons de votre zèle et prudence, etc.
« (16 août 1636). »

Le danger était grave et, pour le conjurer, il fallait recourir à des mesures extrêmes. En effet, Piccolomini et Jean de Weert qui commandaient les troupes espagnoles et autrichiennes, après avoir forcé les maréchaux de Chaulnes et de Brézé à la retraite, avaient passé la Somme et l'Oise et menaçaient de mettre le siège devant Paris. Mais grâce à la lenteur de l'ennemi, Richelieu parvint à force d'énergie à relever les courages et à sauver le pays d'une situation pour ainsi dire désespérée.

Par son zèle et son activité, Viguier contribua, dans la mesure de ses forces, à préserver la France de l'invasion étrangère, et c'est là le plus beau titre qu'il fut en droit de revendiquer.

Ses relations suivies avec les familles les plus importantes de la Champagne lui avaient fait abandonner sa belle résidence de Tanlay. Il se retira à Saint-Liébault, où il dépensa des sommes folles à meubler le château, à construire des galeries, à creuser des canaux, à planter un parc dont il ornait les charmilles de colonnes et de statues qu'il faisait enlever de Tanlay (1). Il n'eut pour ainsi dire que des rapports indispensables avec ses gens d'affaires, ce dont les habitants n'eurent qu'à s'applaudir, car il se montra fort dur envers ses vassaux de Saint-Liébault.

Harcelé, poursuivi par ses créanciers qui finirent par se fatiguer de promesses toujours illusoires (2), Viguier prit le parti d'aliéner Tanlay et ses dépendances. En conséquence, il vendit, le 13 septembre 1642, à Michel Particelle, seigneur d'Hémery, Thorey et autre lieux, conseiller du roi en son conseil

---

(1) Ancien château d'Estissac, par M. Corrard de Bréban. Annuaire de l'Aube 1858, p. 132.

(2) 1634, 17 juillet. Commission pour saisir féodalement la terre de La Chapelle-les-Senevoy, mouvante du comté de Tonnerre, appartenant à messire Viguier, à cause de sa femme, Catherine Chabot (Madame de Termes, dame de La Chapelle-Senevoy.
1640. Saisie féodale du revenu de la terre et seigneurie de la Chapelle-les-Senevoy, à la réserve de ce qui appartient au sieur Viguier, faute de droits et devoirs non faits et non payés et de dénombrement non donné.

d'Etat et privé, intendant et contrôleur général des finances de France :

« 1° La terre et seigneurie de Tanlay, ses appartenances et
« annexes sises dans le duché de Bourgogne, consistantes en
« chasteau, terres, prés, bois, justice haulte, moyenne et basse,
« censives, dixmes, banalités de four, moulins et pressoirs,
« rivière, droit de ban-vin et autres domaines, droits et dépen-
« dances tant en fief que roture ;

« 2° Plus la terre et seigneurie de Saint-Villemey, Paisson
« et partie des paroisses de Gigny, La Chapelle et leur dépen-
« pendances, sises en Champagne, bailliage et coustume de
« Sens, etc., — lesdits biens appartenans en propre à la dame
« Viguier, par le décès de dame Anne de Coligny, sa mère,
« marquise de Mirebeau, et de messire Charles Chabot, son
« frère, comte de Charny, desquels elle est seule et unique
« héritière, — excepté ce dont ladite dame a disposé qui
« dépendoit de ladite terre de Tanlay, savoir : la partie de la
« paroisse de Ravières et les essarts de Nuits à messire Roger
« de Clermont, marquis de Cruzy, — plus la mestairie du
« Breuil et ses dépendances à Jacques Aydne, — des maisons
« et héritages d'un nommé d'Origny par ladite dame affran-
« chis de toutes charges et droits seigneuriaux, — ensemble
« de celle d'un nommé Charrault et de cinquante arpents de
« terre à luy appartenans.

« Ladite vente faite moyennant neuf vingt mille livres tour-
« nois, de laquelle somme soixante-quatre mille livres demeu-
« reront ès-mains dudit sieur d'Hémery, pour le douaire de
« quatre mille livres de dame Charlotte de Castille, dame de
« Chalais, pour lequel douaire ladite dame a hypothèque pri-
« vilégiée sur lesdites terres, — ladite dame de Chalais aupa-
« ravant veuve dudit seigneur comte de Charny (1). »

Malgré la réserve expresse contenue dans cet acte, une opposition régulière fut faite au paiement intégral des 180,000 livres, le 17 juin 1643, par Charlotte de Castille, veuve en premières noces de Charles Chabot, et en secondes noces d'Henry de

---

(1) Catherine Chabot mourut dans un âge très avancé, le 7 mars 1662.
Le 11 avril 1647, les créanciers de Claude Viguier firent également vendre, par décret, sa baronnie de Villemaur-Saint-Liébault qui fut adjugée au chancelier Séguier.

Talleyrand, prince de Chalais, en raison du douaire consenti à ladite dame, d'après son contrat de mariage du 13 février 1620. En conséquence, un jugement aux requêtes du palais fut rendu, le 1er juillet 1643, qui ordonna que d'Hémery retiendrait par ses mains 64,000 livres pour le fond dud. douaire qu'il devra payer à Charlotte de Castille, et pour garantie duquel paiement les terres de Tanlay, Saint-Vinnemer et autres seront entièrement affectées et obligées.

MAISON D'HÉMERY

1642-1704

Michel Particelle d'Hémery

1642-1650

AVANT de donner quelques détails biographiques sur d'Hémery, nous allons indiquer, pour ne plus y revenir, toutes les acquisitions que le surintendant fit en Champagne et en Bourgogne, dans un certain rayon autour de Tanlay et qui, dans sa pensée, devaient former les dépendances de la belle seigneurie à laquelle il voulut plus tard attacher son nom.

Dès le 1er avril 1640, il avait acheté de : 1° haut et puissant seigneur messire Charles-Henri de Clermont, duc de Luxembourg et de Piney, comte de Ligny, et de haute et puissante dame Marguerite-Charlotte de Luxembourg, son épouse ; 2° de haut et puissant seigneur Messire Henri de Levy, duc de Ventadour, et de haute et puissante dame Marie-Liesse de Luxembourg, son épouse :

1° Les fief, terre, seigneurie et baronnie de THOREY ;

2° Les bourg fermé et paroisse de Rugny, desquels relève le fief de la Motte du Trévol ;

3° Les bourg fermé et paroisse de Melisey ;

4° Le village de Chamelard ;

5° Les bourg et paroisse de Lignères, excepté la partie appartenant à M. de Saint-Phale, du Palis et Pontblin ;

6° Les bourg et paroisse de Bernon ;

7° Les bourg et paroisse de Cussangis, excepté la partie appartenant à la dame de Praslin et à M. le comte de Nicey ;

8° Les bourg et paroisse de Villon, excepté la partie appartenant au sieur comte de Tonnerre et au chapelain de Maulne ;

9° Les fief et moulin de La Donys, sis dans le bourg de Laignes ;

10° Plus les bourg, seigneurie et château de Savoisy, meyennant le prix de six vingt dix mille livres....   130.000

Lesdites terres et seigneuries appartenant à mesdames Marguerite-Charlotte de Luxembourg, et Marie-Liesse de Luxembourg, sœurs et filles de défunte Madelaine de Montmorency, au jour de son décès, femme de messire Henri de Luxembourg (1), laquelle Madelaine était fille de Guillaume de Montmorency, seigneur dudit Thorey et de Dangu, et de dame Marie de Lalain, et ledit de Montmorency, fils de Mr Anne de Montmorency, connétable de France, et de dame Marie-Anne de Savoie, auxquelles lesdites terres avaient appartenu.

Et les terre et seigneurie de Savoisy, appartenant auxdites dames de Luxembourg, en qualité de filles et héritières de feu messire Henri de Luxembourg, lequel était fils de François de Luxembourg, qui

A reporter.....   130.000

---

(1) Henri de Luxembourg prenait les titres de duc de Luxembourg et de Piney, pair de France, prince de Tingry, comte de Ligny et Roussy, souverain d'Aigremon, baron des baronnies de Thorey, Montberon, Dangu, Massy, Thourette, Essoyes, Savoisy, Saint-Martin d'Albois, Liancourt, Beloncourt, Saint-Pierre-en-Artois, conseiller du roy en ses conseils d'état et privé, capitaine de cent hommes d'armes des ordonnances de Sa Majesté. Il était fils de François de Luxembourg.

	Report.....	130.000

était lui-même fils d'Antoine de Luxembourg, auxquels la terre de Savoisy avait appartenu (1).

La même année, d'Hémery rendit foi et hommage à la cour des comptes de Dijon, et reprit de fief pour Savoisy, Bernon et Lignières, qui relevaient du duché de Bourgogne. Mais, lorsqu'il s'agit de prendre possession du château de Bernon, le surintendant le trouva occupé par un sieur Ange-Regnault de La Péreuse, maréchal-des-logis de la compagnie des chevau-légers de M. le marquis de Cruzy, auquel Charles-Henri de Clermont l'avait cédé, sa vie durant, pour le récompenser des services qu'il avait rendus à la maison de Luxembourg. Après quelques pourparlers, M. de La Péreuse se décida à vider les lieux, mais il fallut lui acccorder une indemnité de cent cinquante livres, ci...................... 150

Le 17 septembre 1641, d'Hémery fait acquisition de Louis de Pernes, veuf en premières noces de dame Claude d'Epinac, et tuteur des sept enfants mineurs issus de son mariage avec ladite dame, à l'exception de demoiselle Gabrielle de Pernes, âgée de 25 ans, et épouse de M. le marquis de Cruzy :

1° Des fief, terre et seigneurie d'AVREUIL ;

2° Des fief, terre et seigneurie de VANLAY consistant : 1° en fief de Commercy avec château et fossés dont relèvent les fiefs de Turgy, Erouard, la Barotte, Savoisy, Roncenay, appartenant à la succession de Gabrielle de Vaudrey, héritière de défunt Claude de Vaudrey, sieur de Vanlay, son frère ; 2° le château et fief d'Ameron, Burot, le Chastellier, la Latte, le tiers du cens commun, Couroy, Poirier-aux-Mères ;

3° Les fiefs, terres et seigneuries des BORDES, FINES et BASSES-VOIES, sis en la paroisse dudit Avreuil, relevant en plein fief d'Avreuil ;

A reporter..... 130.150

---

(1) La vente, par décret, de Thorey et dépendances, n'eut lieu que le 7 décembre 1641.

Report.... 130.150

4° Les quatre parties dont les neuf font le tout des fiefs, terre et seigneurie du Bas-Vaillères relevant du château de Chaource, les autres parties appartenant à la maréchale de Praslin et au sieur abbé de Lassis ;

5° Les terre et seigneurie de La Gesse, en partie, relevant du marquisat de Chaource ;

Moyennant la somme de six vingt un mille deux cent soixante livres tournois, ci.................. 121.260

Tous lesdits biens appartenant aux enfants mineurs de défunte dame Claude d'Epinac, en son vivant épouse de Louis de Pernes, chevalier, seigneur de Rouflat, Périgny, Epignac et autres lieux, et à Gabrielle de Pernes, sa fille majeure, épouse de Roger de Clermont, marquis de Cruzy. La dame d'Epinac les avait elle-même recueillis dans la succession de Gabrielle de Vaudrey, sa mère, au jour de son décès veuve de Gaspard d'Epinac.

A la suite de cette acquisition, d'Hémery se mit en devoir d'acquitter les droits féodaux qui pouvaient être dus, mais par ses lettres datées du 14 novembre 1641, Marie de Gonzague de Clèves, duchesse de Nivernais, de Mayenne et de Rhétellois, pair de France, déclare tant en son nom qu'en celui de sa chère sœur, la princesse Anne, « qu'ayant
« voulu témoigner à Mre Michel Particelle, seigneur
« d'Hémery, l'estime qu'elle a pour ses mérites et,
« en considération d'iceux, le traiter favorablement,
« elle lui remet et quitte tous les profits de fief et
« droits seigneuriaux qu'il pouvoit lui devoir à
« cause de l'acquisition par lui faite des seigneuries
« d'Avreuil, Roncenay, Commercy, Corroy, la Basse-
« Voie et Vaillères, mouvant de sa baronnie
« d'Ervy. »

Le 18 mars 1642, nouvelle acquisition par le surintendant de Louis Le Maistre, avocat du roi en

A reporter..... 251.410

Report..... 251.410

l'élection et grenier à sel de Tonnerre, des fief, terre et seigneurie de PRUZY, près de Coussegrey, pour le prix de douze cents livres tournois, ci..... 1.200

Cette terre avait été vendue précédemment au sieur Le Maistre, par le duc de Ventadour et Marie-Liesse de Luxembourg, sa femme.

Nous ne rappellerons ici que pour en mentionner le prix, la vente faite par Viguier et Catherine Chabot, le 13 septembre 1642, des terres de TANLAY, SAINT-VINNEMER, PAISSON, GIGNY, en partie, et LA CHAPELLE, aussi en partie, moyennant la somme de neuf vingt mille livres tournois, ci.............. 180.000

Pour Tanlay et Paisson, qui relevaient de Noyers, Anne de Montasie, comtesse de Soissons, montra le même empressement que Marie de Gonzague à s'attacher les faveurs du surintendant. « Désirant
« témoigner, dit-elle, à messire Michel Particelle,
« seigneur d'Hémery, conseiller du roy en ses con-
« seils et contrôleur général de ses finances, l'es-
« time que nous faisons de ses mérites, luy avons
« remis et quitté, remettons et quittons par ces
« présentes tous et chascun les proffictz de fief et
« droits seigneuriaux de quelque qualité et valleur
« qu'ils soient ou puissent estre et qu'il nous peut
« ou pourroit devoir cy après à cause de l'acquisi-
« tion qu'il a faicte ou pourra faire de la terre et
« seigneurie de Tanlay relevans et mouvans de nos-
« tre dicte seigneurie de Noyers. »

Notons, en passant, que l'abandon fait le 17 juin 1642, par Anne de Montasie, de ses droits seigneuriaux, était vraiment un procédé des plus gracieux envers le ministre, car il précédait de plus de trois mois l'acquisition que devait faire d'Hémery, et pour laquelle il n'était sans doute qu'en pourparlers.

Quant aux terres relevant du marquisat de Cruzy,

A reporter..... 432.610

Report.....	432.610

telles que Saint-Vinnemer, Gigny, etc., ce fut Louis de Pernes, beau-père de Roger de Clermont, qui intervint pour régler tous les droits de quint, requint, lots et ventes dont le chiffre fut fixé à six mille livres tournois.......................... 6.000

En 1645, d'Hémery achète encore des habitants de Rugny, un canton de bois, lieu dit Crevaudon, moyennant sept cent soixante-dix livres tournois, ci................................. 770

Enfin, il se rend acquéreur, en 1647, de moitié de la terre de Gigny, appartenant à Gilbert de Bigny, sieur de Préveranges, et à Jeanne Lecestre, sa femme, moyennant mille livres tournois de rente, rachetable de dix-huit mille livres, ci............ 18.000

Indiquons maintenant les acquisitions de terrains que le surintendant fit à Tanlay :

1° Le 22 septembre 1644, des RR. PP. Cordeliers, pour l'agrandissement du parc............ 2.000

2° En 1645, pour la démolition du moulin Dumez appartenant aux moines de Quincy.............. 2.000

3° En 1645-1646, des habitants de Tanlay, pour l'agrandissement du parterre, sur la rue de Quincy 5.837

4° En 1645-1648, de plusieurs, pour les avenues de Tonnerre et Saint-Vinnemer................ 2.868

5° En 1647, des habitants de Tanlay, pour la construction du boulevard..................... 3.949

6° En 1647-1648, des habitants de Tanlay, pour former l'étang du parc......................... 5.291

Ainsi, tant en châteaux que fiefs et terres situés dans un certain rayon autour de son manoir de Tanlay, les acquisitions faites par d'Hémery s'élevaient à la somme de quatre cent soixante-dix-neuf mille trois cent vingt-cinq livres, ci,............. 479.325

Mais ce dernier chiffre est loin de représenter la fortune immobilière du surintendant. Pour s'en faire une idée plus exacte, il faudrait y ajouter :

A reporter.....	479.325

Report..... 479.325

1° Les maison seigneuriale, enclos et avenue de LA CHEVRETTE avec la terre de LA BARRE, les fief, maison et vigne du PAIN, 400 arpents de bois dans la vallée de Montmorency, estimés en 1678...... 138.092

2° Les château, terre et seigneurie de CHATEAUNEUF-SUR-LOIRE, à 6 lieues d'Orléans, avec les métairies des CROTTEAUX, LA MOTTE, SAINVILLE, estimés......... 259.086

3° Les terre et seigneurie de SAINT-FLORENTIN......................... 80.000

4° Un grand hôtel à Paris, rue Neuve-des-Petits-Champs................... Mémoire

} 477.178

Nous arriverions donc à la somme énorme de neuf cent cinquante-six mille cinq cent trois livres   956 503

Or, si nous comparons la valeur du numéraire, au milieu du XVIIᵉ siècle, avec celle de notre monnaie, nous devrons estimer plus de six millions les biens fonciers que d'Hémery laissa à ses héritiers.

Maintenant que nous sommes sorti de cette longue et aride série de chiffres qu'il était nécessaire, croyons-nous, de faire connaître pour mieux apprécier les ressources dont disposait d'Hémery, nous allons essayer de rappeler quelques-uns des souvenirs qui se rattachent à la vie du surintendant et aux grands travaux qu'il fit exécuter à Tanlay.

Michel Particelle était d'origine italienne. Son père, Jean Particelli, attiré en France par son goût pour le négoce et par les faveurs dont jouissaient ses compatriotes, depuis le mariage d'Henri II avec Catherine de Médicis, vint s'établir, sur la fin du XVIᵉ siècle, à Lyon, qui était alors le centre et le grand régulateur du marché de l'or et de l'argent en Europe. Ses débuts furent assez heureux. Grâce à la confiance qu'il sut inspirer, il parvint à créer une maison de banque qui acquit en peu de temps une véritable importance. Mais, fatalement entraîné par la passion du lucre à des spéculations hasardeuses, il se vit contraint, à la suite de pertes considérables, de repasser les monts, afin d'échapper aux poursuites de ses créanciers (1).

C'est pour faire oublier sans doute cette scandaleuse aventure, que le fils de Particelli francisa son nom et se fit appeler Michel Particelle. Plus tard, ayant acquis, près de Sienne, la terre d'Hémery, il fut constamment désigné par le titre que lui donnait cette seigneurie.

Jeune encore, d'Hémery fut initié aux opérations de banque et à la conduite d'affaires qui exigeaient une aptitude spéciale et une grande souplesse d'esprit. Non seulement il savait grouper les chiffres avec un art infini et possédait une qualité aussi rare que précieuse : la mémoire des nombres, au point de citer des colonnes entières, sans omettre les fractions, mais il était patient, réservé et ne restait jamais à bout de ressources dans les circonstances les plus difficiles.

Parlons maintenant des grands travaux et des embellissements de tout genre exécutés par le surintendant.

En 1642, date à laquelle remonte son acquisition, le château était loin d'offrir l'aspect grandiose et l'unité de style qu'il présente aujourd'hui. En effet, d'Andelot avait simplement remplacé, au milieu du XVIe siècle, une des ailes de la forteresse féodale des Courtenay, située au midi, par un corps de logis mieux approprié au goût d'élégance et aux caprices de luxe que les architectes de la renaissance se plaisaient à répandre dans leurs œuvres. Ce corps de logis, avec les tours de la Ligue et de l'Horloge, le grand salon et la chambre dite de l'archevêque, avaient été soudés pour ainsi dire au vieux manoir qui, pendant si longtemps, avait abrité les descendants du roi Louis-le-Gros.

D'Hémery, que ses contemporains s'accordent à nous représenter comme un homme d'un goût éclairé, toujours prêt à encourager les arts et les artistes, sentit, aussitôt son installa-

---

(1) Une sentence de la conservation de Lyon, confirmée par un arrêt du Parlement du 9 avril 1620, condamna Jean Particelli à faire amende honorable, pieds et tête nus, en chemise, avec un écriteau portant ces mots : *Banqueroutier frauduleux*. Mais les Alpes protégèrent le coupable et lui assurèrent l'impunité.

tion à Tanlay, ce qu'avait de disparate et de choquant une habitation qui, dans son ensemble comme dans les moindres détails, accusait deux styles si différents.

Comme il disposait de ressources financières considérables, il résolut de transformer complètement le château qu'il venait d'acquérir.

Au moment de donner suite à ses projets, d'Hémery fut assez sagement inspiré pour prendre, comme modèle, le corps de logis élevé par d'Andelot. Il chargea en conséquence l'architecte Le Muet, qui avait acquis déjà une réputation méritée par la construction des châteaux de Pont (1) et de Chavigny (2), d'interpréter fidèlement sa pensée.

Celui-ci tenta de donner à tout l'ensemble des bâtiments une régularité parfaite. Mais l'entreprise était difficile, car il voulait utiliser les fondations de la vieille forteresse qui était un quadrilatère à côtés très inégaux. En effet, la façade du nord avait, au niveau des fossés, un développement de 53^m 50, tandis que celle du midi mesurait à peine 43 mètres.

Sacrifier à la symétrie était d'ailleurs fort difficile, à cause de la nature marécageuse du sol et des eaux qui baignaient la place.

Bien à regret, Le Muet se décida donc à modifier ses plans pour asseoir les constructions sur des fondations dont la solidité était éprouvée. Mais, comme le fait remarquer M. Petit, le château est bâti sur de si grandes proportions, les tours d'angles sont si habilement ménagées, qu'il faut examiner bien attentivement l'ensemble pour reconnaître les différences qui existent dans les façades et le défaut de parallélisme qui s'en est suivi.

Après les consciencieuses études auxquelles se sont livrés MM. Victor Petit et les frères Sauvageot, ce serait faire preuve d'une véritable témérité que de vouloir ajouter à l'œuvre si intéressante de ces savants archéologues. Le plus sage est donc de s'incliner devant des maîtres aussi autorisés et d'ac-

---

(1) Le château de Pont, en Champagne, fut bâti pour M. Bouthillier de Chavigny, surintendant des finances. Après avoir appartenu à Madame, mère de l'empereur, il passa entre les mains de M. Casimir Périer, qui le fit démolir.

(2) Chavigny était situé en Touraine.

cepter leurs observations et leurs critiques, sauf à mettre en lumière quelques faits historiques puisés dans nos archives et destinés à compléter la monographie du château.

D'Hémery n'ayant pris possession de la terre de Tanlay qu'au mois de septembre 1642, la saison se trouvait trop avancée pour lui permettre de commencer les travaux. Mais dès le printemps de l'année suivante, une véritable armée de tailleurs de pierre, de maçons, de charpentiers s'installe dans le village, tandis qu'à 5 kilomètres de distance, au hameau d'Angy, d'autres ouvriers sont occupés à extraire, des belles carrières précédemment exploitées par d'Andelot, toute la pierre de taille nécessaire aux nouvelles constructions.

Ce sont les *perrières* de Montot qui fournissent le moëllon destiné aux massifs de maçonnerie et à la fabrication de la chaux. Quant aux bois de charpente de grande dimension, on les tire des forêts de Paisson, de Lignières et de Bernon.

Noble Jean Pastel, « architecte du roy, entrepreneur des bastiments du chasteau », est chargé d'appliquer les plans de Le Muet et de diriger tous les travaux (1).

Parmi les principaux ouvriers placés sous ses ordres, nous indiquerons :

Nicolas Lejeune, maître appareilleur (2) ;

Liénard Longin, maître poseur ; Pierre Dubois, Charles Mérat, Edme Marquis, maîtres maçons. Ces différents chefs de chantiers employaient une foule de *compagnons Limosins*.

Citons encore les noms de David et Philippe de Varanbouville, Daniel Billard et Jean Sarré, maîtres charpentiers (3) ;

Claude Le Bé, sculpteur ;

Pierre Haury, maître plombier (4).

Anne Roy, maître couvreur ;

C'est noble Clément d'Arse, conseiller du roy, trésorier

---

(1) Jean Pastel était marié à Charlotte du Blet.

(2) Nicolas Lejeune avait épousé Catherine Le Maistre.

(3) Jean Sarré fut tué en tombant d'une lucarne, le 13 juillet 1643, et enterré dans l'église, proche les fonds attenant à la chapelle Saint-Hubert.

(4) Pierre Bonin, compagnon de maître Haury, tomba du château dans les fossés et fut inhumé dans la chapelle Saint-Hubert, le 26 janvier 1644.

général de France, garde scel au bureau des finances de Bourgogne et commis de Monseigneur d'Hémery, qui réglait toutes les dépenses et fournissait les fonds nécessaires à noble Pierre Laubin, capitaine du château (1).

Une telle agglomération d'étrangers nécessite la présence sur les lieux de deux barbiers-chirurgiens, les sieurs Jean Robert et Louis Anelot, qui donnent leurs soins aux malades et aux blessés.

La rapidité imprimée aux travaux devait avoir les plus heureux résultats. En effet, le gros œuvre du bâtiment placé entre la cour d'honneur et le parterre fut terminé à la fin de l'année 1643.

En 1644-1645, on construisit les deux ailes en retour avec les tours coiffées de calottes sphériques et reliées par une grande muraille décorée d'arcades au pavillon isolé appelé le donjon. Les deux obélisques, le pont de pierre donnant accès à la cour verte, avec sa première travée formant pont-levis, un autre pont communiquant du vestibule au parterre, datent de la même époque.

Les deux ailes dont nous venons de parler et qui renferment, d'un côté, les offices, les cuisines et le cabinet du régisseur; de l'autre, les remises et la buanderie, furent à peine ébauchées. Le Muet avait eu cependant l'intention d'y construire un premier étage avec des appartements richement décorés, mais ce projet ne fut jamais réalisé. Il tardait sans doute à d'Hémery de pouvoir habiter son château, aussi tous ses efforts furent-ils employés à terminer promptement le grand corps de logis où il avait hâte de s'installer.

Cette détermination est d'autant plus regrettable que Le Muet avait eu le dessein d'établir une superbe galerie voûtée avec arcs doubleaux dont on voit encore les pieds droits, pour communiquer directement des appartement du château à la chapelle placée dans la tour d'angle qui fait face au pont du parc appelé alors *pont des Gargouilles*.

Quant à la grande muraille décorée d'arcades, surmontée d'un chemin de ronde réunissant le donjon aux deux ailes du château, elle fut démolie peu de temps après la prise de

(1) Clément d'Arse était allié à Madelaine Lucas.

possession de Jean Thévenin, IIe du nom. Par suite de l'infiltration des pluies et des gelées, elle se trouvait *corrompue* en différents endroits, comme l'explique un procès-verbal de visite du mois d'octobre 1711. On jugea donc prudent de la raser jusqu'au niveau du sol, puis on la remplaça par une balustrade en pierre bordant le fossé et formant parapet. Si cette muraille assimilait davantage cette partie du château aux coutumes défensives féodales, nous devons avouer que sa suppression a donné en revanche beaucoup plus d'air et de lumière à la cour d'honneur.

La distribution primitive du corps de logis central et du pavillon placé en regard de la rue de Quincy a subi d'importantes modifications, à la suite de l'incendie qui ravagea cette partie du château, au mois de novembre 1761. Mais, nous avons hâte de le dire, tout ce qui échappa au sinistre et pouvait offrir une valeur ou un intérêt artistique fut conservé.

Loin de nous, la prétention de rendre compte des distributions nouvelles ; nous ne parlerons ici que des choses disparues, afin de reconstituer autant qu'il nous sera possible, l'état ancien du château quand d'Hémery l'habitait.

Tout en activant la construction du château, le surintendant ne négligeait aucune occasion d'en agrandir les dépendances.

Dès 1642, le 16 octobre, il échangeait aux RR. PP. Cordeliers 3 arpents 55 c. de terre provenant du sieur d'Origny contre un jardin et différents corps de bâtiments faisant partie de leur monastère.

Plus tard, le 22 septembre 1644, il acheta encore des religieux, moyennant 375 livres tournois, un jardin contenant 125 cordes, plus un chemin situé derrière le parc et allant de l'enclos du couvent à Quincy.

Voulant offrir aux RR. PP. Cordeliers un témoignage de bienveillance, d'Hémery leur accorda en pur don, une somme de 1,625 livres. En récompense, les Cordeliers lui accordèrent le droit d'ouvrir une porte qui lui permit de communiquer du parc à la Cordelle.

C'est en 1645 qu'il commença réellement à faire les acquisitions les plus importantes. Le parterre était alors très resserré au nord par des bâtiments dépendant de la rue de Quincy.

Pour dégager les abords du château, il acheta de 38 habitants (1), des maisons, granges et jardins, pour une somme de 3,745 livres 17 sous tournois.

Ces embellissements n'étaient, on peut le dire, que le point de départ de changements plus importants et surtout plus utiles. De mauvais chemins, souvent impraticables pendant la mauvaise saison, permettaient à peine de communiquer avec les villages voisins et surtout avec Tonnerre. Pour gagner cette dernière ville, il fallait alors passer par Commissey, où se trouvait le seul pont qui permît de franchir l'Armançon.

Frappé d'un inconvénient aussi grave, d'Hémery résolut d'y porter remède. A cet effet, il fit construire, en 1645, un pont à proximité de Tanlay même.

Toujours dominé par le désir de faire grand et beau en tout, il ne se contenta pas de rendre simplement carrossables les chemins de Tonnerre et Saint-Vinnemer, ce dernier tracé dans l'axe du portail ; il voulut que ces deux voies de communication, tracées en ligne droite, fussent encadrées d'avenues larges de 45 pieds, et plantées de deux rangées d'arbres (2).

Il était assurément difficile de réaliser ce dessein, car il s'agissait d'acquérir une quantité de parcelles appartenant à de nombreux propriétaires, dont les prétentions eussent pu embarrasser tout autre que le surintendant.

Heureusement que ce dernier disposait d'un argument sans réplique. Il payait comptant et bien au-delà de la valeur en « pistolles d'Espagne, quarts d'écus et autres monnaies son- « nantes et trébuchantes. »

Après avoir fait dresser par Pierre Parisot, arpenteur juré à Tonnerre, un plan d'alignement des avenues, noble Pierre Lobin, ayant charge des affaires de Monseigneur, se mit en

---

(1) Voir pièces justificatives, p. 201.

(2) A l'origine, le vieux chemin qui conduisait de Tanlay à Saint-Vinnemer et à Tonnerre, avait 18 pieds de large. Quand M. de Tanlay obtint en 1761 qu'une route passât par son avenue de Tonnerre, il abandonna sans indemnité une bande de terrain de 18 pieds de large en bordure de l'avenue.

L'adjonction de cette bande donna à la route une largeur de 36 pieds.

rapport avec les habitants de Tanlay et des villages voisins. Les pourparlers ne furent pas longs, car du 11 décembre 1645 au 22 janvier 1646, vingt et un actes authentiques constatent l'aliénation consentie par 91 propriétaires, de 30 arpents, 20 perches de terre, moyennant 2,922 livres 12^s 9^d tournois (1).

D'Hémery avait à peine terminé la plantation des avenues, qu'il formait le dessein de créer, à l'extrémité de son parc, un vaste étang que devaient alimenter les ruisseaux de Baon et de Quincy. Dès le 24 avril 1645, il avait acheté déjà de plusieurs particuliers, des terrains situés au climat de *Chaulme* ; en décembre 1647, et au commencement de 1648, son projet est réalisé et il fait réunir à l'ancien parc, tout l'espace compris entre la pièce de terre dite des *Carrés* et la pâture communale. D'après dix-huit actes reçus par Dumez, notaire, il avait acheté de 73 propriétaires de Tanlay, Baon et Tonnerre, 34 arpents, 46 perches 2/3, moyennant 5,293 livres 9 sous 6 deniers tournois (2).

En examinant ces actes, on est confondu de l'ignorance ou du parti pris de certains auteurs qui ont raconté ou plutôt travesti notre histoire locale.

C'est ainsi que Bouchu, intendant de la Bourgogne dit en parlant de Tanlay : « Quand on bâtit le château, on prit 34 arpents de pré aux habitants, et on ne leur rendit rien. »

Singulière allégation ! nous en sommes d'autant plus surpris qu'au moment où Bouchu la publiait, huit années à peine s'étaient écoulées depuis les acquisitions faites par d'Hémery et qu'il restait assurément de nombreux témoins des actes d'aliénation. Ou le narrateur a été trompé par des personnes intéressées à surprendre sa bonne foi, ou lui-même éprouva quelque satisfaction, dont le secret nous échappe, à dénigrer le surintendant.

Il est cependant bien certain que les titres que nous avons pu consulter ne laissent guère supposer aucune fraude à l'égard des vendeurs, tels que Claude Charrault, de Tanlay; Edme d'Origny, écuyer ; noble Claude d'Anstrude, l'un des vingt-cinq gentilshommes de la garde écossaise du roi ; Paul Dodun,

(1) Voir pièces justificatives, p. 202.
(2) Voir pièces justificatives, p. 205.

avocat; Jacques Rossel, élu de Tonnerre, et tant d'autres dont il est inutile de citer les noms.

Quant au paiement des terrains, comment le contester, puisque c'est Pierre Lobin, fondé de pouvoir de d'Hémery, qui délivre *manuellement* et *comptant*, en présence du notaire, les sommes dues à chacun des vendeurs.

Après avoir établi en travers du vallon de Quincy une chaussée de 330™ de longueur, destinée à retenir les eaux de l'Etang, d'Hémery fit édifier à l'une de ses extrémités une vaste construction en pierres de taille, qu'on appelle communément à Tanlay *Perspective* et qui domine un canal de 526™ de long sur 26™ de large. Cette belle pièce d'eau, alimentée par les cascades qui s'échappent du soubassement de l'édifice, est bordée de chaque côté par de belles allées qu'ombragent des arbres séculaires.

Afin de mettre le parc à l'abri des inondations que pouvait occasionner une surface d'eau affluente aussi considérable, d'Hémery prit soin de faire creuser derrière la *Perspective* un fossé très profond, destiné à servir de décharge à l'étang et de clôture au couvent de la Cordelle. Ce fossé correspond lui-même à un aqueduc de 205™ de long qui, traversant le massif du parc, vient déboucher au midi des bâtiments de la basse-cour actuelle.

Un autre aqueduc de 66™ de long a son amorce en tête du grand canal, passe sous la principale allée du parc et se relie au précédent. Il permet de donner également un libre cours au trop plein des eaux du grand canal.

Ces travaux hydrauliques exécutés par d'Hémery et qui échappent presque à l'œil du visiteur, ont coûté des sommes importantes. Pour en compléter l'énumération, signalons encore l'aqueduc qui commence au bas du grand canal et qui débouche à la hauteur de la scierie à bois (178™ de long); enfin celui qui sert de décharge aux fossés du château (22™ de long). Notons aussi les dimensions extraordinaires de ces conduites d'eaux, puisque deux hommes peuvent commodément y passer de front sans incliner la tête.

A quelques pas de la décharge des fossés, se trouvait le moulin dit *de la ville*, édifié par d'Andelot et restauré par le marquis de Mirebeau. Le surintendant entreprit d'en changer complètement la destination. Le goût du jour était aux grands parcs percés d'allées symétriques, garnis de hautes charmilles et décorés d'ifs formant les dessins les plus capricieux.

Pour donner de l'animation aux pelouses et aux bosquets pleins de mystère et d'ombre, c'était à chaque pas des bassins aux formes variées.

De leurs vasques ornées de mascarons et de chimères, s'élançaient vers le ciel des jets d'eau dont le murmure et la fraîcheur conspiraient pour charmer le promeneur.

D'Hémery n'eut garde de ne pas mettre à profit le moyen qu'il avait de diriger à son caprice l'eau des fossés dans son parterre et dans le parc.

Il n'eut qu'à établir, dans le moulin *de la ville*, une grande roue à godets qui remplissait un vaste bassin suffisamment élevé pour faire jouer de nombreux jets d'eau.

Cet appareil élévatoire, désigné dans tous les titres sous le nom de *mécanique*, ne fut supprimé que très tard, à cause des coûteuses réparations qu'il occasionnait.

Malgré les acquisitions faites par d'Hémery du côté de la rue de Quincy, le parterre avait beaucoup moins d'étendue qu'aujourd'hui, car il occupait à peine un carré d'environ 125 mètres de côté. Un ruisseau de 3 mètres de large environ alimenté par le *grand canal* et traversé par des ponts rustiques, parcourait gazons et bosquets en gracieuses sinuosités et par une cascade de 50 mètres de développement débouchait dans le biez du moulin établi sur le chemin de Commissey.

D'Hémery, à la même époque, poursuivait d'autres travaux avec une activité vraiment surprenante.

En 1647, il faisait entourer sur trois côtés (le quatrième était bordé par les parapets des fossés) la vaste cour désignée sous le nom de cour verte, à cause de ses belles pelouses, d'une haute muraille décorée de pilastres et de portiques d'ordre toscan.

Deux portes monumentales à fronton sculpté conduisent l'une au parc, l'autre aux communs, formant eux aussi un immense carré bâti d'un seul jet et avec une grandeur de style fort rare, nous dit M. Victor Petit.

Sur trois côtés, ces communs furent élevés dans les dépendances du château à l'endroit même où d'Andelot avait fait construire ses écuries, et Jacques Chabot son jeu de paume.

Mais l'aile du midi était immédiatement contiguë aux maisons de la rue Recorbe qui présentait, comme son nom l'indique, une ligne fort irrégulière. Afin d'éviter un défaut de parallélisme toujours disgracieux et de créer autour de sa demeure un large espace découvert qui pût l'isoler, le surintendant prit le parti d'acheter tout le pâté de maisons qui faisait obstacle à ses projets.

A cet effet, il fit dresser par maître Pastel, architecte du roi, le plan des terrains à acquérir pour établir un boulevard, et que lui cédèrent 24 habitants de Tanlay, moyennant 3949 livres. Les actes d'acquisition reçus par Dumez, notaire à Tanlay, du 7 juin au 31 août 1647, constatent jusqu'à la dernière évidence qu'il n'existait point alors de cours d'eau dans la rue Recorbe.

Il est d'ailleurs clairement établi que les maisons destinées à être démolies étaient la plupart voisines de la basse-cour actuelle ; l'une d'elles (1) était même contiguë au jeu de paume édifié par Chabot.

Un des actes de vente de 1647 suffirait à dissiper toute incertitude au sujet de l'inexistence antérieure d'un ruisseau. Il s'agit de la cession par Simon Mannignat, boulanger, d'une « petite place cy-devant en jardin, contenant 22 thoises de « superficie, partie dycelle employée dans le fossé entre les « deux bastions de devant le chasteau. »

L'importance de tous les travaux exécutés par d'Hémery était-elle au-dessus de la fortune dont il disposait ? Nous avons peine à le croire ; cependant nous voyons sa femme, Marie Lecamus, contracter en 1648 (28 août) un emprunt de 36,000 livres, au nom et comme procuratrice de son mari.

Elle affecte et donne en garantie du remboursement de cette somme les biens suivants :

1º L'hostel où lesdits sieur et dame d'Hémery sont demeu-

---

(1) Une maison de fond en comble vendue par François Pastou, assise en ladite rue Recorbe, près le jeu de Paulme, moyennant 145 l. tournois.

rants en la ville de Paris, rue Neuve-des-Petits-Champs, consistant en plusieurs corps d'hostel, cours et jardins.

2° Les terres et seigneuries d'Hémery, Tanlay et Vanlay, sises en Bourgogne.

3° La terre, baronnie et seigneurie de Thoré, sise près de Tanlay.

4• Item la terre et seigneurie de la Barre et la Chevrette, un fief appelé le Château-Vert, une ferme à Eaubonne, situés dans la vallée de Montmorency, près Paris.

5° Item 400 arpents de bois taillis, situés en la forêt dudit Montmorency.

6° Item la terre et seigneurie de Saint-Florentin.

7° Item la terre et seigneurie de Châteauneuf, située sur la rivière de Loire, à six lieues d'Orléans.

Après la mort du surintendant ce fut sa veuve, n'omettons pas de le dire, qui eut l'insigne honneur de faire disparaître les dernières traces de l'odieux vandalisme auquel s'étaient livrés les huguenots à Tanlay.

Sa piété ne l'amena pas seulement à doter ce pays de l'église qui existe aujourd'hui, mais à se consacrer à toutes sortes de bonnes œuvres. Les malheureux et les malades qu'elle assistait à leur chevet, furent toujours l'objet de ses prédilections.

Une de ses principales préoccupations fut de moraliser la population, en donnant aux enfants une éducation qui faisait alors presque complètement défaut dans les campagnes.

A cet effet, elle fonda en 1656, à Savoisy, Rugny, Melisey, Vanlay, des chapelles dont la dotation assise sur des fonds de terre d'un revenu annuel de 250 livres, devait être touchée par un prêtre, au choix de l'évêque de Langres. Ce prêtre devait dire à l'intention de la bienfaitrice, tous les dimanches et fêtes, une messe basse et « instruire dans sa chambre tous les enfants mâles de la paroisse, en la créance du cathéchisme et pour répondre à la messe, leur montrer à lire et à écrire. »

Extrait des acquisitions que monseigneur d'Hémery a faictes au lieu de Tanlay que finaige, tant en bastiments que chenevières, depuis le 13ᵉ Mars 1645, pour l'embellissement de son chasteau de Tanlay.

1645

Mars 13. — D'honorable homme Charles Mérat, mᵉ espareilleur et dame Jacqueline Le Mestre, sa femme, une maison avec vinée, cour, jardin et verger, assis en la rue de Quincy, moyennant........................	2.300ˡ »»ˢ
Avril 5. — D'honorable homme Claude d'Origny, bourgeois, et Jacques Dumez, mᵈ, 148 cordes de terre, assises dans le parc de mond. seigʳ nouvellement faict.......	443 10
Id. 5. — De dame Ester Prenant, vᵉ de mʳᵉ Pierre Dodung, bourgeois, et d'honorable homme André Legeley, 128ᶜ 3/4 de terre, assises devant le parcq de mond. seigʳ, en plusieurs pièces, moyennant	441 5
Id. 5. — D'Edme d'Origny, escuier, et de François Chesnez, tixier en toiles, 156ᶜ 1/2 de terre, assises devant le parcq, en plusieurs pièces, moyᵗ...............	382 3
Id. 5. — De Mᵉ Claude Chareault, juge, Edme Marmignat, Huguette Pondemey et Henri Renard, 81ᶜ 1/2 1/3 de terre, tant dans led. parc que dehors...............	257 10
Id. 6. — De Pierre Patenostre, vigneron, Blaise Thomassin, Didier Renard, 20ᶜ 1/3, tant dans le parcq que dehors.......................................	31 15
Id. 6. — De Joseph Roze, 110ᶜ 1/2	330 11
Id. 6. — De Charles Chauchefoin et Pierre de Crusy, 30 1/2	61 3
Id. 6. — De Fᶜⁱˢ Robert, prêtre, Pierre Regnaudot et Edme Colle, et Pierre Guiard, 21ᶜ 1/2	43 »»
Id. 6. — De Nicolas Dumez, Pierre Alliot, 40ᶜ, assises devant le parcq.....................................	103 »»
Id. 7. — D'Edme Bessonnat, Louis Marquis, maçon, 22ᶜ 1/2 au 1ᵉʳ, 10ᶜ au 2ᵉ, au total 32ᶜ 1/2, moyennant....	97 10
Id. 27. — De noble Nicolas Legeley, archer de la Reyne, demeurant à Gland, et d'hon. homme Andrey Legeley, son frère, bourgeois de Tanlay, un bastiment assis hors la fermeté dud. Tanlay, prosche le moulin d'en bas, avec les aisances et dépend., le verger, etc..........	400 »»
Mai 1ᵉʳ. — Jean Sallerat, labourʳ à Baon, Sébastien Velluot,	
A reporter......	4.888ˡ 67ˢ

Report.....	4.888¹ 67ᵉ
Patrois Goudin, Louis Blanchot, de St-Vinnemer, Pierre Jacquier, de Commissey, Toussaint du Deffand, 42° de terre, assises tant devers le parc que dehors, moyennant..	116 » »
Id. 1ᵉʳ. — De Pierre Goux, Toussaint du Deffand, Joseph Goux, Suzanne Boyvin, 5° 1/4.....................	10 10
Novembre 23. — D'Edme Estey, mᵈ, un bastiment de fond en comble, à Tanlay, en la rue de Quincy, en l'endroit ou mond. seigʳ fait son parterre, se consistant en chambre, grenier, estable et jardin, etc..........	750 » »
Plus 4° de terre à faire chenevière, situées aud. parq...	8 » »
TOTAL............	5.772 77

En plus des bâtiments, granges, etc., compris dans ces actes, d'Hémery achète 8 arp. 21° 33 de terre.

(Titres indicatifs n° 6.)

Avenues de Tanlay à Saint-Vinnemer

TANLAY ET SAINT-VINNEMER

1645

Décembre 14. — De Mᵉ Charles Thomas, conseiller du roy, esleu en l'élection de Tonnerre, Laurent Labosse, d'Annay, Pierre Manthelet (tant sur Tanlay que Commissey)	244ᶜ 1/4 —	230¹ 13ˢ 6ᵈ
Id. 14. — De Nicolas Jeannolle, Jean Guiard, Edme Nicault, Edme Marmignat, Pierre Goudin et Jacques Dujon, de Tanlay.....	79 —	65 14 6
Id. 14. — De Nicolas Dumez, Urbain du Deffand, Jean du Deffand, Nicolas Dumez, le jeune, Nicolas Bozard et Jean Esnard, de Tanlay.............................	56	53 19 6
Id. 18. — De Louis Marquis, Sébastien Galley, Blaise du Deffand, Jean Jamet, Pierre Guiard et Charles Chauchefoin, de Tanlay.	51 1/2 —	55 12 6
Id. 18. — De Didier Chapelain, de St-Vinnemer, Jean de Bonnerie, Jean Guilley, Magdelaine Patenostre, de Tanlay..........	14 1/4 —	11⁺ 18 »
Id. 19. — De Claude Botot, Nicolas Botot, rectʳ des écoles d'Ancy-le-Franc........	81 3/4 —	80 » » »
Id. 19. — De honorable homme Pierre Dau-		
A reporter.....	526ᶜ 3/4 —	494¹ 78ˢ 4ᵈ

Report.....	526c 3/4	—	494l 78s 4d
dun, commissaire de l'artillerie, à Tanlay, soi portant fort pour dame Ester Prenant, sa mère, hon. he Claude d'Origny, bourgeois, Me Mathieu Jacquillat, à Tonnerre.	160 1/4	—	194 3 3
Id. 19. — De hon. homme Jacques Dumez, md, Sébastien Née, maistre de la poste et relais de Tanlay, y demeurant (avenue de de St-Vinnemer et de Tonnerre)........	286 1/4	—	395 10 »
Id. 26. — De Huguette de Chaulnes, ve de feu Paul Le Clerc, vivant bourgeois de Tonnerre..............................	131	—	154 4 »
1646			
Janvier 9. — De dlle Charlotte Seguin, fe de noble Edme d'Origny, escuyer de la gde escurie du roy et capit. entretenu de l'infanterie de France, d'hon. homme Charles Mérat, bourgeois à Tanlay (avenue qui va à Tonnerre, finage de Tanlay)..........	152 3/4	—	250 1 »
Id. 13. — De Jean Regnaudot, de Tanlay, pr Judith et Edme Regnaudot.......... plus mt de terre prosche St-Esmillien.	88	—	74 2 »
Id. 22. — De Me Claude Chareault, juge de ce lieu et de Commissey..............	64 1/4	—	100 »» »
Totaux	1409c 25	—	1661l 98s 7d

40 habitants de Tanlay et St-Vinnemer comparaissent dans les douze actes indiqués ci-dessus.

Avenues de Tanlay à Tonnerre

COMMISSEY

1645

Décembre 11. — De Edme Richardot, Me Jean Bessonnat, lieutenant, Pierre Blanchart, greffier, Jean Turmeau, Parceval Brain, André Gogois, François Larbouillat, Toussainct Dhiver, Edme Chouard, Antoine Bernard, François Dautung, Nicolas Larbouillat, Valentin Larbouillat, Denis Manthelet, Nicolas Barbenoire, Jeanne Martin, Pierre Barbenoire, Phelippes Gougoix, Marguerite Gougoix, Fels Bourgeois, Jean Churnot, Philippe Vaudeau et Pierre Jacquenier, demeurants à Commissey......	509c	—

Report.....	509ᵉ —	
Tous lesquels héritages et vignes assis et situés au finaige de Commissey, en ladvenue qui se fait tirant du pont qui se construit sur la rivière Darmançon, au finage de Tanlay au lieu de Tonnerre, aux climats des Poiriers, champ du Piérois, champ de la Grange et autres climats, moyennant........................	—	435ˡ 13ˢ »
Id. 12. — De noble homme Hardy Brotz, harcher de la porte de la maison de la Reyne, Jean Marquis, Michel Regnard, Valentin Larbouillat, Urbain Leger, Anne Grosjean, de Commissey, Didier Moyne, de Soulangis, Sébastien Larbouillat, de Quincy, Fᵒⁱˢ Larbouillat, de Junay, Simon Raffard, de Molosmes, Pierre Bourgeois, de Commissey......................	132 1/3 —	130 4 4ᵈ
Id. 12. — De Jean Mourot, Pierre Morot et Jeanne Morot, de Commissey..........	11 1/4 —	14 8 1
Id. 18. — De Mᵉ Fᵒⁱˢ Bourgeois, procureur d'office de Commissey, Edme Bessonnat, lieutenant aud. lieu, Mᵉ Pierre Blanchard, greffier, et Louis Martin, l'un des fabriciens de l'église paroissiale de Commissey	39 1/3 —	34 13 9
Id. 31. — De Richard Boinvrot, de Tonnerre, Louis Martin, de Commissey...........	2 1/4 —	7 4 »
Id. 26. — De Jean Bourgeois, procureur au bailliage de Tonnerre, Virginal Orgeron, sergent, Joachim Bourgeois, mᵈ, Michel Rolland, tonnelier, et Marie Lache (lieudits les Poiriers, Vauperon, le champ des Pierres et Mantheau).................	104 1/4 —	97 17 »
1646		
Janvier 11. — De Edme Faulconnier, président au grenier à sel de Tonnerre......	377 1/4 —	382 4 6
Id. 18. — De Messieurs les vénérables religieux et couvent de l'abbaye de St-Martin, en plusieurs lieux et places, assis au finage de Commissey...............	123	— 136 »» »
Id. 18. — De Messieurs les vénérables religieux et couvent de l'abbaye N. D. de Quincy (au champ des Pierres et du Mantheau)...........................	22 1/6 —	19 7 6
TOTAUX...........	1320ᶜ 82 —	1254ˡ 72ˢ 6ᵈ

Dans l'acte du 26 décembre 1645, on lit : que les portions

et héritages qui sont vendus à d'Hémery « se sont trouvés
« dans l'alignement de l'advenue et chemin que ledit seigneur
« faict faire pour tirer du pont qui se construit de présent sur
« la rivière d'Armanson, prosche led. Tanlay, du costé de
« Tonnerre.

« Le tout suyvant que lesd. héritages sont apportés en l'ar-
« pentage fait par Pierre Parisot, arpenteur juré aud. Ton-
« nerre, et par luy affirmé en la justice de Tanlay le XXIX
« novembre dernier. »

51 propriétaires figurent dans les neuf actes de vente ci-dessus. La plupart sont de Commissey, d'autres de Junay, Soulangis, Tonnerre, Molôme, etc.

Acquisitions faites par d'Hémery pour former l'étang près de son parc, suivant actes reçus Dumez, notaire à Tanlay.

ÉTANG

1647

Décembre 2. — De Didier Dumez, sergent, Catherine Galley, vᵉ de défunt Jean Barbenoire, Jean Guilley, Jean Dumez, charpentier, Jean du Deffand, sergent, Judith du Deffand, Jean Renard, Lignard Guilley, Fᵒⁱˢ Chasnez, Edme Marmignat, Pierre Patenostre et Edme Marquis............	127ᶜ —	318ˡ 19ˢ ″ᵈ
Id. 3. — De Valentin Mairey, sergent, Royer et Simon Goubaut, mari d'Anne Regnaudot, de Tonnerre..................	427 1/2 —	688 5 »
Id. 8. — D'Alexandre Bouchu, Sébastien Galley, Pierre Alliot, Henri Evrard, Magdeleine Galley et Roch Léger.........	217 1/2 —	377 15 »
Id. 9. — D'Edmo Estey, Louis Blanchot, Suzanne Boivin, Charles Roze, Nicolas Bozard et Edme Moyne...............	100 —	191 » »
Id. 9. — Claude d'Origny, Pierre Fortin,		
A reporter.....	872ᶜ —	1574ˡ 39ˢ ″ᵈ

Report.....	872ᶜ —	1574ˡ 39ˢ ᵈ
Pierre Goux, Claude Botot, Nicole Rodot, Jean Guiard......................	139 1/4 —	269 7 »
Id. 9. — André Legeley, Claude Le Roy, Jean du Deffand, Léonard Esnard, Pierre Regnaudot, Nicolas Dumez, Barbe Dumez, Pierre Berain, Pierre Goudin...........	394 3/4 —	597 »» »
Id. 9. — Louis Marquis, Nicolas Truffot, Jacques Dumez, Jean Burey, Antoine Beriost...........................	66 3/4 —	106 7 »
Id. 10. — Jean Renard, charpentier.......	73 3/4 —	133 13 »
Id. 10. — Edme d'Origny, escuier de la gᵈᵉ escurie du roy et capitaine entretenu de l'infanterie de France, Pierre Goudin, Edme Hurey, Valentine Bernard, Nᵃˢ Dumez...........................	54 1/2 —	110 5 »
Id. 10. — De Edme Nicault, Denis Durant et Urbain du Deffand.................	51 1/2 —	127 5 »
Id. 10. — De Claude Charrault, juge des terres et seig. dud. Hémery...........	132 3/4 —	247 12 »
Id. 10. — De Charles Mérat............	240 —	381 10 »
Id. 19. — De Huguette de Chaulne, vᵉ de Paul Leclerc, avocat à Tonnerre, Charles Thomas, esleu de Tonnerre, Pierre Mantelet, Laurent Labosse...............	485 3/4 —	601 15 »
Id. 29. — D'Edme Hurey, procureur de Théodore Jazu.........................	21 —	52 10 »

1648

Janvier 3. — Sébastien Née.............	181 —	286 5 »
Id. 4. — De noble Claude d'Anstrudes, escuyer, l'un des 25 gentilshommes de la garde écossaise du roy, tant en son nom que au nom de dˡˡᵉ Péronne de Buttes, vᵉ de feu noble Charles d'Anstrudes.......	298 —	356 10 »
Id. 12. — De Paul Dodung, advocat.......	52 3/4 —	75 12 6
Id. 21. — De Jacques Rossel, conseiller du roy, élu de Tonnerre.................	7 3/4 —	19 7 »
Id. 21. — D'Edme d'Origny, écuyer.......	345 —	214 2 »
Totaux	3416ᶜ 50 —	5178ˡ 59ˢ 6ᵈ

Le climat de Chaulme comprenait de nombreuses parcelles, puisque dans ces dix-sept actes de vente, 69 propriétaires vendent à M. d'Hémery les biens qu'ils possédaient dans cet endroit.

(Titres indicatifs n° 8.)

TANLAY

24 Avril 1645

Vente par noble homme Jacques Rossel, conseiller du roy, élu en l'élection de Tonnerre ; Théodore Jazu, procureur ; Edme Canif, pêcheur, et Nicolas Largot, vigneron, demeurants à Tonnerre............ } 30 cordes 25^{ces} à noble homme Pierre Lobin, ayant charge des affaires de M. d'Hémery et capitaine du château de Tanlay, de différentes pièces de terre et pré, au finage de Tanlay, lieu dit Chaulme, moyennant 108¹ 10ˢ tournois.

(Titres de propriété n° 7.)

Michel Particelle d'Hémery

BARON DE THOREY

1650-1668

Si le vaste et beau manoir de Tanlay n'a pas cessé, depuis le XIIIᵉ siècle, d'appartenir à des hommes qui, par leur haute origine ou leur valeur personnelle, ont marqué leur place dans l'histoire du pays, celui qui leur succède, à la mort du surintendant (1650), ne nous est guère connu que par ses extravagances et ses folies.

Les traces qu'il nous a laissées de son passage à Tanlay, sont donc sans grand intérêt pour notre histoire locale; mais en revanche, les mémoires du temps contiennent une foule d'anecdotes qui, malgré leur évidente exagération, nous permettent d'apprécier à sa juste valeur ce singulier personnage, dont les excentricités fournirent plus d'un trait à La Bruyère. Michel Particelle d'Hémery, plus connu sous le nom de baron de Thorey, éprouva de bonne heure une violente passion pour la fille du président Le Coigneux (1) qui, pendant que son

---

(1) La famille Le Coigneux était très ancienne. Guillaume Le Coigneux mourut en 1505, et Sara Ral, sa femme, en 1517; on voyait leur épitaphe au charnier des Innocents. Leur fils Gilles, fut procureur au parlement, et leur petit-fils Antoine Le Coigneux de Lierville, mai-

père était en Angleterre avec la reine-mère, avait été placée chez madame du Boulay, sa parente. Mais d'Hémery s'opposa à cette union, et pour en éloigner plus facilement son fils, le fit venir à Turin, où il était ambassadeur auprès de Christine de France, duchesse de Savoie. C'est là que Thorey commit une de ses premières extravagances.

Etant devenu amoureux de la duchesse, il se cacha dans sa chambre pour tenter la fortune, après que tout le monde serait sorti. « A peine madame fut-elle seule que Thorey se jette sur « le lit ; elle le reconnut, cria et le fit mettre dehors, priant « toutefois qu'on ne lui fît aucun mal. » Après cette sotte épuipée, son père le fit partir, la nuit même, et rentrer en France. Quant à Thorey, il racontait pour s'excuser qu'il était amoureux d'une des filles de madame, et qu'il avait pris une chambre pour l'autre. « La vérité est qu'il était fou, mais qu'il « ne l'était pas toujours. (1) »

Désolé de pareilles folies, d'Hémery fit conduire son fils dans la maison de Petit, l'un de ses secrétaires, où il tomba malade. Résolu de s'en défaire à tout prix, le surintendant écrivit à Petit : « Faistes enterrer une bûche au lieu de mon fils, et l'envoyez dans quelque couvent bien loin. » Petit n'en fit rien, croyant ramener ce jeune écervelé, mais il en fut très mal récompensé dans la suite, car Thorey chercha tous les moyens de lui susciter des ennuis.

Devenu, grâce à l'influence de son père, président aux enquêtes, il fut invité certain jour à une collation à Meudon où, par l'effet du hasard, il fit la rencontre de sa première maîtresse, mademoiselle Le Coigneux, qui était mariée à un gentilhomme de Champagne, nommé Sémur, alors à l'armée. « Thorey se renflamme, la traite et devient assez familier avec

tre des comptes, en 1572. Il exerça cette charge jusqu'au 12 juillet 1599. Antoine laissa deux enfants : Jacques et Nicolas. Le premier fut d'abord président à mortier au Parlement de Paris (1630), puis chancelier du duc d'Orléans, frère de Louis XIII. De son mariage avec Marie Droguet, vinrent Jacques Le Coigneux, marquis de Montmeillan, président à mortier en place de son père, le 20 août 1652, et Geneviève, fille d'honneur de la reine-mère, qui épousa en premières noces N... Le Cirier, baron de Sémur, et en secondes noces, le baron de Thorey.

(1) Tallemant des Réaux.

« elle. De son côté, mademoiselle Le Coigneux qui, d'après
« Tallemant des Réaux, était jolie, spirituelle, avait bien
« du feu. » Bref, monsieur de Sémur était gravement menacé
dans son honneur d'époux, quand la mort le délivra de ce
cruel chagrin et permit aux deux amants, six semaines après
son trépas, de se jurer une éternelle fidélité au pied des
autels. Mais à deux jours de là, Thorey était déjà en proie au
plus violent désespoir, disant à tous que c'était une sotte chose
et qu'il commençait à être bien las de sa femme. Quant à
madame la présidente, si elle avait certaine réputation de
beauté, elle passait en même temps pour fort peu instruite des
choses du monde et étonnait les gens par sa naïveté. Quelques
mauvaises langues accusaient ouvertement son beau-père de
lui faire trop de civilités, mais ce qui paraît certain c'est que,
par ses relations trop intimes avec l'abbé Pellot, parent de
madame d'Hémery, elle excita au plus haut point la jalousie
de son mari.

« Durant les chaleurs, ce jeune abbé s'était couché sans
« pourpoint, sur des chaises, dans la chambre de madame de
« Thorey. La dame vint, et lui, en riant lui alla sauter au
« cou : le mari arriva en ce moment là, et se mit à coups de
« poing sur l'abbé qui se sauva comme il put. M. d'Hémery
« disait : « Elle sera si sotte, qu'elle ne se divertira pas et
« pourtant le fera croire à tout le monde. »

Lors de la maladie dont mourut son père, il fit lever, à
minuit, la serrure de la chambre de sa femme pour voir s'il
n'y avait personne avec elle : le père en éprouva un si violent
chagrin que cela augmenta beaucoup son mal. Mais il mit surtout le comble à son ingratitude, en disant du surintendant
qui avait fait beaucoup de sacrifices pour l'instruire : « C'est
« le plus damné des hommes : il a été deux fois surintendant
« et il laisse pour deux cent mille écus de dettes. »

Malgré les sottes aventures qui lui arrivaient à tout propos
et qui faisaient justement douter de sa raison, Thorey tenta
cependant, après la mort de son père, de s'occuper de l'administration de ses biens. C'est ainsi que le 14 juin 1650, il
donna pouvoir tant pour lui, en sa qualité de fils aîné et principal héritier, par bénéfice d'inventaire, de haut et puissant
Michel Particelle, seigneur d'Hémery, Thorey, Tanlay dit

Hémery, Vanlay, Châteauneuf, La Chevrette et autres lieux, conseiller du roi, etc., que pour et au nom de dame Marie Particelle, épouse de messire Louis Phelypeaux, chevalier, seigneur de la Vrillère, sa sœur puînée, à messire Charles Béraut, sieur de la Bretannière « de faire et porter tant au
« roy nostre sire que tous autres seigneurs et dames qu'il
« appartiendra les foy hommage et serment de fidélité qu'il
« est tenu faire et porter à cause des terres et seigneuries de
« Tanlay, etc., le tout appartenant aud. seigneur constituant
« es-dits noms par le décès dudit défunt d'Hémery, son père. »

Comme la mort du surintendant était toute récente, et que certains officiers de justice étaient indécis de savoir au nom de quel seigneur ils devaient exercer leurs fonctions, le président de Thorey fit parvenir le 22 juin 1650, au sieur Coistard, avocat à Tonnerre, la lettre suivante : « Monsieur, il
« faut que vous escriviez à tous les juges de par de là que l'on
« fasse la justice au nom de madame d'Hémery et en mon
« nom, comme fils aîné et héritier par bénéfice d'ynventaire,
« de monsieur d'Hémery. Cette lettre servira de réponse à
« beaucoup que j'ay reçues (1). »

Le 27 juin 1650, il rendit foi et hommage au comte de Tonnerre, et quelques années plus tard (5 avril 1655), il vendit des coupes de bois dans la haie de Bernon. Mais ce sont là les seules preuves qui témoignent de sa part, le désir de veiller à ses intérêts.

En effet, c'est Marie Le Camus, sa mère, qui, le 6 mai 1654, paya tant en son nom, qu'en celui de Marie Particelle, épouse de Louis Phelypeaux, secrétaire d'Etat, à messire Roger de Clermont, marquis de Cruzy, baron de Chaunes, seigneur de Ravières, La Chapelle, Villon, Maulne et autres lieux, « les
« droits de quint et requint qui lui étaient dûs à cause de l'ac-
« quisition faite par défunt Michel Particelle, seigneur d'Hé-
« mery, surintendant des finances de France, le 23 octobre
« 1647, des sieur et dame de Préverange, de la terre et sei-
« gneurie de Gigny, sise en Champagne, relevante du mar-
« quisat de Cruzy (2). »

(1) Arch. du château.
(2) Arch. du château de Tanlay (ces droits s'élevèrent à cinq mille livres).

Le 1ᵉʳ juillet suivant, elle rendit encore foi et hommage à messire François de Clermont, abbé commendataire de l'abbaye de Molôme, « pour le fief de Lignières, l'étang de « Melisey de présent en pré, la lame dicelluy et la place du « moulin Giraud, de présent en ruyne, à cause de ladite « abbaye royale de Saint-Pierre de Molôme, dont ces biens « relevaient en fief. »

Peu à peu, madame de Thorey s'était ingérée dans les affaires de son mari, au point de diriger, sans lui demander avis, le service de sa maison. Comme elle rentrait certain jour chez elle, le président alla demander au cocher qui dételait ses chevaux : « Cocher, d'où vient madame ? — Monsieur, « répond le cocher, voilà le meilleur cheval que j'ai jamais « vu. — Je te demande d'où vient madame ? — Monsieur, il « a toujours été à courbettes, il n'y en eut jamais un de même. « — Ce n'est pas ce que je te demande. — Monsieur, il vaut « cinq cents écus de bonté. » Il n'en put jamais tirer autre chose. Elle finit par gagner tous ses gens et ceux de son mari et par persuader à celui-ci qu'elle devait vivre à sa fantaisie.

Presque tous les ans, le président de Thorey venait passer les vacations à Tanlay, où il recevait nombreuse compagnie. Jeannin de Castille, trésorier de l'épargne, Bois-Robert (1), Gilles Boileau (2), MM. de Chanaleil, de Louvencourt (3), Jacques Le Coigneux (4), son beau-frère, étaient ses hôtes habituels.

Madame d'Hémery, sa mère, affectionnait ce séjour, où elle

---

(1) Bois-Robert, né à Caen, vers 1592, mort en 1662, devint par ses bons mots, quelque peu de littérature et de souplesse, l'un des familiers du cardinal de Richelieu, sur l'esprit duquel il exerça une grande influence. Grâce à cette haute faveur, il obtint de nombreux bénéfices, tels que le prieuré de La Ferté-sur-Aube et l'abbaye de Châtillon. Il fut encore nommé aumônier du roi et conseiller d'Etat.

(2) Gilles Boileau était fils aîné de Boileau-Despréaux.

(3) Bernardin de Louvencourt, conseiller du roi en sa cour de Parlement de Normandie, et Geneviève Le Coigneux furent parrain et marraine le 18 avril 1648. (Actes de l'état civil de Tanlay.)

(4) Jacques Le Coigneux, conseiller du roi en ses conseils d'Etat et privé, président de sa cour de Parlement, marquis de Montmeillan, tint un enfant sur les fonts de baptême de Tanlay, le 28 septembre

se livrait à des œuvres de bienfaisance et de piété, dont le souvenir s'est conservé jusqu'à nous. C'est grâce à son initiative que le président obtint en 1655, de l'évêché de Langres, l'autorisation de construire une nouvelle église « sur la place qui « est située devant son chasteau, sur l'exposé que celle qui « existe à présent tombe en ruines et est située en lieu fort « incommode aux paroissiens, offrant de la faire édiffier à ses « propres frais et despens. »

Vers la Saint-Martin 1659, le baron de Thorey devint plus fou que jamais, et sa femme prit le parti de le garder à Tanlay. « Par ordonnance du médecin, quatre valets, dès qu'il « entre en son accès, le fouettent dos et ventre. Ce qu'il y a « de plaisant, c'est que ces mêmes valets, aussitôt qu'ils l'ont « bien étrillé et qu'il est revenu, sont auprès de lui dans le « plus grand respect du monde. Ses parents vouloient en être « les maîtres ; mais le président Le Coigneux a maintenu sa « sœur ; aussi elle se venge des tourments qu'il lui a donnés. « On dit qu'il a de longs intervalles, et que cela ne lui prend « que comme la fièvre quarte, mais sans manquer ; de sorte « qu'on l'enferme de bonne heure (1). »

Ces accès de folie étaient souvent fort désagréables pour ceux qui avaient des rapports d'affaires avec lui. Nous en citerons comme exemple l'aventure dont faillit être victime Pierre Charrault, bailli de Tanlay, qu'il prit certain jour pour M. de La Vrillière, avec lequel il était en procès. Il se jeta sur lui et tenta de l'étrangler. Mais celui-ci, s'apercevant qu'il n'avait plus sa raison, se mit à le battre de son côté et, à force de coups, parvint à le remettre dans son bon sens.

Comme il se disposait, dit Tallemant des Réaux, à profiter de ces dernières vacations, pour se rendre à Tanlay, il pria Boileau de l'accompagner. « Mais quand il fallut monter en « carrosse, et que la présidente pensait se mettre au fond, « auprès de lui, sa fièvre le prend ; il lui dit qu'il ne voulait « pas qu'elle y allât. « Mais, monsieur, répondit-elle, vous

---

1653, avec madame de Thorey, sa sœur. Celle-ci fut encore marraine le 24 avril 1647 et le 10 octobre 1655. (Actes de l'état civil de Tanlay.)

(1) Tallemant des Réaux.

« m'avez fait envoyer toutes mes hardes, la maison de céans
« est démeublée. — Je ne veux pas que vous y veniez ; » et
« comme elle descendait du carrosse, il lui donna deux coups
« de pied. Il dit à Boileau : « Ne voulez-vous pas venir ? —
« Dieu m'en garde, dit Boileau, vous m'assommeriez. » Aus-
« sitôt voilà une révolte générale du domestique : cocher,
« postillon, laquais, tout l'abandonne. Elle qui voulait qu'il
« s'en allât, fit si bien (car les gens disent tout haut que sans
« elle, ils ne demeureraient pas dans la maison) que le cocher
« se résolut à mener le président ; un grand laquais servit de
« postillon, car le postillon ne voulut jamais, et un autre
« laquais le suivit. Il n'eut que cela pour tout train. »

Il comprit enfin combien sa conduite était extravagante, et écrivit de Juvisy à sa femme et à Boileau, pour leur en témoigner tous ses regrets. Ceux-ci, jugeant que son repentir était sincère, se décidèrent à aller le rejoindre à Tanlay.

Madame de Vitry et madame de Maulny vinrent également à Tanlay et, par leurs caresses, firent perdre la tête à Boileau, dont la fatuité n'était pas le moindre défaut. « Voyez, lui disait M. de Maulny, comme M. de Vitry est jaloux de vous. » Puis, un instant après M. de Vitry lui faisait confidence du désespoir de M. de Maulny, ajoutant : « Regardez ce pauvre M. de Maulny ; vous lui mettez bien martel en tête. »

Mais le bonheur de Boileau était surtout de laisser croire qu'il avait gagné le cœur de madame la présidente. Pour cela, il lisait quelques-unes de ses lettres, affectant de passer certains endroits par trop compromettants. La vérité, c'est que s'il avait reçu des billets assez obligeants de madame de Thorey, sa vanité seule le portait à en faire un tel usage, car rien ne paraissait justifier ses prétendus succès.

A leur retour de Tanlay, où ils avaient reçu pendant deux mois la plus gracieuse hospitalité, Bois-Robert et Boileau n'eurent garde de manquer si belle occasion de répandre les plus sottes histoires. Avec sa suffisance ordinaire, Gilles Boileau prenait un malin plaisir à ridiculiser le président. Il disait que madame de Thorey le prenait par-dessous la gorge et lui disait : « Que tu es pédant ! » Ces plates et ridicules allusions finirent par agacer Scarron, qui fit pleuvoir un déluge d'épigrammes sur la tête du *petit* Boileau. Celui-ci essaya d'y répondre par une lettre adressée au chancelier Séguier. Nous en citerons le passage suivant qui a trait à son séjour à Tanlay : « Je n'ai point été à Thoré avec l'abbé de « Bois-Robert, comme dit Scarron, j'ai été à Tanlay avec « madame la présidente de Thoré. Je suis persuadé que vous « connaissez assez M. le président de Thoré pour croire que ce « ne fut pas sans me faire prier auparavant que je m'embar- « quai à ce voyage. Il est vrai que je trouvai dans le pays M. « l'abbé de Bois-Robert, et il est témoin de l'accueil que l'on « m'y fit. C'est tout vous dire, qu'après que nous eûmes passé « un mois ensemble, comme j'étois prêt de m'en retourner « avec lui, M. le président, contre sa coutume, me retint à « toute force. Je dis, Monseigneur, contre sa coutume, car il « faut lui rendre cet honneur que s'il ne reçoit peut-être pas « de la meilleure grâce du monde, il n'y a point d'homme en « récompense qui congédie de meilleur cœur. Je ne revins « point par le coche, ni par le messager, parce qu'il n'y en a « point en ce pays la, et s'il y en eut eu, j'eusse peut-être été « bien aise de prendre cette voie... Je revins tout seul jusques « à Sens sur les chevaux de M. le Président, et ce fut là qu'il « m'échut à la vérité une assez mauvaise monture qui me « mena jusqu'à Montereau... Je vous avoue, Monseigneur, que « toutes les fois que je songe à l'entrée que je fis dans cette « petite ville, il me prend envie d'en rire. »

Si le tableau que Tallemant des Réaux nous trace des travers du baron de Thorey paraît un peu chargé, nous devons avouer cependant que, malgré le libertinage d'esprit avec lequel il soulève les voiles assez diaphanes qui recouvraient les désordres de son temps, les faits qu'il nous révèle, présentent dans leurs moindres détails un caractère de sincérité qu'on ne saurait mettre en doute. S'il s'arrête de préférence sur le côté licencieux de la société, s'il immole trop souvent la noblesse à ses préventions exagérées, afin de venger la bourgeoisie de la condition humiliante dans laquelle elle vivait, nous devons également reconnaître qu'il a dû puiser à des sources sûres les curieux renseignements que contiennent ses récits.

Mais il serait cependant dangereux pour obtenir une peinture fidèle des mœurs du XVIIe siècle, de porter des regards trop indiscrets sur la vie intime des grands personnages de l'époque et de mettre en tiers la postérité entr'eux et leurs valets de chambre. D'un autre côté, sied-il bien de juger ces mœurs sur les idées et les règles d'un autre temps ? Tout se tient et s'enchaîne dans la société et dans la vie : une époque troublée comme la Fronde devait agir diversement sur les âmes et y semer toutes les passions à la fois. N'est-ce pas ce contraste de grandeur et de faiblesse qui nous captive et qui est l'attrait le plus puissant de ce monde évanoui ?

A partir de 1659, date à laquelle Tallemant termina ses *historiettes*, nous n'avons plus guère de renseignements sur le baron de Thorey. Sa présence à Tanlay, jusqu'en 1660, paraît cependant hors de doute, puisqu'il y nomma Edme d'Origny comme capitaine de ses chasses, et qu'un sieur Pierre Chatron prend, à la même époque, le titre de veneur de M. le président.

Sa raison s'altéra sans doute de plus en plus, car le 22 octobre 1662, M. de La Vrillière était chargé d'administrer la terre de Tanlay, en qualité de « curateur à la personne et aux « biens de messire Michel Particelle, seigneur et baron de « Thorey, dudit Tanlay et autres lieux. »

La date que nous venons d'indiquer est celle d'un acte de vente consenti par les habitants de Tanlay à leur seigneur, moyennant quatre cent cinquante livres, d'une pièce de pré appelée les Communes et qui s'étend « depuis la queue de « l'étang du parc jusques où s'assemblent les ruisseaux de « Baon et de Quincy, et jusques au moulin neuf ruyné apparte- « nant aud. seigneur, lequel pré étoit admodié tous les ans « par lesdits habitans à la somme de 12 ou 15 livres. »

Empêché par ses fonctions de secrétaire d'Etat de pouvoir résider d'une façon régulière à Tanlay, M. de La Vrillière prit le parti de louer les jardins que d'Hémery avait à grands frais établis dans sa demeure. Mais le bail qu'il accorde le 16 mai 1663, au sieur Jacques Bonneuil, contient des dispositions tellement sages que nous ne pouvons que rendre hommage à la prudence du ministre, pour conserver toutes choses en bon état. Afin d'en donner une idée, nous citerons seulement les conditions imposées au preneur, au sujet des eaux du parc.

« Sera tenu le sr Bonneuil de faire jouer les fontaines du

« chasteau de ce lieu lorsqu'elles seront en estat, toutes fois et
« quantes que requis en sera par led. seigneur ou ceulx qui
« auront charge de luy. Et de prendre garde aux vanes et
« d'avoir soin de lever et baisser toutes fois et quantes il sera
« nécessaire les vanes tant celles de la teste du grand canal
« que celles du pont des gargouilles et des fossés vis-à-vis le
« pavillon de la roue que autres. Et oultre ce gouverner sy
« bien lesd. eaux en sorte qu'elles ne portent aucun dommage
« par sa faute et négligence. Par cest effet il prendra garde de
« jour et de nuit lorsque besoin sera et que les eaux croistront.

« Ledit jardinier aura pareillement soin des godets et aubes
« des roues des fontaines et prendra garde qu'elles ne soient
« rompues et qu'elles soient toujours en estat de tourner et
« faire jouer les fontaines et pour ceste effet il conservera les
« eaux lorsqu'elles seront basses, et afin qu'il ne s'en perde,
« il tiendra les vanes bien closes et bien fermées, nétoira et
« ostera de devant lesd. vanes les immondices que lesd. eaux
« y amèneront, de sorte que le cours des eaux soit toujours
« libre et ne puisse estre empesché. »

Pour le même motif que nous avons ci-dessus mentionné, M. de La Vrillière consent également bail, le 5 octobre 1663, moyennant cinq cents livres tournois par an, à MM. Pierre Charrault, avocat en Parlement, et Jacques Coquart, bourgeois de Tanlay, de la pêche de l'étang du parc et ruisseau au-dessus, de la chasse aux canards dans led. étang, et enfin de la chasse dans la garenne d'*Armont* et du *Vault-d'Arvaut*.

Une des clauses du bail porte que M. de La Vrillière « pourra
« faire tirer de l'eau dudit étang tant que bon luy semblera,
« ne faisant toutefois baisser que ung pied plus bas que l'en-
« seuillement de la descharge des Cordeliers. Pourra aussy
« led. seigneur faire tenir les eaux dudit estang de telle hau-
« teur que faire se pourra, une fois l'année, pendant trois
« semaines, lorsqu'il sera en ce lieu, en avertissant les pre-
« neurs. »

Il se réserve en même temps pour lui et ses enfants le plaisir de la chasse aux canards et de la pêche dans l'étang.

A la fin de leur bail, les preneurs seront tenus de « fournir
« et laisser ladite garenne peuplée de deux douzaines d'azes
« et de six boucquins. »

Ils livreront tous les ans à M. de La Vrillière « quatre bro-
« chets vifs de dix pouces entre œil et bat, huit carpes vives
« de huit pouces entre œil et bat, huit perches, huit tanches
« et trente-cinq gardons ou aultre petit alevin pour mettre
« dans les fossés ou canal du chasteau (1). »

Comme curateur à la personne et aux biens du baron de Thorey, M. de La Vrillière était tenu de rendre hommage au seigneur de Noyers. Mais sans avoir égard aux grandes charges dont il était investi et qui le mettaient dans l'impossibilité de remplir ses devoirs de vassal, les officiers de M. le chevalier de Soissons avaient commencé des poursuites et manifesté l'intention de saisir le fief de Tanlay. Afin d'éviter les graves embarras qui résultaient toujours d'une main-mise, M. de La Vrillière prit le parti de s'adresser au roi qui, par lettres patentes datées de Vincennes, le 25 septembre 1663, et signifiées au bailli de Noyers, lui accordaient terme et délai de deux ans pour faire hommage, « attendu, est-il dit dans ces « lettres, le service qu'il nous rend avec assiduité près nostre « personne dans les fonctions de sa charge de conseiller en « nos conseils et secrétaire d'Estat (2). »

Grâce à la haute influence dont il jouissait à la cour, M. de La Vrillière put encore obtenir, au mois de mai 1667, des lettre patentes qui l'autorisaient à établir une gruerie à Tanlay. La juridiction du gruyer devait s'étendre sur les forêts de Paisson, Vaulineuse, Narmond, Saint-Vinnemer, Sébille, Chamelard, Rugny et La Chapelle (3).

Les documents que nous venons de citer démontrent clairement que le baron de Thorey vivait encore ; mais à partir de 1667 nous ne trouvons plus aucun renseignement qui le concerne. Nous sommes donc dans une ignorance complète sur l'époque de sa mort, qui est cependant antérieure au mois de décembre 1668, ainsi que nous aurons occasion de l'expliquer. De son mariage avec Geneviève Le Coigneux, il ne laissa

(1) Arch. du château de Tanlay.
(2) Arch. du château de Tanlay.
(3) Le juge gruyer pouvait connaître, à l'exclusion des maîtres particuliers des eaux et forêts, de toutes affaires et matières concernant les eaux et forêts, usages, délits, abus, dégradations, de tous différents sur la chasse et la pêche, etc.

pas d'enfants, de sorte que tous ses biens passèrent à sa sœur Marie Particelle, épouse de Louis Phelypeaux, seigneur de La Vrillière, vicomte de Saint-Florentin, baron d'Ervy, comte de Châteauneuf-sur-Loire, dont nous avons déjà parlé.

Louis Phelypeaux

1668-1681

Bien que la maison de Phelypeaux soit très ancienne, puisqu'elle remonte au commencement du XIIIe siècle, elle n'acquit cependant un véritable éclat qu'à partir du XVIIe siècle, époque à laquelle plusieurs de ses membres devinrent grands officiers de la couronne. On compte dans cette maison un chancelier, huit secrétaires d'Etat et plusieurs commandeurs des ordres du roi. Elle se divisa en plusieurs branches, qui portèrent les noms d'Herbaut, de La Vrillière, du Verger et de Ponchartrain.

Louis Phelypeaux, seigneur de Tanlay, qui fut la tige des La Vrillière, était le deuxième fils de Raymond et de Claude Gobelin. Il fut fait conseiller d'Etat le 20 décembre 1620, secrétaire d'Etat après la mort de son père, le 26 juin 1629, et enfin commandeur, prévôt et maître des cérémonies des ordres du roi, le 1er avril 1643.

Il recueillit, du chef de sa femme, dans la succession du surintendant d'Hémery, les terres d'Ervy, Saint-Florentin, Avrouil, Châteauneuf, auxquelles il ajouta plus tard, au décès de son beau-frère, la baronnie de Thorey, Tanlay, Paisson, Saint-Vinnemer, Gigny, etc.

A cause des biens qu'il possédait dans le comté de Bar-sur-

Seine, M. de La Vrillière devait acquitter les droits de relief qui étaient dûs à Anne-Marie-Louise d'Orléans, fille de Gaston de France. Mais, par un brevet en date du 27 décembre 1668, Mademoiselle, duchesse de Montpensier, comtesse d'Eu et de Bar-sur-Seine, « voulant gratifier et favorablement traiter le
« sieur de La Vrillière et luy donner des marques de l'estime
« particulière qu'elle fait de sa personne et reconnaître les
« témoignages d'affection qu'elle a reçus de luy en toutes les
« occasions », lui fit don des droits de relief auxquels elle pouvait prétendre, « par la mort du sieur Michel de Particelle, sur les terres et seigneuries de Lignières et de Bernon, relevant de Son Altesse Royale, à cause de son comté de Bar-sur-Seine, et ce, à quelque prix et somme que lesdits droits pourraient s'élever (1). »

Comme Lignières et Bernon dépendaient de la baronnie de Thorey, cette pièce nous démontre donc clairement que le beau-frère de M. de La Vrillière était déjà décédé.

En vertu des pouvoirs qui lui avaient été conférés le 10 septembre 1669, le sr Nicolas Rousseau, conseiller du roi et trésorier des gardes du corps de Sa Majesté, se transporta le 25 du même mois à Noyers, devant haut et puissant seigneur Mre Louis-Henry de Bourbon, chevalier de Soissons, comte pair de Noyers, seigneur de Luzarche, afin de lui porter les foi, hommage et serment de fidélité auxquels était tenu le seigneur de La Vrillière, à cause des terres et château d'Hémery-Tanlay et Paisson, priant M. le chevalier de Soissons de dispenser son mandant de rendre ses devoirs en personne « à
« cause du service actuel qu'il est obligé de faire près sadite
« Majesté, en sadite charge de secrétaire d'Etat, ce que
« led. seigneur chevalier a accordé, sans tirer à consé-
« quence. »

Les droits de relief furent estimés à la somme de deux mille livres, que le sr Rousseau paya comptant au comte de Noyers
« en un billet et mandement de pareille somme tiré sur Chris-
« tophle Millon, recepveur de la seigneurie de Tanlay (2). »

Les mêmes formalités furent remplies vis-à-vis de M. le

(1) Arch du château de Tanlay.
(2) Arch. du château de Tanlay.

marquis de Praslin, pour la baronnie de Thorey, en partie, et la terre de Cussangis, qui relevaient de Chaource.

Malgré les nombreuses affaires qu'il devait soumettre aux conseils du roi et qui l'obligeaient de résider soit à Versailles, soit dans son splendide hôtel de La Vrillière (1), Louis Phelypeaux faisait cependant de fréquentes visites à Tanlay et prenait un vif intérêt à tout ce qui concernait cette belle terre. C'est afin de lui donner un nouveau lustre et de lui assurer pour l'avenir une sorte de prééminence sur les seigneuries voisines, qu'il conçut le projet de la faire ériger en marquisat. Grâce à la faveur dont il jouisssait auprès de son souverain, sa requête reçut bon accueil, car il obtint, au mois de janvier 1671, les lettres patentes dont la teneur suit :

« Louis, par la grâce de Dieu, etc.

« Nous avons mis en considération les bons et recomman-
« dables services rendus à feu nostre très honoré seigneur et
« père et à nous, par nostre amé et féal Mre Louis Phely-
« peaux, seigneur de La Vrillière, de Châteauneuf-sur-Loire,
« du Haillier, d'Ervy-le-Chastel et Saint-Florentin en Cham-
« pagne, et Tanlay en Bourgogne, et autres lieux, conseiller
« en tous nos conseils, secrétaire d'Etat et de nos commande-
« ments, commandeur de nos ordres, tant en ladite charge de
« secrétaire d'Etat, qu'il exerce depuis quarante ans en sça et
« en laquelle il a succédé après le décès du sieur d'Herbault,
« son père, qui en avait fait les fonctions pendant plus de six
« ans, etc.

« Estant duement informé que sadite terre de Tanlay con-
« siste en justice, beau domaine et bon revenu, qu'elle est
« accompagnée d'une belle maison, du bourg composé de 300
« ou 400 habitans, que d'ycelle dépend la terre de Saint-Ville-
« mer avec le bourg et la justice, et quantité de bois qui en
« dépendent, y ayant en outre plusieurs beaux droits qui en
« dépendent, suffisans pour entretenir et maintenir un titre
« honorable, etc.

« A ces causes... avons créé, érigé et élevé, créons, érigeons
« et élevons laditte terre et seigneurie de Tanlay en dignité,
« nom et prééminence de Marquis, auquel nous unissons et

(1) C'est aujourd'hui l'hôtel de la Banque de France.

« incorporons lesdittes terres ci-dessus et dépendances, et
« touttes aultres que le sieur de La Vrillière et successivement
« tant masles que femelles y voudront joindre pour doresna-
« vant ne faire qu'une mesme terre et seigneurie. Et ycelle
« avons décoré et décorons dudict nom, titre et dignité de
« Marquisat, etc. »

C'est sans aucun doute par suite d'un accord avec ses enfants, que Louis Phelypeaux continua de jouir jusqu'à sa mort du marquisat de Tanlay, de la baronnie de Thorey, et de leurs dépendances, car Marie Particelle d'Hémery, son épouse, était décédée dès le 23 août 1670.

Prévoyant toutefois que des difficultés pourraient s'élever quelque jour entre ses héritiers, au sujet de ses terres de Champagne, dont il avait réuni, en 1666, les justices, prévôtés et mairies au baillage d'Ervy, il présenta une nouvelle requête au roi, tant en son nom personnel qu'en celui de : 1° Balthazar Phelypeaux, marquis de Châteauneuf; 2° Michel Phelypeaux, aumônier ordinaire de S. M., abbé de Saint-Lô, Nicœil et Quincy; 3° Augustin Phelypeaux, commandant un vaisseau pour le service du roi ; 4° Raymond et Pierre Phelypeaux, mineurs d'âge; 5° Marie Phelypeaux, épouse de Jean-Claude de Rochechouard, colonel d'un régiment de marine, tous enfants de dame de Particelle, afin d'obtenir que lesdites terres et seigneuries de Champagne fussent distraites de la seigneurie, baillage et pairie d'Ervy.

Par lettres patentes datées de Fontainebleau, le mois d'août 1671, Louis XIV ordonna que cette réunion qui pouvait nuire aux intérêts des enfants dudit sieur de La Vrillière, par suite de la division des seigneuries susdites, fût considérée pour l'avenir, comme nulle et non avenue (1).

Dès le 27 juillet précédent, Pierre Charrault, juge des terres de Tanlay et Saint-Vinnemer et fondé de pouvoirs de messire Balthazar Phelypeaux, marquis de Châteauneuf, s'était rendu à Cruzy, afin de porter à Mre Roger de Clermont les foi et hommage auxquels son mandant était tenu pour les fiefs de Thorey, en partie, Rugny, Melisey, Saint-Vinnemer, Gigny,

(1) Ces terres étaient : Vanlay, Roncenay, le cens-commun, Bernon, Avreuil, les Bordes d'Avreuil, Lignières et Vaillères, en partie.

Villon, en partie, et autres lieux relevant du marquisat de Cruzy, tant comme héritier avec messieurs ses frères et madame la comtesse de Rochechouard, sa sœur, de défunte haute et puissante dame Marie Particelle, leur mère, qu'en qualité de donataire de Mre Louis Phelypeaux, marquis de La Vrillière, son frère aîné.

Arrivé devant le vieux château des comtes de Tonnerre, Pierre Charrault fait constater, en présence de témoins « qu'il « a appelé à plusieurs et diverses fois et à haulte voix, le sei- « gneur de Cruzy, pour lui faire et rendre lesdits devoirs ; « que ledit seigneur n'ayant point comparu, le sieur Charrault, « pour le marquis de Chasteauneuf, s'étant mis en état, sui- « vant la coutume, a desseint son épée, l'a mise bas, le « devant en terre et a baisé le gond qui autrefois soustenoit « la porte dudit chasteau qui est de ruyne, n'ayant trouvé de « verrouil pour baiser, ni de porte, offrant de satisfaire oultre « plus ce que la coustume désire et de fournir dénombrement « dans le temps d'ycelle. »

En attendant que Balthazar Phelypeaux, empêché par le service qu'il remplit actuellement auprès de la personne du roi, « pour recevoir ses ordres et s'acquitter des fonctions de sa charge de secrétaire d'Etat », puisse rendre ses devoirs en personne, le mandataire de M. de Châteauneuf offre de payer au marquis de Cruzy 857 livres, à cause de la donation faite par le marquis de La Vrillière « ou le dire d'experts ou le revenu d'une année. »

Pour des motifs que nous ignorons, le partage de la succession de Marie Particelle n'eut lieu que le 23 mai 1678. Comme Marie Phelypeaux, comtesse de Rochechouard, était décédée vers 1676, sans laisser de postérité, il ne restait donc plus que cinq enfants appelés à recueillir le riche héritage de madame de La Vrillière.

Sur la proposition de Michel Phelypeaux, archevêque de Bourges, il fut convenu que, pour le préciput, droit d'aînesse et autres parts et portions appartenant à Balthazar, marquis de Châteauneuf, tant de son chef que comme donataire de Louis Phelypeaux, marquis de La Vrillière, son frère aîné, il prendrait dans les immeubles dépendant de la succession de sa mère :

1° La maison seigneuriale, basse-cour, enclos et avenue de la Chevrette avec les terres enfermées dans les barrières, et les cinq maisons de la Barre, les travées de Francoville, les fiefs, maisons et vignes du Pain, et sept cent dix-sept livres de rente foncière et bail d'héritages, ensemble tous les autres droits dépendant dudit lieu de la Chevrette, estimées .... 138.092^l »^{s}

2° Les château, terre et seigneurie de Châteauneuf-sur-Loire avec les aydes et droits de péage, métairies des Crotteaux, de la Motte, de Sainville, étang et autres droits estimés.......... 259.086 10

3° La terre et seigneurie de Saint-Florentin avec tous les droits en dépendant estimés..... 80.000 »

4° Plus une soulte à toucher de MM. ses frères, montant à........................... 17.634 10

       Ensemble .... 494.813 »

Le surplus des immeubles, estimé une somme totale de 486,048 livres, devait être partagé en quatre lots égaux de 121,512 livres. Ces lots furent tirés au sort et échurent, savoir :

Les 1er et 3e lots à Raymond Phelypeaux, comte de Saint-Florentin, tant pour sa part et portion, que comme donataire d'Augustin Phelypeaux, son frère défunt. Ils comprenaient les biens suivants :

1er lot

1° Les château, terre et baronnie de Thorey, Melisey, Chamelard, Rugny, Cussangis, fonds et superficie des bois en dépendant, estimés.................. 112.408^l 2^s
2° Les moulins de Laignes 9.000 »   121.512 2
3° Soulte à recevoir du 4e lot   104 »

3e lot

1° Les terres et seigneuries de Bernon, Lignières et Prusy, fonds des bois desdites

      A reporter...... 616.325 2

	Report.....	616.325 2
terres, estimés	78.600¹ »	
2° Les terres et seigneuries de Gigny, Paisson, La Chapelle avec le fonds et superficie de 54 arpents de bois de la terre de Paisson..................	42.645 »	121.512 »
3° Soulte à recevoir du 4° lot	267 »	

2° lot

Echu à Pierre Phelypeaux, chevalier non profès de Saint-Jean de Jérusalem

1° Terre et seigneurie de Saint-Vinnemer, fonds et superficie des bois de Vaulineuse, estimés.....................	105.368¹ 15ˢ	
Forêt de Paisson, consistant en 602 arpents...............	25.284 »	
Total...........	130.652 15	
A diminuer pour soulte à payer à M. le marquis de Châteauneuf	9.140 »	
Reste	121.512 15	121.512 15

4ᵉ lot

Echu à Michel Phelypeaux, archevêque de Bourges

Ce lot comprenait : 1° les terres et seigneuries de Vanlay, estimées	81.870¹ »ˢ	
2° La terre et seigneurie d'A-vreuil.....................	26.595 »	
3° Les fonds et superficies des bois de Bernon et de Lignières	21.913 »	
Total..........	130.378 »	
A diminuer :		
1° Pour soulte à M. de Châteauneuf........... 8.495		
2° Pour soulte au 1ᵉʳ lot 104	8.866 »	
3° Pour soulte au 3° lot 267		
Reste........	121.512 »	121.512 »
Total général		980.861 17

Ces 980,861 livres représenteraient aujourd'hui une somme de plus de quatre millions (1). On voit par ces chiffres que la part de chacun des héritiers était belle. Et encore, dans la valeur de ces immeubles, n'est pas comprise la terre de Tanlay, à l'égard de laquelle les héritiers de Madame de La Vrillière arrêtent d'un commun accord les dispositions suivantes :

« Quant à la seigneurie de Tanlay, métairie de Sebille, bois
« dud. lieu, bois de Narmond et de Vaulotte-Garnier, les
« étang et vignes dudit lieu de Tanlay, il n'ont été compris
« aux lots ci-dessus du consentement des parties, lesquelles
« sont convenues, conformément à l'avis des experts, de laisser
« lad. terre et seigneurie de Tanlay en commun pour les reve-
« nus d'ycelles reçus par une personne dont elles convien-
« dront pour acquitter les charges et despenses nécessaires,
« selon le pouvoir qui luy en sera donné, attendu les grandes
« charges dont elle est tenue et les urgentes réparations qu'il
« convient y faire et compter du revenant bon, qui sera par-
« tagé savoir : deux parts au s^r de Châteauneuf, une au s^r
« archevêque de Bourges, deux aud. s^r comte de Saint-Floren-
« tin et une aud. s^r chevalier de La Vrillière. »

Les co-partageants s'obligent en outre de payer le douaire viager de 6,000 livres de rente dû chaque année à Madame la présidente de Thorey, dans les proportions ci-après fixées : 1° M. de Châteauneuf, 2,000 livres; 2° M. l'archevêque de Bourges, 1,000 livres; 3° M. le comte de Saint-Florentin, 2,000 livres; 4° et M. le chevalier de La Vrillière, 1,000 livres.

Trois mois à peine après l'acte de partage dont nous venons de parler, Michel Phelypeaux, ci-devant évêque et comte d'Uzès, et nommé par Sa Majesté à l'archevêché de Bourges, vendit à Mre Raymond Phelypeaux, comte de Saint-Florentin, son frère, tous les biens qu'il avait recueillis dans la succession de sa mère, moyennant la somme de 133,378 livres (2).

Les sages précautions qu'avaient cru prendre MM. de La Vrillière, au sujet du château de Tanlay, n'aboutirent, hélas !

---

(1) Leber, *Essai sur l'appréciation de la fortune privée au moyen âge.*

(2) M. le comte de Saint-Florentin vendit également, le 10 septembre 1685, à Mre Michel-François Le Tellier, chevalier, marquis de Louvois et de Courtanvaux, conseiller du roi en tous ses conseils, secré-

qu'aux plus tristes résultats. N'ayant plus volontiers aucun intérêt direct à surveiller les travaux de réparation et d'entretien qu'il était indispensable d'exécuter dans cette belle demeure, chacun des héritiers s'était reposé de ce soin sur des hommes d'affaires qui, sans autre souci que de toucher les revenus de la terre, laissèrent en peu de temps le château dans le plus triste état d'abandon. Par suite de cette coupable négligence, les couvertures, les charpentes menacèrent ruine et obligèrent plus tard la famille de Thévenin de consacrer des sommes considérables à réparer tous ces désastres.

taire d'État et des commandements de Sa Majesté, commandeur et chevalier de ses ordres :

1° La terre et seigneurie de Gigny, avec ses appartenances et dépendances, consistant en bâtiments, terres, prés, moulin, four, pressoir, etc.

2° Les terres et seigneuries de Paisson et de La Chapelle-Sennevoy, ayant haute et basse justice, avec leurs appartenances et dépendances, tant en fief que roture.

3° Plus la pièce de 54 arpents de bois taillis assis audit Paisson.

Le tout mouvant du marquisat de Cruzy, moyennant 30,000 livres.

1

Balthazar Phelypeaux

1670-

Louis Phelypeaux de La Vrillière vit s'opérer tous ces changements, qui n'eurent d'autre résultat que de démembrer pour ainsi dire le marquisat de Tanlay. Il mourut le 5 mai 1681, âgé de quatre-vingt-trois ans, après avoir exercé pendant cinquante-deux ans la charge de secrétaire d'Etat. D'aussi longs services lui avaient valu, de la part du souverain, l'insigne faveur de faire nommer, en 1668, son fils aîné Louis, en survivance de sa charge. Mais celui-ci s'étant démis en 1669, ce fut Balthazar, son frère, qui fut appelé à lui succéder, mais qui toutefois ne devint titulaire de ce poste élevé qu'en 1676.

Possesseur du superbe domaine de Châteauneuf, dont il portait le titre, quel intérêt Balthazar Phelypeaux pouvait-il prendre à la terre de Tanlay, restée indivise entre lui et ses frères, et dont les belles dépendances en avaient été détachées par le partage de 1678, ou aliénées au ministre Louvois, par la vente du mois de septembre 1685? Aussi, n'avons-nous sous les yeux aucun témoignage qui permette de supposer qu'il ait jamais habité le château que le surintendant, son aïeul, avait bâti à si grands frais.

C'est un sieur Clereau, intendant de la maison de M. le

comte de Saint-Florentin, assisté de Pierre Legelé, capitaine du château, qui reste chargé d'administrer tous les biens. En 1673, ils donnent à bail la métairie de Sebille, moyennant 30 livres et 125 bichets de grain.

En 1678 et 1687, ils chargent le sieur François Yver, arpenteur juré à Tonnerre, de mesurer les prés et pâtures de la seigneurie, ainsi que le bois de Sebille. Cette dernière pièce porte la mention écrite et signée par MM. le chevalier de La Vrillière et le comte de Saint-Florentin qu'ils ont touché chacun, en 1688, leur portion du revenu du bois de Sebille. Voilà les seuls souvenirs que gardent nos archives des grands personnages qui ont possédé Tanlay depuis 1670 jusqu'en 1700, date de la mort de Balthazar Phelypeaux.

Mentionnons toutefois le marché suivant, qui a trait à l'un des fossés qui contournent l'étang du parc. Il est extrait des minutes de Mareschal, notaire à Tanlay, et porte la date du 28 octobre 1688.

Jean Heuiller, Nicolas Goux le jeune, Jean Bertrand, Claude Goux, Jean Heuré, François Marquiset, Denis Boutellet, tous manouvriers, demeurant à Tanlay, marchandent à noble Pierre Legelé, capitaine du château dudit Tanlay, pour Monseigneur de La Vrillière, seigneur dudit lieu,

« De faire et parfaire un fossé le long de l'allée du costé des
« Brosses, depuis la chaussée proche de l'étang, jusque à
« l'arcade nouvellement construite, savoir le long de l'estang
« dudit costé, de huit pieds de large par le hault et de six en
« bas, et de trois pieds de profondeur, et en cas qu'il se trou-
« ve l'eau plus proche desd. trois pieds de profondeur, ils
« ne seront pas tenus de profondir plus bas. Néanmoins,
« après que les eaux seront retirées, ils seront tenus de le par
« achever et le rendre dans sa perfection. On jettera les ter-
« res des deux côtés et on posera un gazon d'un pied et demi
« des deux côtés pour tenir les terres. »

Ce travail sera payé à raison de cinq sols par chacune toise courante.

A été payé par led. sieur Legelé, quarante sols pour les vins du présent marché.

A la date du 7 juin 1688, nous relevons encore dans les minutes du même notaire, le marché suivant :

Claude Goux, manouvrier à Tanlay, marchande à noble Pierre Legelé, capitaine du château dud. Tanlay, pour Monseigneur de La Vrillière ;

« D'entretenir de *labeur* pendant trois années qui ont commencé au 1ᵉʳ avril dernier, la quantité de quatre cents *tillaux* plantés aux avenues de Tonnerre, Saint-Vinnemer et pourtour de l'étang, pour les piocher deux fois par chaque année et armer d'épines, et les entretenir de labour et d'épines pendant lesd. trois années, à raison de deux liards pour la première *fasson*, et les autres *fassons* à un liard pour chacun tillau.

« La première fasson se fera au mois de mars, et la seconde après la moisson. Sera tenu ledit Goux de piocher chaque *tillau* de quatre pieds en carré. »

On eût pu croire qu'au décès de M. le comte de Saint-Florentin, arrivé le 19 août 1692, à la suite de blessures reçues au combat de Steinkerque, le château de Tanlay reprendrait quelqu'éclat, car M. de Châteauneuf avait été institué par le testament de son frère, légataire universel de tous ses biens.

Or, nous savons qu'en outre des premier et troisième lots qui lui étaient échus en partage dans la succession de sa mère, Raymond Phelypeaux s'était encore rendu acquéreur, le 29 août 1678, du quatrième lot, que lui avait vendu l'archevêque de Bourges. Il n'y avait donc plus que le deuxième lot aliéné en partie, par le chevalier de La Vrillière, qui manquait au bel ensemble de domaine qu'avait jadis possédé d'Hémery. Mais Versailles exerçait alors sur les esprits une sorte de fascination qui faisait dédaigner par les plus grands seigneurs le séjour de leurs terres. Appelé par ses hautes fonctions à remplir un rôle important dans les affaires de l'Etat, Phelypeaux n'éprouvait donc aucun charme à quitter cette vie active que rendaient si attrayante le bruit des fêtes et les splendeurs de la cour, pour s'isoler dans l'humble village de Tanlay.

Dès le 3 mai 1606, il avait donné à bail pour six ans (devant Henry Lalouad, notaire à Thorey), à Pierre Hugot et Edme-Pierre Hugot la terre et seigneurie de Saint-Vinnemer, consistant en : maison seigneuriale, colombier, four banal, moulin banal, rivière banale, onzième de blé et vin, droits de justice haute, moyenne et basse, greffe, prévôté, festage, poules, ventes, lots, deffauts, terres labourables, prés et pâtures, la carrière d'Angy, rente de Pinagot et rente du bois Saint-Père, à l'exception des quints et requints, droits honorifiques, établissement et destitution d'officiers.

« A la condition de bien ensemencer, labourer et rendre le
« colombier garni de 60 paires de pigeons, et couperont, les-
« dits preneurs, un *petit coupeau* et canton de bois appelé la
« Colignière, autrement la garenne de M. de Merichon, plus
« 15 arpents de bois par chaque année dans le bois de Vauli-
« neuse, attenant des hayes de Saint-Vilmer et commune de
« Baon et à la Grange-Guérin, ce tire et aire à charge de lais-
« ser en chaque arpent 16 baliveaux de l'âge du taillis, et
« 4 modernes des anciens de la coupe précédente, moyennant
« 3,000 livres. »

Le marquis de Châteauneuf s'était marié, le 20 décembre 1670, à Marie-Marguerite de Fourcy, dame de Chessy ; de cette union il eut :

1º Louis Phelypeaux qui suit, né le 14 avril 1672.

2º Balthazar, chanoine régulier de Saint-Augustin et nommé abbé de Nicœil en 1693.

3º Balthazar, chevalier de la Vrillère, colonel de dragons et brigadier des armées de Sa Majesté (1).

4º Marie-Thérèse, mariée le 8 mai 1692 à François d'Aubusson, duc de La Feuillade, et morte le 5 septembre 1697, âgée de vingt et un ans, sans laisser de postérité.

(1) Certains actes lui donnent simplement le titre de chevalier non profès de l'ordre de Saint-Jean de Jérusalem.

Louis Phelypeaux

1700-1704

ouis Phelypeaux, marquis de La Vrillière, de Châteauneuf et de Tanlay, comte de Saint-Florentin, baron d'Ervy et de Thorey, etc., avait obtenu, dès le 10 mai 1700, le département des affaires générales de la religion prétendue réformée. Par son aptitude remarquable et l'activité qu'il apportait à remplir les devoirs de sa charge, il était facile de prévoir qu'il occuperait quelque jour un des postes les plus élevés de l'Etat. En effet, il fut pourvu, en 1715, du département de la maison du roi. Le duc d'Orléans, régent, avait renvoyé tous les autres ministres, en prenant les rênes de l'administration; il conserva La Vrillière, qui exerça sous le titre de secrétaire de la régence.

Ce fut peut-être celui qui signa le plus d'expéditions. La conduite des affaires de tout genre avait été confiée à différents conseils; mais tout ce qui devait être nécessairement signé en commandement, passait par la plume de La Vrillière.

Il épousa, le 1ᵉʳ septembre 1700, Françoise de Mailly, fille de Louis, comte de Mailly, maréchal de camp des armées du roi, et de Marie-Anne de Sainte-Hermine, dame d'atours de madame la Dauphine.

A peine M. de La Vrillière fut-il en possession de la terre

de Tanlay, qu'il chercha à pacifier le différend qui s'était élevé entre les habitants et ses prédécesseurs, au sujet du bois de la Grange-Guérin. Cette propriété, d'une étendue d'environ 122 arpents et située à plus de 5 kilomètres de Tanlay, était autrefois livrée à la culture, ainsi que le constate l'acte d'abandon qui en fut fait par d'Andelot aux habitants, le 1er juillet 1559 (1).

Ce différend se termina par un arrangement dont nous avons parlé vol. I, p. 64 et 65.

La grande situation que Louis Phelypeaux occupait à la cour s'opposait naturellement à ce qu'il pût veiller avec beaucoup de soin à ses affaires privées ; aussi ne fit-il que de véritables apparitions à Tanlay, pendant le peu de temps qu'il posséda cette terre. Les documents qui le concernent sont donc très rares et, pour ainsi dire, dépourvus d'intérêt.

Nous citerons cependant le placet qu'il présenta au roi, le 22 août 1702, relativement au banvin.

Un sieur Guillaume Lenoir, fermier des droits d'aides, avait fait publier, dans la paroisse de Tanlay, qu'en exécution de l'édit du mois d'avril 1702, il établissait, au nom de Sa Majesté, un banvin pendant quarante jours, chaque année, à compter du 1er août suivant. Mais M. de La Vrillière, s'appuyant sur la charte d'affranchissement du 20 juillet 1486, qui réservait aux seigneurs de Tanlay la faculté de vendre exclusivement leur vin, pendant deux mois de l'année, à leur choix, forma opposition aux prétentions du sieur Lenoir. Comme ce titre était antérieur au 1er avril 1560, terme de rigueur imposé par l'ordonnance de 1680, pour être reconnu valable, M. de La Vrillière obtint gain de cause et fut maintenu dans ses droits.

Après le traité de Ryswik (1697) qui mit fin à la guerre d'Allemagne, des bandes de soldats s'étaient jetées dans les provinces de Champagne et de Brie, où elles se livraient sur

---

(1) Il y a quarante ans à peine, on remarquait encore, dans certains endroits, la trace des sillons faits par la charrue. D'ailleurs, le nom même de Grange-Guérin, que portent les plus anciens titres, démontre jusqu'à l'évidence qu'une exploitation agricole avait été jadis créée sur ce point, comme il était arrivé à quelques pas plus loin, pour la Grange-aux-Moines.

les populations sans défense à des violences et à des excès de tout genre. Afin d'éviter « les vols, meurtres et autres « désordres » qui pouvaient résulter du port d'armes prohibées, Louis XIV fit paraître, le 9 septembre 1700, une ordonnance par laquelle il donnait mandement au prince de Soubise, commandant pour son service en Champagne et Brie, et au sieur Louis Phelypeaux, conseiller ordinaire en son conseil d'Etat, intendant de justice, police et finances desdites provinces, de veiller à la stricte exécution des édits de 1660 et 1679, en même temps qu'il enjoignait aux vice-baillifs et vice-sénéchaux de faire leurs chevauchées par la Champagne, pour tenir les chemins libres et assurés et les nettoyer des vagabonds.

A la diligence de M. de La Vrillière, cette ordonnance fut publiée et mise à exécution, dans l'élection de Tonnerre, le 7 décembre 1700, par les soins de M. Déon, subdélégué.

Quelques mois seulement avant sa mort (24 février 1700), Balthazar Phelypeaux avait donné à bail la terre de Tanlay au s^r Louis Clopin, lieutenant de justice, moyennant un fermage annuel de 2,500 livres. Mais M. de Châteauneuf avait fait en même temps des réserves importantes qui lui permettaient de garder dans sa terre l'existence d'un grand seigneur.

Par acte du 16 novembre 1704, son fils consentit à faire l'abandon de toutes ces réserves au s^r Clopin, moyennant 500 livres par an. Il suffit, croyons-nous, de lire cet acte pour constater que M. de La Vrillière, bien loin d'attacher quelque prix à conserver le château de Tanlay, n'éprouvait plus qu'un désir : celui de l'aliéner.

Voici quels sont, en effet, les biens et les droits qu'il abandonne :

« La jouissance de la Vigne-Noire, entourée de murailles,
« le colombier et le logis où demeurent les deux gardes de la
« maison, et le jardin où demeure le jardinier ;
« — Le pré appelé les communaux, le champ appelé le
« moulin de Quincy, attenant au ruisseau, le champ appelé le
« moulin neuf, au-dessus desdites communes, etc. ;

« — Les terres qui sont le long de l'allée et au bout de
« l'étang, du costé gauche ;

« — Les chennevières, prosche le petit moulin ;

« — Les terres le long des allées de Saint-Villemer et de
« Tonnerre ;

« — Un petit pastis ou ysles, proche le grand moulin, au-
« dessus des écluses (1) ;

« — Les chantier et granges au bout, à l'entour des fossés
« du chasteau, avec les écuries en entrant et allées qui sont au
« milieu de toutes les terres ou prés ou potager et allées dans
« l'enclos du parc dud. chasteau ;

« — Les fruits qui se récolteront tant dans l'espalier que
« aux autres arbres fruitiers ;

« — Le droit de pesche dans le canal et dans les fossés et à
« l'entour du chasteau, pour le brochet et carpe au-dessous
« de trois livres, et ceux qui seront au-dessus de trois livres
« seront rejetés — et sera permis au sous-fermier de l'estang,
« quand il voudra faire la pesche dud. estang, de faire descen-
« dre son poisson dans le canal et de l'y tenir autant de
« temps qu'il sera nécessaire pour le débit dud. poisson,
« lequel temps ne pourra pas passer deux mois ;

« — L'élagage à son profit, de tous les arbres du parc et
« des allées de Saint-Villemer et de Tonnerre, et à l'entour de
« l'estang ;

« — Le droit de chasse dans les terres de Saint-Villemer et
« de Tanlay, etc. »

Quant aux conditions imposées au sr Clopin qui devenait,
pour ainsi dire, seigneur et maître de la terre de Tanlay et
du château où il était libre d'établir sa demeure, elles se ré-
duisaient à peu de chose. Il devait fournir chaque année à
M. de La Vrillière, vingt-cinq feuillettes de vin des meilleurs
raisins de la Vigne-Noire, veiller à l'entretien des bâtiments
et des couvertures, à l'exploitation des bois, etc.

« Et en cas que M. le chevalier de La Vrillière (2) envoye

(1) Ce moulin, situé dans la prairie du petit Vain, au-dessus du pont-vieux, était alimenté par l'Armançon. C'était le moulin banal de Tanlay.
(2) M. Balthazar Phelypeaux, chevalier de La Vrillière, était colonel de dragons.

« cy après ses équipages pour hiverner aud. Tanlay, le sʳ Clo-
« pin s'oblige de fournir, soit dans la grande ou petite écurie,
« les places nécessaires pour les chevaux et mulets dudit
« équipage, et des chambres dans ladite basse-cour sans meu-
« bles, auprès desd. deux écuries. »

Mais la réserve qui laisse bien prévoir que M. le marquis de La Vrillière est tenté de vendre Tanlay, est celle-ci : « Con-
« viennent encore lesd. parties que s'il arrivait dans la suite
« que led. seigneur vendît la terre de Tanlay avant l'expira-
« tion desd. deux années, il sera loisible à l'acquéreur, en ob-
« servant le bail du 24 février 1700, de continuer le présent
« bail ou le révoquer. »

Cette prévision ne devait pas tarder à se réaliser ; nous pensons même qu'au moment où M. de La Borde passait bail avec le sʳ Clopin, comme fondé de pouvoirs de M. de La Vrillière, celui-ci s'occupait activement déjà de la vente de sa terre, car douze jours plus tard, c'est-à-dire le 28 novembre 1704, il aliénait Tanlay et Saint-Vinnemer(1) à Mʳᵉ Jean Thévenin, conseiller-secrétaire du roi, maison, couronne de France et de ses finances.

(1) Après la mort de Marie Particelle d'Hémery, la terre de Saint-Vinnemer et la forêt de Paisson échurent à Pierre Phelypeaux, mestre de camp du régiment royal Dauphin. Mais par son testament du 9 octobre 1691, celui-ci en disposa en faveur de Raymond Phelypeaux, comte de Saint-Florentin, qui, lui-même, institua le 19 août 1692 son frère Balthazar, marquis de Châteauneuf, légataire de tous ses biens.

Jean Thévenin Ier

1704-1708

A maison de Thévenin est originaire de La Rochelle où, dès le XVIe siècle, elle occupait un rang distingué. Nous savons que cette riche cité avait obtenu des comtes de Poitou et de Guienne, des franchises et des privilèges qui, pendant le moyen âge, avaient contribué largement à développer son commerce et à étendre sa prospérité. La constitution à part dont elle jouissait au milieu des autres villes du royaume en avait fait, pour ainsi dire, une petite république qui attachait une importance extrême à ses prérogatives, et veillait avec un soin jaloux à les préserver des atteintes que cherchait à y porter le pouvoir royal.

Dès 1140, le corps de la commune était composé de vingt-cinq échevins et de soixante-quinze pairs chargés de veiller aux intérêts de la cité, et de choisir trois élus parmi lesquels le sénéchal nommait un maire. Cette dernière fonction avait donc une véritable importance, puisqu'elle était la magistrature la plus élevée à laquelle pouvaient prétendre les Rochellois.

Plus tard, cette constitution si libérale fut favorisée de nouveaux privilèges religieux et commerciaux, en récompense de la part glorieuse que la ville avait prise à l'expulsion des

Anglais. Par des lettres patentes datées de Paris, le 8 janvier 1572, le roi Charles V accorda aux magistrats de La Rochelle « qui étaient alors et qui seraient dans l'avenir, pour eux et leur postérité, le droit d'entière et vraye noblesse. »

En 1513, François Ier voulut ravir à cette cité ses franchises municipales ; mais Henri II se hâta de les lui restituer par un arrêt du conseil, qui rétablit de nouveau le corps de la commune et la mairie annuelle.

« C'est ainsi, dit M. le baron Chaillou des Barres, que les « fonctions de maire, anoblies pour récompenser des services « publics, étaient devenues une dignité, et qu'à ce titre elles « furent une gloire pour la maison de Thévenin, dont plu- « sieurs membres eurent l'insigne honneur d'être appelés au « gouvernement de la ville. »

A partir de 1580, les Thévenin donnèrent en effet cinq maires à La Rochelle et quand, en 1627, le cardinal de Richelieu entreprit ce siège mémorable qui lui coûta tant de sacrifices et d'efforts, Simon Thévenin faisait partie du corps de la commune qui avait à sa tête le vaillant Guiton, et qui opposa une résistance si opiniâtre aux attaques de l'armée royale. C'est à lui que fut confiée la mission délicate de traiter avec le duc de Buckingham et de sonder les dispositions du roi d'Angleterre, touchant les secours qu'il pouvait fournir à la place (1).

Enfin, après quatorze mois de siège, la ville fut forcée de capituler. Elle obtint la liberté de conscience, mais on démolit ses murailles, on abolit ses privilèges municipaux, on lui imposa une garnison royale et on bannit ses principaux habitants.

C'est à la suite de ces tristes circonstances que les Thévenin durent quitter leur pays natal. Quelques-uns s'établirent à Bordeaux, d'autres à Jonzac, d'autres enfin dans les environs de Saintes.

La branche de cette maison qui vint se fixer à Tanlay, sortait de La Tremblade, petite ville de l'arrondissement de Marennes, à douze lieues environ de La Rochelle. Elle avait

(1) Journal des choses les plus mémorables qui se sont passées au siège de La Rochelle, par Pierre Mervault, 1644.

pour auteur noble homme Pierre Thévenin, écuyer, capitaine-major au régiment de la Serre-infanterie, mort avant 1670, qui avait été marié à Jeanne de La Chaize. De cette alliance étaient issus :

1º Jean Thévenin Iᵉʳ, sieur de Sugrois et de Talbat, puis seigneur de Tanlay ;

2º Jean Thévenin le jeune, écuyer, secrétaire du roi, qui devint le chef de la branche cadette des Thévenin de Tanlay ;

3º Marguerite, qui épousa Jean Barraud, conseiller-secrétaire du roi.

Restée veuve avec trois jeunes enfants dont les ressources étaient très modestes, par suite des malheurs que leurs ancêtres avaient éprouvés pendant le siège de La Rochelle, Jeanne de la Chaize paraît avoir pris le plus grand soin de leur éducation.

L'aîné épousa, le 20 janvier 1672, Esther Creil, fille de Jean Creil et de Marie Sauveterre (1). Il quitta la Saintonge peu de temps après son mariage et vint se fixer à Paris, où, grâce à son activité et à son intelligence des affaires, il prit part à d'importantes opérations financières qui lui permirent de réaliser en peu de temps une fortune considérable.

En 1694, il fut reçu conseiller, secrétaire du roi, maison, couronne de France et de ses finances, puis nommé gouverneur de Saint-Denis (2).

Par une coïncidence vraiment singulière, il commença par acquérir, comme l'avait fait précédemment d'Hémery, la baronnie de Thorey, avec les terres de Rugny, Melisey, Chamelard, Vanlay, les Bordes, Vaillères, la Jesse, Avreuil, Bernon et Lignières, « lesquelles sont contiguës et situées en la « province de Champagne. »

Cette vente lui fut faite le 25 septembre 1704, moyennant deux cent mille livres, « payables dans les huit jours », par

---

(1) Leur contrat de mariage fut reçu par Mᵉ Benjamin Rossignol, notaire héréditaire en Saintonge.

(2) Les conseillers, secrétaires du roi, maison et couronne de France et de ses finances, appartenaient à la grande chancellerie Cette charge conférait la noblesse héréditaire au premier degré.

Mre Louis Phelypeaux, marquis de La Vrillière, secrétaire d'Etat, agissant tant en son nom que comme se faisant et portant fort de Mre Balthazar Phelypeaux, son frère, chevalier de La Vrillière, colonel d'un régiment de dragons pour Sa Majesté, auxquels seigneurs lesdites terres appartenaient comme seuls héritiers de Mre Balthazar Phelypeaux, chevalier, marquis de Châteauneuf-sur-Loire, secrétaire d'Etat, leur père.

Le 28 novembre suivant, Messieurs de La Vrillière vendaient encore à Jean Thévenin « la terre, seigneurie et marquisat de « Tanlay, avec le chasteau sis en Bourgogne, y compris aussy « les bois de la Velotte-Garnier, des Sibilles, de la Grange-« Guérin et de la Garenne, en dépendans, et la terre et sei-« gneurie de Saint-Villemer, située dans la généralité de Paris, « eslection de Tonnerre, avec les bois de Vaulineuse et autres « en dépendans », pour le prix de cent quarante mille livres.

Enfin, le 9 décembre de la même année, M. le marquis de La Vrillière aliénait également la forêt de Paisson, moyennant vingt-huit mille livres.

Ainsi, le principal de toutes ces acquisitions, faites en moins de trois mois par Jean Thévenin, s'élevait à la somme de trois cent soixante-huit mille livres.

Dans chacun des actes que nous venons d'analyser, comparaît Marie-Marguerite de Fourcy, veuve de Balthazar Phelypeaux, marquis de Châteauneuf, laquelle déclare s'obliger conjointement et solidairement avec ses enfants à l'exécution de toutes les conditions insérées dans lesdits contrats.

Du bel ensemble de domaines que d'Hémery avait achetés en Bourgogne et en Champagne, le nouveau possesseur de Tanlay avait donc réuni la majeure partie dans ses mains, puisque les seules terres qui s'en trouvaient détachées étaient Paisson, Gigny, La Chapelle, les moulins de Laignes et le bois des cinquante arpents (1), aliénés par Louis Phelypeaux, comte de Saint-Florentin, à la maison de Louvois.

Rien de plus naturel que Jean Thévenin ait alors songé à relever à son profit le titre de marquis de Tanlay, qui avait été

---

(1) Ce bois a été défriché, il y a environ quarante ans, et forme aujourd'hui la ferme de l'Orient.

créé en 1671, en faveur de Louis Phelypeaux de La Vrillière, secrétaire d'Etat.

Dans ce but, il présenta une requête au roi par laquelle il exposait : « qu'il désiroit maintenir la terre de Tanlay dans
« son lustre, prééminence et dignité et la rendre même plus
« considérable, en réunissant à sa justice les juridictions sei-
« gneuriales de la baronnie et justice de Thoré, Melizé, Cha-
« melard, Rugny et Saint-Villemer, pour ne composer à
« l'avenir qu'une seule et même justice sous le titre de
« baillage de Tanlay, ce qui l'obligeait de nous supplier très
« humblement de vouloir confirmer l'érection faite par lesdites
« lettres patentes de 1671, de ladite terre de Tanlay en mar-
« quisat, et en temps que de besoin seroit, à créer et ériger
« de nouveau en cette dignité, nom et prééminence, tant pour
« luy que pour ses enfants et postérité, masles et femelles nés
« et à naistre en légitime mariage, ainsy qu'il est porté par
« lesdites lettres, et de réunir en mesme temps toutes les jus-
« tices particulières desdites terres et les réduire en un seul
« siège, sous un seul juge bailly, gruyer, grairier et garde
« scel, et son lieutenant audit Tanlay, lesquels juge et son
« lieutenant, pour la plus grande commodité des justiciables,
« auroient leur auditoire et tiendroient leur siège et audience
« audit Tanlay, comme estant scitué au milieu de ses autres
« terres, etc.

« A ces causes et autres à ce nous mouvans, disent les let-
« tres patentes qui s'en suivent, datées de Versailles au mois
« de mars 1705, de notre grâce speciale plaine puissance et
« authorité royalles, nous avons confirmé, approuvé, confir-
« mons et approuvons par ces présentes signées de nostre
« main, l'érection de ladite terre et seigneurie de Tanlay en
« marquisat et en tant que besoing seroit, l'avons de nouveau
« créée, érigée et eslevée, créons, érigeons et eslevons en
« dignité, titre et prééminence de marquisat, auquel avons
« uny et unissons les terres, seigneuries, baronnies et justice
« do Thoré, Melizé, Chamelard, Rugny et Sainct-Villemer
« pour ne faire à l'avenir qu'un seul corps de baillage.....
« pour dudit nom, titre et marquisat de Tanlay, en jouir et
« user plainement, paisiblement et perpétuellement par ledit
« sieur Thévenin, ses enfants et postérité tant masles que

« femelles nés et à naistre en légitime mariage, qui seront
« tenus censés et appelés tant en jugement que dehors, mar-
« quis de Tanlay avec pareils droits, privilèges, prérogatives,
« prééminences en faict de guerre, assemblée de nobles ou
« autrement dont jouissent, usent et ont accoustumé de jouir
« et user les autres marquis de nostre royaume, etc. »

Signé : Louis, et sur le repli : par le Roy, Phélypeaux.

Le 8 août 1705, Jean Thévenin rendit foi et hommage à la chambre des comptes de Dijon pour la seigneurie de Tanlay, et renouvela son aveu le 27 mars 1706, après l'érection de cette terre en marquisat.

Il eut dans le même moment quelques difficultés avec Anne de Souvré, veuve de Michel-François Le Tellier, marquis de Louvois, ministre et secrétaire d'Etat, à cause des droits de relief qui étaient dus à cette dame pour les fiefs relevant de son marquisat de Cruzy et du comté de Tonnerre.

Les acquisitions faites par Jean Thévenin, de messieurs de La Vrillière, ne portaient qu'un prix total pour les différents domaines compris dans les actes de vente que nous avons précédemment mentionnés, bien que ces terres fussent placées dans la mouvance de plusieurs seigneurs particuliers. Il s'agissait donc, pour acquitter les droits dus à chacun d'eux, de fixer la valeur relative des fiefs aliénés. De là, devaient naître forcément des discussions que les intérêts opposés des parties ne permettaient guère de trancher qu'après de longs débats. Ce n'est, en effet, qu'en 1706 qu'il y eut accord à ce sujet entre Anne de Souvré et le marquis de Tanlay.

Il fut convenu que sur le prix de cent quarante mille livres, porté dans l'acte de vente des terres de Tanlay et de Saint-Vinnemer, ce dernier fief serait compris pour.... 60.000[1]

Que sur celui de deux cent mille livres, fixé dans la vente du 25 septembre 1704, les terres de Thorey, en partie, Villon, Rugny, Melisey, relevant du marquisat de Cruzy, seraient estimées 67.300[1] ⎫
Et les terres de Chamelard et Pruzy, mouvantes du comté de Tonnerre, évaluées à........................ 6.100 ⎬ 73.400
⎭

Total de l'estimation de tous ces biens-fonds : 133.400[1]

Dont le quint denier était de........ 26.680 livres
Et le requint de................... 5.336 »

Total des droits de relief à acquitter : 32.016 livres, « les-
« quels, dit la transaction, madite dame de Louvois a volon-
« tairement réduits à dix-neuf mille deux cent livres, faisant
« remise du surplus, à condition que lad. somme sera payée
« en deniers comptans et sans aucuns billets, dans un mois
« de cejourd'hui. »

A cet acte, intervient M° Claude-François de Complainville, avocat à la cour, au nom et comme curateur de demoiselle Françoise de Choiseul-Praslin, dame de Chaource, lequel consent à ce que le fonds des terres de Thorey, en partie, et de Cussangis, soit porté à onze mille cent livres, « sur laquelle
« somme les droits de quint et requint seront perçus par
« mad. damoiselle, marquise de Chaource, sauf au s^r marquis
« de Tanlay à se régler ultérieurement sur la remise par lui
« prétendue (1). »

Obligés, comme nous l'avons dit précédemment, de résider presque constamment à Versailles, les La Vrillière ne s'étaient guère préoccupés de veiller à l'administration de leurs terres. Leurs intérêts avaient dû forcément en souffrir ; aussi, le premier soin de leur successeur fut-il de chercher à y porter remède.

A cet effet, il adressa une humble supplique au roi, portant que messieurs de La Vrillière ayant éprouvé déjà de grandes difficultés de se faire payer des droits qui leur appartenaient
« par les chicanes de leurs vassaux et tenanciers qui se sont
« portez jusqu'à brûler et dissiper les anciens titres et ter-
« riers, pour se procurer l'affranchissement de leurs terres au
« préjudice desdits seigneurs, l'exposant avait tout lieu de
« craindre que sa nouvelle possession n'inspire encore davan-
« tage à ses vassaux le désir de se libérer desdits droits. »

Ayant égard à cette requête, le roi adressa le 8 mars 1705, à son prévost de Chablis, des lettres patentes qui lui donnaient mandement « de faire savoir tant par publications es-prosnes

---

(1) Le fief de Thorey était situé moitié dans le marquisat de Cruzy, moitié dans le marquisat de Chaource. Quant au château, il relevait uniquement de Cruzy.

« des grandes messes, cris publics et par affiches aux lieux
« accoustumez desdites terres et seigneuries de Tanlay, Tho-
« rey, Melizé, Chamelard, Saint-Villemer, Rugny, Vanlay,
« Bernon, Avreuil, Les Bordes, Valières, Pruzy, Lignières,
« la Jesse et autres lieux, circonstances et dépendances, à
« tous vassaux et amphitéotes, détempteurs, possesseurs et
« tenanciers des biens et héritages sujets auxdits droits de
« reliefs, quints et requints, doche, tierce, censives, rente,
« coutume et main-morte, droit de bâtardise, épaves et autres
« droits et devoirs seigneuriaux portant lods et ventes, défauts
« et amendes quand le cas y écheoit; que par devant un ou
« deux notaires qui seront par l'exposant nommez et par vous
« commis, ils aient dans le temps qui leur sera par vous pré-
« fix à faire les foy et hommage, en fournir par écrit les aveus
« et dénombremens et fidèles déclarations, etc.

« Permettons en outre à l'exposant de s'approprier toutes
« et chascunes les maisons, bastiments, terres, prez, vignes
« et autres héritages dont ne paroistra aucuns détempteurs.
« — De faire compulser entre les mains de tous notaires,
« tabellions, greffiers et autres personnes publiques, tous et
« chascun les contracts de vente, échanges, partages, aveus
« et dénombremens, déclarations et papiers terriers, etc. »

Non seulement Jean Thévenin prit soin de faire constater ses droits et de rétablir ceux qui avaient été usurpés par ses vassaux, mais il se mit en mesure d'entreprendre, au château et dans ses dépendances, de grands travaux de réparations devenus d'autant plus urgents que MM. de La Vrillière avaient complètement négligé d'y faire la moindre dépense (1).

Avant de prendre aucun parti, il voulut se rendre un compte exact de l'état des choses. A cet effet il chargea, au mois de mars 1705, Me Henri Baudard, sieur des Landelles, capitaine du château, et Michel Maréchal, procureur fiscal, de faire procéder en la forme ordinaire, par devant Me André Déon, subdélégué à l'intendance de la généralité de Paris, en l'élection de Tonnerre, et juge des terres et marquisat de

---

(1) L'état qui figure ci-après donne bien une idée de l'incroyable incurie apportée par MM. de La Vrillière à l'entretien des bâtiments du château.

Tanlay, à la visite des lieux et à l'estimation de toutes les réparations.

Les prud'hommes choisis pour cette opération, étaient Edme Volage, maître maçon; Guillaume Cabasson, vitrier, demeurant à Tonnerre; Charles Gueniot, charpentier à Saint-Martin, et Nicolas Arbelot, couvreur d'ardoises à Tanlay.

D'après le rapport de ces experts, les travaux à faire s'élevaient, savoir :

1° Pour le **château**, à....................	31.936¹ 5ˢ
2° Pour le **portail**, à	1.244
3° Pour la **basse-cour**, à...................	4.616 »
4° Pour perspective, machine à élever les eaux, aqueducs, vannes, pont de l'étang, pont de Narmont, murs du grand canal, etc., à...........	6.032 »
5° Pour décharge des fossés, murs de la demi-lune sous le parterre, à	920 »
6° Pour **maison du jardinier, des gardes** et **colombier**, à...........................	1.478 »
7° Pour **four banal**, à	6 »
8° Pour **petit moulin** (situé sous le parterre), à.	807 10
9° Pour **grand moulin** (situé sur l'Armançon), à.	1.470 »
10° Pour **métairie de Sebille**, à.............	756 »
TOTAL.......	49.265¹ 15ˢ

Parmi les réparations les plus importantes, nous citerons « la terrasse de cinquante-deux pieds de long et de cinq de « large, communiquant du donjon à la tour de la chapelle, « dont le pavé est pourri. Les eaux criblent dans le mur qui « a causé la ruine de lad. terrasse, composée en fausses « arcades, chapiteaux, frises et corniches. Ces dégradations « sont estimées 1,200 livres (1).

« Le parapet du balcon (ayant vue sur le parterre), les « portes, deux croisées, les pilastres, chapiteaux, architraves,

---

(1) Cette terrasse, décorée d'arcades et surmontée d'un chemin de ronde qui réunissait le donjon aux deux grandes ailes du château, fut démolie dans la suite.

Aujourd'hui, une balustrade en pierre formant parapet borde simplement les fossés, du côté de la cour d'honneur.

« consoles, entablements, balustres qui font le tour dud. bal-
« con et les appuis, le tout ruyné. Pour réparer lesdits ouvrages,
« estimés à la somme de.............. 4.000¹ ⎫
  « Pour les plombs à y remplacer, 3,200   ⎬ 5.322¹
« livres, avec 60 livres de soudure..... 1.322 ⎭

« Le plafond et les peintures de la grande galerie ont beaucoup souffert. »

Dans la tour des « *Crotextes* » ou des « *nudités* », qui n'est autre que la tour de la ligue, mais dont le nom fut sans doute inspiré à nos prud'hommes par les figures entièrement nues peintes sur la voûte, « le parquet, les lambris, les croisées « sont à refaire à neuf; la corniche de la cheminée et les jam- « bages sont cassés. Ce travail coûtera 520 livres. »

Des charges aussi considérables n'empêchaient pas M. le marquis de Tanlay de songer à de nouvelles acquisitions. C'est ce que nous apprend une lettre de M. de Ponchartrain (1), du 28 décembre 1706, dans laquelle il lui dit : « Je laisse toujours « au mesme estat la négociation dont je vous avais parlé à « l'esgard de la terre de Trianon, et les papiers sont toujours « chez le procureur, qui se mesle de cette affaire. On m'a seu- « lement mandé que toute la terre de Trianon relevait de « Luzarches. J'attends pour cela de vos nouvelles et particu- « lièrement sur ce qui regarde notre compte. »

Le compte dont il est question dans cette lettre était relatif aux acquisitions faites par Jean Thévenin, de Louis Phelypeaux de La Vrillière, et pour lequel ce dernier employait les bons offices de M. de Ponchartrain, son parent. Les oppositions faites par de nombreux créanciers à la vente par décret de Tanlay et dépendances, étaient cause de tous ces retards. Enfin, le 10 janvier 1707, les parties parvinrent à régler cette affaire qui était restée si longtemps en suspens (2).

C'est également sur les conseils de M. de Pontchartrain que

---

(1) Jérôme Phelypeaux, comte de Pontchartrain, était fils de Louis, chancelier de France, et de Marie de Maupéou. Il était parent des Thévenin de Tanlay par les Jassaud.

(2) Nous croyons utile de donner une note sommaire de cette liquidation.
Suivant les actes de vente, Jean Thévenin avait acquis de Louis Phelypeaux de La Vrillière, des terres et seigneuries, moyen-

Jean Thévenin devint acquéreur du fief de la garenne de Colombes ou des Tournelles, près Paris.

Louis XIV était alors occupé de la fondation de Saint-Cyr, à laquelle prenait un si haut intérêt madame de Maintenon. Afin d'être agréable au roi, qui l'avait nommé depuis peu de temps gouverneur de Saint-Denis, Jean Thévenin négocia fort habilement l'acquisition de la belle ferme de la Cormeille, située dans le Vésinay, et que madame de Maintenon avait, sans succès, essayé de réunir au domaine de Saint-Cyr. A peine en possession de la Cormeille, le marquis de Tanlay l'offrit gracieusement aux dames de Saint-Cyr, qui lui donnèrent en échange la garenne de Colombes, ancienne dépendance de l'abbaye de Saint-Denis.

	l.	s.	d.
nant..	368.000	»	»
On fit déduction sur cette somme, pour un défaut de contenance constaté dans la forêt de Paisson, de	5.954	»	»
De sorte qu'il restait pour prix net desd. terres..	362.046	»	»
Intérêts jusqu'au jour de la liquidation.........	40.007	19	10
Total à payer par Jean Thévenin...........	402.053	19	10

Les créanciers de M. de La Vrillière touchèrent sur la somme ci-dessus, savoir :

	l.	s.	d.
1° Gilbert-Colbert de Saint-Ponange, grand trésorier des ordres du roi..	85.080	18	7
2° Marie Talon, veuve de Me Daniel Voisin, conseiller d'Etat....................................	104.398	3	»
3° Charles Goz, avocat en Parlement, et Amée Lambert, son épouse............................	10.509	»	»
4° Jean de Beaulieu, apothicaire du roi.........	16.763	5	10
5° Les enfants du marquis de Seignelay, secrétaire d'Etat..	39.232	12	6
6° Jean-René Bazan, marquis de Flamanville, lieutenant général des armées du roi, et Marie-Anne Le Camus, son épouse............................	24.277	15	6
7° L'abbé Duchesne............................	660	»	»
8° Le maréchal de Noailles, et Marie-Françoise de Beurnonville, son épouse......................	25.091	8	9
9° Michel Lepelletier, conseiller d'Etat.........	39.072	18	4
10° Robert-Michel Lepelletier des Forts, chevalier	6.627	7	4
11° Jean-Baptiste de Pommereu, maître des requêtes..	29.091	1	10
12° Les héritiers de Jacques Duchesne, avocat en Parlement......................................	17.370	11	»
Total des sommes payées aux créanciers....	398.175	1	6
De sorte que MM. de La Vrillière n'eurent à recevoir que..	3.878	17	4
Total égal............	402.053	19	10

Cette preuve de dévouement et de délicatesse plut infiniment à madame de Maintenon, qui en témoigna toute sa reconnaissance à M. de Tanlay (1).

De son mariage avec Esther Oreil, Jean Thévenin de Tanlay, I*er* du nom, n'eût qu'un fils unique, Jean Thévenin, baron de Coursan, seigneur de Racine et Lasson, en Champagne, reçu conseiller au Parlement en 1699, et nommé conseiller-maître en 1703, qui épousa le 12 mars 1700, Louise de Jassaud d'Arquinvilliers, fille de Jean de Jassaud, chevalier, seigneur d'Arquinvilliers, la Lande et autres lieux, conseiller du roi, maître ordinaire de son hôtel, et de Louise Charlet (2).

Le baron de Coursan avait compromis de bonne heure, par ses imprudences, une fortune considérable, car il avait reçu en dot quatre cent mille livres qui étaient en partie dissipées. Dans la crainte justement fondée que les domaines qu'il laisserait après sa mort ne fussent démembrés, Jean Thévenin conçut le projet d'en ôter la libre disposition à son héritier direct. Pour cela il fit, par son testament du 26 juillet 1707, passé devant M° Durand, notaire au Châtelet de Paris, un legs particulier à Jean Thévenin, son petit-fils, alors âgé de cinq ans, des terres de Tanlay, Thorey, Saint-Vinnemer, Avreuil, Bernon, Vanlay et dépendances, de la maison de Courbevoie et du fief de la garenne de Colombes.

Ce legs particulier était « accompagné de substitution « au profit du jeune Thévenin et de ses enfants mâles, l'aîné

(1) Avant de faire partie de la dotation de Saint-Cyr, le fief de Colombes dépendait de la meuse abbatiale de Saint-Denis. C'était la garenne fermée des abbés, qui en faisaient leur séjour favori pendant la saison des chasses. Cette propriété, qui comprenait environ 350 arpents de bois, clos de murs, avec maison d'habitation, chapelle, colombier, communs et trois potagers, fut louée pendant quelque temps à MM. de Beaudeville, conseiller au Parlement, comte de Saint-Florentin, prince de Monaco, de La Régnière, fermier général, etc. M. le marquis de Tanlay s'y retira pendant la Révolution. Elle fut aliénée par son fils, vers 1812.
M. de Tanlay possédait encore douze arpents de pré dans l'île de Neuilly, où fut construit le nouveau pont, plus neuf arpents et demi dans la prairie de Colombes.

(2) Par son contrat de mariage du mois de mars 1700, le baron de Coursan constitua un douaire de 120,000 livres au profit de Louise de Jassaud, sa femme. (Voir, pour la généalogie des Jassaud, le 3e supplément au tableau VIII, 3e volume.)

« préféré au puîné et, à défaut d'enfants et descendants mâles
« de son petit-fils, le testateur appela les autres enfants et des-
« cendants mâles, nés en légitime mariage dudit sieur de
« Coursan, son fils, suivant l'ordre de primogéniture et, à
« défaut d'enfants mâles dudit sieur de Coursan, il donna et
« substitua toutes lesdites terres, maison et fief au fils aîné du
« Sʳ Thévenin, son frère et aux enfants et descendants dudit
« fils aîné, nés en légitime mariage de mâle en mâle, l'inten-
« tion dudit Sʳ testateur étant que ladite substitution ait lieu
« en faveur des enfants mâles jusques à la troisième géné-
« ration. »

Jean Thévenin mourut le 10 mars 1708, c'est-à-dire huit mois à peine après avoir arrêté ces dispositions. Il fut inhumé au couvent des Cordeliers de Tanlay, où il avait fondé un annuel de messes perpétuelles pour le repos de son âme et de celle de ses prédécesseurs.

Sa vie avait été consacrée à de grandes opérations financières où il fit toujours preuve d'une rare capacité. Son activité, sa passion pour le travail avaient développé chez lui une faculté bien précieuse : celle de faire de tête des supputations excessivement compliquées.

Jean-Louis Ier

1708-1711

Aussitôt la mort de son père, M. le baron de Coursan se mit en mesure d'assurer à son jeune fils la délivrance du legs qui lui avait été fait par son aïeul. Mais comme il avait, en qualité d'unique héritier de Jean Thévenin Ier, des intérêts opposés à ceux du légataire substitué, on lui adjoignit le 8 juin 1708, sur l'avis des parents, comme tuteur honoraire, Mre Jean de Jassaud, père de madame de Coursan, et comme tuteur onéraire le s^r François Grenier, bourgeois de Paris.

Le 21 octobre, M. de Coursan obtint des lettres patentes du roi, qui l'autorisaient à poursuivre la confection du terrier commencé en 1705.

Au mois de mai 1709 il donna, conjointement avec M. de Jassaud et le s^r Grenier, pouvoir à noble homme de Merveilhaut, directeur du roi, à Dijon, de fournir à la chambre des Comptes les aveu et dénombrement de la terre de Tanlay.

Cette déclaration, donnée le 31 mai 1709, contient une description du château qui mérite, croyons-nous, d'être conservée.

« Premièrement le manoir seigneurial dudit Tanlay, scitué

« en la province de Bourgogne, bailliage de Noyers, consis-
« tant en un chasteau basty à la moderne, à sept pavillons
« dans l'un desquels est une chapelle sous le nom de la Sainte-
« Croix avec une grande gallerie au bout d'icelle, le tout en-
« touré de fossez avec un grand pavillon d'entrée, pont levys
« aussi d'entrée en fasce de la basse court, ensemble un
« autre pont levys du costé du parterre, où il y a un bassin et
« jet d'eau, avant-court où il y a encore un gros pavillon
« quarré servant d'entrée dans ladite avant-court pour aller
« au chasteau, entouré de fossez et doubles fossez pleins
« d'eau, avant-court, basse-court quarrée où il y a escurie à
« tenir cent chevaux, pressoir, vinée, granges, greniers, éta-
« bles, scellier, avec un petit jardin et logement pour un fer-
« mier, grand jardin potager, canaux, allées et contre-allées
« dans un beau parcq, glacière, le tout clos de murs avec une
« maison et jardins en dehors pour loger le jardinier (1),
« maisons et jardins pour loger les gardes avec un co-
« lombier à pied, le tout comme dit est, en dehors du parcq
« et contenant ensemble la quantité de cent arpens ou en-
« viron.

« Item, un étang qui est au bout du parcq plein d'eau,
« entouré d'avenues plantées d'arbres, lesdites allées et
« étang entouré de murailles contenant soixante arpens d'eau
« environ.

« Item, deux belles avenues plantées de tillaux à quatre
« rangs, l'une faisant fasce à l'entrée du chasteau tendante à
« Saint-Vinnemer, et l'autre tendante à Tonnerre.

« Item, deux moulins à eau dont l'un est situé sur la rivière
« d'Armançon et l'autre au bout du parterre, à la descharge
« des eaux qui sortent des fossez et canaux qui sont dans le
« parcq.

« Item, dehors et à costé du parcq, du costé du levant,
« est une chapelle sous le nom de Saint-Emillian avec une
« advenue de tillaux qui y conduit.

« Item, un clos de vignes appelé la Vigne-Noire, situé au

---

(1) Cette maison, située dans la rue de Quincy, et achetée en 1597 par le marquis de Mirebeau, des s^rs Sébastien Leroy et Didier Le Cerf, a été vendue en 1821, au s^r Louis Courtaux.

« finage de Tanlay, entouré de murs contenant unze arpens
« ou environ, etc. »

M. le baron de Coursan décéda le 10 janvier 1710, laissant trois enfants du mariage qu'il avait contracté avec Louise de Jassaud d'Arquinvilliers :

1° Jeanne-Louise, née en 1702, alliée par contrat du 15 décembre 1726, à Jean-Zacharie de La Faurie, baron de Villandrault (1);

2° Jean-Louis Thévenin, IIe du nom, marquis de Tanlay, né en 1703, qui suit;

3° Anne, née en décembre 1704, alliée à Etienne-Charles Jassaud de Vaupreux (2).

Le 25 janvier 1710, madame de Coursan présenta une requête à Me Jean Le Camus, conseiller du roi et lieutenant civil de la prévôté de Paris, tendante à faire élire un tuteur et un subrogé-tuteur à ses enfants. Sur l'avis des parents, le juge ordonna « que ladite veuve Thévenin demeurerait tutrice
« auxdits mineurs ses enfants, à l'effet de régir et gouverner
« leurs personnes et biens, que le sieur Jean Thévenin, secré-
« taire du roy, leur grand-oncle, serait subrogé-tuteur, à l'ef-
« fet de faire faire inventaire, etc. »

A quelque temps de là, madame de Coursan éprouvait de

---

(1) Jean-Zacharie de La Faurie, président en la cour des aides de Paris et chevalier d'honneur au Parlement de Bordeaux, était fils de Jean de La Faurie, écuyer, capitaine de grenadiers, seigneur de Mas-périer-Coison, en Saintonge, et de dame Elisabeth d'Abzac de La Douze, vicomtesse de Pommiers et de Villandrault, baronne de Saint-Hilaire du Bois, patronne et collatrice des chapitres du Recte et dudit Villandrault, dame des maisons nobles de Neuillac et Brice, en Saintonge, dame foncière et directe de la juridiction de Sauveterre.

Parmi les témoins qui assistent au contrat de M. de La Faurie et de demoiselle Jeanne-Louise Thévenin, nous citerons : Monseigneur Jean Drumond, duc de Melfort, pair d'Ecosse et d'Angleterre, maréchal des camps et armées du roi de la Grande-Bretagne, ami du futur ; Anne Thévenin de Montchamps, sœur de la future, et Jean de Jassaud, seigneur d'Arquinvilliers, conseiller du roi en tous ses conseils, maître des requêtes ordinaire de son hôtel, aïeul maternel de la future.

(2) Voir, pour la généalogie des Jassaud, le 4° supplément au tableau VIII, 3° volume.

grandes difficultés avec le sr François Grenier qui avait été nommé en 1708, tuteur onéraire de son jeune fils. Sans avoir égard à sa qualité de tutrice, celui-ci avait, « de son autorité « privée et sans aucun ordre, fait plusieurs changements dans « le marquisat de Tanlay, chassé et déposé des officiers et « domestiques qui y avoient été établis par le défunt sr de « Coursan, et notamment le nommé Lassure et sa femme, con- « cierges, et continué sans aucun titre, de régir ledit mar- « quisat. »

Justement blessée d'une telle conduite, Mme de Coursan adressa ses pouvoirs à Me André Déon, subdélégué de Monsieur l'intendant de Bourgogne, demeurant à Tonnerre, lui donnant pour instructions « d'empêcher le sr Grenier de s'im- « miscer en aucune manière dans la régie dudit marquisat et « dépendances, de rétablir, s'il le juge à propos, lesdits Las- « sure et sa femme, concierges, et autres officiers, et de faire « signifier à tous qu'il appartiendra l'acte de tutelle de ladite « dame, etc. »

M. Déon se mit immédiatement en mesure de faire respecter l'autorité de Mme de Coursan ; mais il avait affaire à un homme singulièrement retors et tenace à l'excès qui, regardant sans doute comme une riche prébende ses fonctions de tuteur onéraire, n'était pas d'humeur à les quitter. Il fit mieux, en révoquant les gardes de Rugny et de Melisey, qui lui portaient ombrage, et en donnant des provisions nouvelles à des créatures de son choix.

Afin de faire cesser un conflit aussi regrettable, Mme de Coursan prit le parti de porter plainte au parc-civil du Châtelet qui, par sentence du 29 juillet 1710, « fit défenses à Fran- « çois Grenier de prendre la qualité de tuteur de Jean Théve- « nin, écuyer, fils mineur dudit sr de Coursan et de ladite « dame, son épouse, de s'immiscer dans la recette des revenus « des terres, marquisat, seigneurie et baronnie de Tanlay, « Thorey, Avreuil, etc.;

« Ordonne que les gens que led. Grenier a fait sortir des- « dites terres seraient rétablis, et que ceux qu'il y a introduits « seront tenus d'en sortir ;

« Que la fonction que M. Jassaud d'Arquinvilliers a « cy-devant eue de tuteur des enfants mineurs desd. sieur et

« dame de Coursan, à l'effet seulement de faire les demandes
« en délivrance de legs, et provoquer l'inventaire, devrait im-
« médiatement cesser ;

« Que la tutelle, tant aux personnes qu'aux biens des sieurs
« mineurs, serait déférée à ladite dame de Coursan, etc. »

Ce jugement fut aussitôt signifié au sieur Grenier, qui n'en continua pas moins d'occuper le château et de diriger les choses entièrement à sa guise.

Mais le 16 septembre 1710, le sieur Edme Galley, sergent immatriculé en la justice de Tanlay, accompagné des sieurs André Déon, juge, Michel Maréchal, procureur fiscal, et Arnal, greffier, se présente à la porte du donjon dont l'entrée lui est refusée. Cependant, un menuisier, nommé Garreau, parlemente par le trou de la serrure. L'huissier fait alors sommation au sieur Placquet, concierge, qui était caché derrière la porte, « tant pour luy que pour son fils, soy disant garde des
« chasses et bois de la terre de Rugny, au sieur Richard, garde
« des chasses et bois de Melisey et Chamelard, audit Garreau,
« nommé depuis peu de temps garde de Tanlay, en place du
« sieur Roguier, qui avait été établi par M. le marquis de
« Tanlay, aïeul du seigneur mineur, d'avoir à quitter leurs
« fonctions et de sortir immédiatement du château, déclarant
« aux sus-nommés que madame de Coursan les révoque,
« n'entend point leur payer aucun gage, qu'au contraire, elle
« les rend solidairement responsables avec ledit s^r Grenier de
« tous les meffaits, désordres qui ont été commis pendant leur
« établissement. »

L'appareil de la justice avait commencé d'en imposer aux récalcitrants. Cependant Placquet refuse toujours d'ouvrir; mais, sur la menace qu'on allait enfoncer les portes et le mettre en prison, Garreau prend peur et se décide à obéir aux injonctions qui lui sont faites. M. Déon pénètre alors dans le château, installe comme concierge le s^r Lassure et rétablit dans leurs fonctions tous les serviteurs de madame de Coursan.

Prévoyant un échec, ou craignant peut-être les conséquences d'une rébellion trop ouverte, le s^r Grenier avait jugé prudent de s'esquiver de Tanlay, où on ne le vit plus jamais reparaître. Mais ce qui paraît vraiment extraordinaire, c'est qu'il ait pu vivre pendant plus de neuf mois au château, comme en place conquise, distribuant les emplois, administrant les biens, usant en un mot de tous les privilèges d'un véritable seigneur châtelain.

Jean-Louis Thévenin, Ier du nom, devait suivre de bien près son père dans la tombe, car il décéda le 15 juillet 1711, à peine âgé de neuf ans. En lui disparaissait le dernier rejeton mâle de la branche aînée des Thévenin, et la substitution prévue par son aïeul s'opérait en faveur de Jean II.

Jean II

1711-1776

CELUI-CI, né en 1707, était fils de Jean Thévenin, écuyer et secrétaire du roi, greffier en chef du Parlement de Bordeaux, et de Jeanne de Palmes, veuve en premières noces de François Burin, seigneur de Riquebourg-la-Neuville (1).

Il est facile d'imaginer les regrets que dut éprouver la baronne de Coursan, en voyant passer tous les biens composant le marquisat de Tanlay sur la tête de son jeune cousin,

---

(1) Jean Thévenin, greffier en chef du Parlement de Bordeaux, décéda le 17 septembre 1729. Il avait épousé, par contrat du 30 janvier 1706, Jeanne de Palmes, qui mourut le 10 juillet 1735. Celle-ci avait eu deux enfants de son premier mariage avec François Burin de Riquebourg : 1° Marie, religieuse au couvent des Filles de la Croix, morte en 1741 ; 2° Alexandre-François, capitaine de cavalerie, décédé le 16 octobre 1753, à Saint-Domingue. Par son testament, en date du 21 avril 1735, Jeanne de Palmes chargea Marc-Claude Thévenin, son fils et son légataire universel, de « fonder à son intention, « et pour le repos de son âme, au couvent de la Bourdellière, où elle « a eu trois sœurs religieuses, une messe basse de *Requiem* par « chaque semaine de l'année ». Ce testament, véritable modèle de charité chrétienne, contient en même temps les témoignages de l'affection la plus tendre pour les parents de la défunte.

Le couvent de la Bourdellière, de l'ordre de Cîteaux, était situé près de la ville de Loches.

au préjudice de ses deux filles; mais il n'y avait qu'à s'incliner devant les volontés exprimées dans le testament du 26 juillet 1707.

En qualité de tuteur du nouveau seigneur de Tanlay, Jean Thévenin dut songer à mettre son fils en possession réelle des terres qu'il avait recueillies. Son premier soin fut de convoquer, le 18 juillet 1711, les parents et amis de Jean II, son fils, âgé de cinq ans, devant Mre Charles-Denis de Bullion, marquis de Gallardon, garde de la ville, prévôté et vicomté de Paris, qui ordonna « que le sr Thévenin père serait et
« demeurerait tuteur audit mineur, à l'effet d'agir et de faire
« tout ce qu'il conviendra pour l'exécution de lad. substitution
« et les actes de délivrance dud. legs, diriger et exercer toutes
« les actions qui en dépendent, tant pour les fonds que pour
« les fruits et revenus des biens substitués, et ce suivant avis
« et consentement des parents et amis que nous avons homo-
« logués (1). Et ledit jour et an que dessus, led. sr Thévenin
« père a pris et accepté ladite charge de tuteur aux effets cy
« dessus et a fait le serment accoustumé. »

Par arrêt du 4 septembre suivant, la cour des aides permit au sieur Thévenin de se mettre en possession et jouissance des terres de Tanlay, Thorey, maison de Courbevoie, garenne de Colombes et de tous les autres biens substitués, pour jouir des revenus à partir du 20 juillet, jour de la demande. « Les

---

(1) Les parents et amis dont le nom est mentionné dans cette ordonnance sont :

1º Jean Thuet, sieur des Touches, intéressé es-affaires du roy ;
2º François Creusé de Bernusse, écuyer, gentilhomme ordinaire de M. le duc de Berry, à cause de dame Marie-Madelaine Thévenin, sa femme ;
3º Charles Clignet de la Chastaigneraye, écuyer, trésorier de M. le dauphin et des enfants de France ;
4º Louis-François Clignet de la Chastaigneraye, écuyer, sieur de la Motte, tous cousins paternels ;
5º Mre Charles de Verac, chevalier, allié, à cause de dame Esther Oreil, sa femme, auparavant épouse de M. Thévenin, marquis de Tanlay ;
6º François Gabriel, conseiller du roi, trésorier général des bâtiments de Sa Majesté, oncle maternel, à cause de dame Marie-Marguerite de Palmes, son épouse;
7º Mre Paul Poisson de Bourvallais, conseiller du roi, secrétaire ordinaire du conseil d'Etat, direction et finances de Sa Majesté, ami.

« dits biens préalablement veus et visitez par Liévain, expert
« juré du roy, lequel dressera, aux frais et despens de qui il
« appartiendra, des procès-verbaux de l'état des lieux, des
« dégradations, si aucunes ont été faites, et des réparations
« qui sont à faire. Condamne le sr Thévenin, suivant ses
« offres, à payer à madame de Coursan les labours et
« semences, ensemble les façons et tout ce qui a été déboursé
« pour les vignes et les améliorations. »

En conséquence de cet arrêt, le sr Nicolas Liévain, architecte, expert juré du roi, partit de Paris le 1er octobre 1711.
« Après être arrivé à la disnée en la ville d'Essonne, pour y
« prendre sa réfection, il coucha le soir à Fontainebleau, à
« l'hôtellerie du Lion-d'Or, continua sa route le lendemain
« jusqu'à Villeneuve-la-Guyard, où il s'arrêta à l'hôtel de la
« Souche-de-Vigne, puis arriva le soir à Sens, où il logea à la
« Levrette. Le 3 octobre, il alla à Joigny pour y dîner, et pour-
« suivit sa route jusqu'à Pontigny, où il fut à la vesprée. Et
« le dimanche 4 octobre, après avoir quitté Pontigny, à l'issue
« du service divin, il continua jusqu'à Tonnerre et de là à
« Tanlay, où, étant arrivé à huit heures du soir, il se rendit
« chez le lieutenant du village, qui est la seule hôtellerie qu'il
« y ait en ce lieu. Mais ayant appris que le maître était ma-
« lade, il fut obligé d'aller au château, où il requit le con-
« cierge de vouloir bien le coucher. »

Ainsi, quatre jours avaient été nécessaires à notre expert juré pour accomplir le voyage de Paris à Tanlay. Nous ne dirons que peu de chose de son volumineux procès-verbal, qui relate toutes les réparations à faire au château, aussi bien que dans les fermes, moulins, etc., qui en dépendent, et dont le chiffre total s'élève à .... 42.544^l 12^s

Le château seul est compris dans cette somme
pour.................................. 26.119 12

« Le cabinet qui est dans une des tourelles ayant vue sur le
« parterre, en voute de pierres de taille, peint de métamor-
« phoses, est estayé dans une partie, le surplus fractionné
« dans les voussoirs, qui se disjoignent.

« Il a été fait au cintre de la grande galerie plusieurs por-
« tions de lambris, pareillement des rétablissements aux cor-
« niches et aux fractions des murs, ensemble des recouvre-

« ments aux arrière-voussoirs des croisées, dont la peinture
« n'a pas été refaite, et pour rétablir lesd. peintures, il en
« coûtera la somme de deux cents livres. »

Les croisées, les lambris, le carrelage de cette galerie sont en mauvais état. La réparation est estimée quatre cent vingt-quatre livres.

La galerie du rez-de-chaussée qui conduit à la chapelle a beaucoup souffert « des injures du temps, tant à la corniche
« qu'aux pilastres, archivoltes des arcades et pieds-droits. Ce
« dépérissement est évalué à neuf cents livres. »

S'il est permis de constater, d'après l'état de lieux dressé en 1705, que des réparations importantes avaient été faites au château par Jean Thévenin Ier et le baron de Coursan, il n'est pas moins certain que des travaux considérables étaient encore nécessaires, et qu'avant de donner aucun revenu, les biens substitués étaient grevés déjà de bien lourdes charges.

Le 17 mars 1713, sur la requête présentée par Jean Thévenin, demandeur, comme tuteur de son fils mineur, contre Louise de Jassaud, dame de Coursan, défenderesse, intervint un nouvel arrêt de la cour des aides qui le maintint « en pos-
« session et jouissance des terres, maison et garenne léguées
« et substituées, avec défense à lad. dame, défaillante, de l'y
« troubler, et aux fermiers et receveurs qui ont la régie des
« biens de reconnaître autre propriétaire que le demandeur
« aud. nom. »

Suivant l'arrêt de 1711, Jean Thévenin devait faire au greffe de la cour des aides « ses soumissions de rapporter ce qu'il
« pourrait toucher, tant au profit du roy que pour les apure-
« ments des comptes de son frère aîné, gouverneur de Saint-
« Denis ». Sur l'avis des parents, il remplit cette formalité le 17 novembre 1715 (1).

---

(1) Dans cette liste de parents et amis figurent les noms de :
1° Charles de Vérac, oncle paternel, à cause de dame Esther Oreil, sa femme ;
2° Jean Thuet, sieur des Touches, cousin paternel ;
3° Charles Clignet, sieur de la Chastaigneraye, trésorier des enfants de France, cousin paternel ;
4° Jacques Raudot, conseiller honoraire en la cour des aides ;
5° Jean-Bonaventure Lelay, sieur de Villarmé, lieutenant de MM. les maréchaux de France ;

Depuis quelques années, il y avait procès entre les seigneurs de Tanlay et l'abbaye de Saint-Michel, au sujet de la dîme que les prieurs de Saint-Vinnemer avaient droit de percevoir dans la Vigne-Noire et dans l'intérieur du parc. Pour y mettre fin, les parties convinrent, par une transaction du 1er mai 1716, qu'il serait payé chaque année une somme de quarante livres pour la dîme de la Vigne-Noire. Réserve expresse était faite dans le même acte, par dom Jean Duchesne, prieur titulaire de Saint-Vinnemer, pour les grains et chanvres qui pourraient être cultivés dans le parc de Tanlay.

Le 7 juillet 1720, Mre Jean Thévenin fait un marché avec le sr Charles Jodelet, entrepreneur de bâtiments, demeurant à Bierry, en Bourgogne, « pour la reconstruction des voûtes des
« grandes écuries de la basse-cour, dans les endroits où elles
« menacent ruine, et qui sont actuellement fendues et estayées,
« moyennant trois livres dix sous par chascune toise carrée.
« Comme aussi de réparer l'arcade de l'escalier du chasteau
« qui est actuellement estayée et de la mettre en sa perfec-
« tion dans l'ordre où elle était cy-devant, ensemble la
« tablette de la première croisée dudit escalier, du costé de la
« chapelle, qui est déversée. »

A cause de la minorité du marquis de Tanlay, son tuteur avait cherché à obtenir « terme et délai » pour qu'il pût rendre en personne foi et hommage à sa majorité, et fournir son dénombrement aux seigneurs dont relevaient ses différents fiefs. Mais ce n'était pas sans d'interminables tracasseries que s'opérait souvent la transmission des terres nobles qui, suivant la coutume de Sens, devaient acquitter à chaque mutation des droits considérables, désignés sous le nom de reliefs ou profits féodaux.

Dans la circonstance, les agents de madame la marquise de Louvois, veuve de François-Michel le Tellier, comte de Ton-

---

6º Louis Bille, conseiller du roi, receveur des domaines de la généralité de Bourges;

7º Jacques-Louis Lemarié, chevalier, comte de Lamary et de Verny, conseiller-secrétaire du roi et de ses finances, ci-devant intendant des armées de Sa Majesté ;

8º Jean-Baptiste Lemarié, sieur d'Aubigny, conseiller-secrétaire du roi et de ses finances.

nerre, se montrèrent d'une rigueur extrême. Dès la fin de l'année 1711, alors que le marquis de Tanlay n'était âgé que de six ans, ils faisaient saisir féodalement entre les mains des fermiers les revenus des terres de Saint-Vinnemer, Thorey, Melisey, Rugny, qui relevaient du marquisat de Cruzy, et ceux de Chamelard et Pruzy, qui relevaient du comté de Tonnerre.

Par un accord amiable consenti par madame de Louvois, il fut convenu que le mineur de Tanlay devrait acquitter, pour tous les droits en litige, la somme de six mille livres, dont les premiers paiements furent effectués quelque temps après. Mais, malheureusement, ces conventions n'avaient pas été arrêtées par écrit, de sorte qu'à la mort de madame de Louvois, qui eut lieu en 1715, de nouvelles poursuites furent entamées, avec une ardeur incroyable, par ses nombreux héritiers, et entraînèrent à des frais énormes que constatent les volumineux dossiers que nous avons sous les yeux. C'était bien l'âge d'or des procureurs et des gens de justice, car le jugement de la cour des aides qui ordonne la main-levée des saisies ne fut rendu que le 23 février 1731, c'est-à-dire vingt ans après les premières poursuites. Aussi les droits de relief qui, à l'origine, avait été fixés à six mille livres, finirent par atteindre le chiffre fabuleux de vingt-sept mille deux cents quatre-vingt-deux livres !

Aussitôt qu'il eut atteint l'âge de majorité féodale, qui était fixé à vingt ans par la coutume de Sens, Jean Thévenin III s'empressa de rendre foi et hommage, savoir :

Le 7 août 1724, à M. le marquis de Courtanvaux, seigneur de Cruzy, pour Thorey, Saint-Vinnemer, Melisey et Rugny ;

Le 8 août, à M. le comte de Tonnerre, pour Chamelard et Pruzy ;

Le 24 août, au seigneur de Chaource, pour Thorey, en partie, Cussangis, Lajesse et Vaillères ;

Enfin, le 27 août, à M. le comte de Saint-Florentin, baron d'Ervy, pour Bernon, Avreuil et Vanlay.

Les mêmes formalités furent également remplies à la chambre des comptes de Dijon, le 14 août 1725, pour la terre de Tanlay.

Vers la même époque, un procès bien autrement grave

s'engageait encore entre la maison de Louvois et le marquis de Tanlay. Faisons un rapide exposé des faits qui y donnèrent lieu.

En 1677, M. le marquis de la Vrillière cédant aux instances, et nous devons ajouter aux offres avantageuses de Jacques Duchesne, avocat en Parlement, et d'honnête homme Jean Sinelle, « acheteurs de la forest de Maulne », leur donna à bail, moyennant une redevance de mille livres tournois, « le chasteau, la terre et l'étang de Tanlay, en telle manière « qu'ils voudront et que leur sera utile pour le passage et « flottage des bois de Maulne, aux conditions de rendre ledit « étang, chaussées et roultes dycelui par où ils passeront « leurs bois en mesme estat qu'ils le prendront. »

En conséquence de ce traité, les sieurs Duchesne et Sinelle firent ouvrir, depuis l'extrémité supérieure de l'étang jusqu'à la perspective, un grand fossé parallèle à l'allée de Narmond, afin de faire entrer leur bois dans le canal du parc par la grande bonde, et de là jusqu'à l'aqueduc et décharge « qui va au costé de la demy-lune du parterre ».

Ce premier essai de flottage ne dura guère plus d'une dizaine d'années, et nous avons tout lieu de croire que c'est à cause des dégradations considérables que causaient aux aqueducs les masses de bois qui venaient s'y engouffrer qu'il fut abandonné.

Mais ce projet fut repris plus tard par Louise de Noailles, veuve du marquis de Louvois, qui, grâce à la haute influence dont elle jouissait à la cour, fit soumettre la question du flottage aux conseils du roi, sous le prétexte assez spécieux des avantages considérables que devrait en tirer l'approvisionnement de Paris. Averti des démarches actives qui étaient faites dans ce but, Jean Thévenin demanda, au nom de son fils, qu'une enquête fût faite pour établir combien ses intérêts et ceux des habitants pouvaient être compromis par les inondations fréquentes auxquelles ils seraient exposés.

L'enquête fut accordée et, le 17 novembre 1722, Jean-Baptiste Crosnier, lieutenant au siège de la maîtrise des eaux et forêts de Sens, délégué par le grand maître au département de Paris, se transporta à Tanlay, à l'effet d'entendre les doléances des habitants.

Parmi les nombreuses dépositions qui figurent au procès-verbal dressé par le sieur Crosnier, nous ne citerons que celle du sieur Edme Gallet, cordonnier à Tanlay. Ce témoin déclare : « qu'en l'année 1697, étant arrivée une inondation à « Tanlay pendant l'été, les eaux entrèrent avec tant d'abon-« dance dans les canaux et fossés du château, qu'on fut obligé « de crever les murs du parc pour leur donner un écoulement « suffisant. Qu'en 1710, il arriva une autre inondation, au « mois de mars, par la fonte des neiges, qui fist de grands « desgats aux fossés du chasteau, dont les parapets furent « emportés et le poisson entraîné ; que les eaux s'estant « répandues par la décharge des Cordeliers, inondèrent tout « le costé du village qui est dans le bas, où il y eut jusqu'à « six pieds de hauteur, en sorte que plusieurs habitants furent « obligés de monter sur le faiste de leurs maisons. »

Malgré des dangers aussi graves et les craintes que pouvait inspirer la construction des trois étangs de Baon, de Froide-Fontaine et de la Côte-Creuse, les plaintes des habitants, pas plus que les efforts de Jean Thévenin, ne purent faire repousser les prétentions de la marquise de Louvois.

Le 12 février 1723 intervint un arrêt du conseil royal des finances, qui autorisa Louise de Noailles « à faire flotter les « bois de Maulne par les ruisseaux de Baon et de Quincy, « affluents dans la rivière d'Armançon, et à passer lesdits bois « par les étang, canal et aqueduc du parc, le long du parterre « du chasteau, pour sortir par la vanne du petit moulin et se « rendre dans la rivière d'Armançon. »

Une seule obligation était imposée à madame de Louvois ; c'était de réparer, à dire d'experts, les dommages qui pouvaient être causés par le flottage.

Le château de Tanlay se trouvait astreint, dès lors, à une servitude des plus onéreuses qu'on puisse imaginer. Chaque année, avant l'opération du flottage, des experts, choisis par les marchands de bois et par M. de Tanlay, devaient visiter les canaux, aqueducs, vannes et parapets du parc, afin d'en constater l'état ; puis, après le passage du flot, les mêmes experts procédaient à une contre-visite qui avait pour but de déterminer toutes les réparations à faire. Pendant douze ou quinze jours, suivant la durée du flottage, les portes du parc devaient rester jour et nuit ouvertes, de manière à permettre aux commis des marchands d'y circuler librement et de surveiller les ouvriers qui, armés de crocs et de longues perches, étaient chargés de repousser les bûches dans le courant.

Ajoutons à tous ces graves inconvénients qui forçaient le propriétaire du château à abandonner sa demeure, les miasmes délétères que répandaient dans l'air les vases, les immondices de toutes sortes déposées sur le bord des ruisseaux et qui occasionnaient à Baon, à Tanlay des fièvres paludéennes, et nous aurons une faible idée des détestables abus, comme des dangers, auxquels donnait lieu le flottage.

Heureusement que les charges résultant des dégradations qu'il s'agissait de réparer finirent par fatiguer la maison de Louvois. M. de Courtanvaux essaya bien de s'y soustraire, mais un nouvel arrêt du conseil, du 3 août 1756, tout en l'autorisant à continuer le flottage des bois de Maulne, l'obligea « à le faire publier dix jours à l'avance, à faire passer les bois « d'un seul flot et sans interruption, sans pouvoir assujettir « le marquis de Tanlay à donner les eaux plusieurs fois, puis, « à fournir un cautionnement pour les indemnités auxquelles « il serait condamné par les experts, faisant Sa Majesté très « expresses inhibitions et défenses aux marchands de bois, « flotteurs et autres de rétablir l'étang de Ban ou d'établir « aucuns canaux, à peine d'amende arbitraire. » L'arrêt ordonne enfin que s'il survient quelques contestations à l'occasion dudit flottage, elles seront jugées par le grand maître des eaux et forêts, à l'exclusion de tous autres juges.

M. de Courtanvaux interjeta d'abord appel de cet arrêt au conseil royal des finances ; mais, réfléchissant ensuite aux dépenses considérables que le flottage lui occasionnerait, il présenta, le 8 juin 1761, une requête « tendante à ce qu'il « plaise à Sa Majesté lui donner acte de ce qu'il renonce à « toujours, tant pour lui que pour ses hoirs ou ayant cause « et ses adjudicataires de la forêt de Maulne, au flottage à lui « accordé par l'arrêt du 12 février 1723 et par celui du « 3 août 1756, comme lui étant plus à charge que profitable, « par rapport à la difficulté d'en user sur le ruisseau de Ban, « qui n'est pas flottable de son propre fonds, et au préjudice

« considérable que le public, notamment les communautés de
« Ban et de Tanlay, pourrait en ressentir, etc. »

« A ce que les terre et marquisat de Tanlay soient déchargés
« du flottage ; ce faisant, que les étangs de Ban et du pré de
« la Creuse soient détruits ; que défenses soient faites à toutes
« personnes de rétablir les chaussées et bondes, ni faire
« aucun ouvrage en vue dudit flottage, etc. »

C'est sur cette requête que le roi rendit, le 16 juin 1761, un arrêt par lequel il ordonna que les « terre et marquisat
« de Tanlay seraient déchargés du flottage accordé par les
« arrêts de 1723 et 1756, faisant très expresses inhibitions et
« défenses à toutes personnes de quelqu'état et condition
« qu'elles soient, de rétablir les chaussées et bondes desdits
« étangs, ni faire aucun autre ouvrage en vue du flottage,
« tant au dessus que sur le cours des ruisseaux de Ban et de
« Quincy. Et sera le présent arrêt exécuté nonobstant opposi-
« tion ou autres empêchements généralement quelconques
« pour lesquels ne sera différé, et dont, si aucuns inter-
« viennent, Sa Majesté s'en est réservé la connaissance et
« icelle interdite à toutes ses cours et autres juges. »

Malgré l'arrêt que nous venons de rapporter, les étangs construits par la maison de Louvois, pour les besoins du flottage, étaient restés dans leur ancien état. Afin d'être délivré de toute inquiétude à ce sujet, M. le marquis de Tanlay présenta requête à M. le grand maître des eaux et forêts qui, par jugement du 5 mai 1757, « ordonna que dans le délai
« d'un mois à dater de la signification du présent, le marquis
« de Courtanvaux serait tenu de faire mettre nombre d'ou-
« vriers suffisants pour faire la destruction entière et totale de
« l'étang de Ban, ainsy que des deux autres, l'un dit Froide-
« Fontaine, scis dans le finage de Rugny et de Ban, et l'autre
« dit du Pré de la Creuse ou de Pismesle, finage de Ban, comme
« aussy à l'entière destruction de tous les ouvrages qui ont été
« faits dans lesdits étangs et les remettre au mesme et sem-
« blable état que le tout étoit avant lesdites reconstructions,
« sinon et faute de ce faire par le marquis de Courtanvaux
« dans ledit délay d'un mois, ycelui passé, en vertu de notre
« présent jugement et sans qu'il soit besoin d'autre, autorisons
« le marquis de Tanlay de faire mettre nombre d'ouvriers suf-

« fisant pour faire faire lesdites destruction et aplanissement,
« et de payer lesdits ouvriers, dont il sera remboursé par le
« marquis de Courtanvaux, etc. »

Ainsi le flottage des bois de Maulne, qui avait commencé en 1677, fut définitivement supprimé en 1757, après avoir été utilisé par la maison de Louvois, pendant l'espace de quatre-vingt ans (1).

Jean Thévenin, qui avait eu à surmonter tant d'embarras pendant la minorité de son fils, décéda le 17 septembre 1729, laissant trois enfants de son alliance avec Jeanne de Palmes :

1° Jean Thévenin III, marquis de Tanlay, dont il sera parlé ci-après ;

2° Jeanne, qui épousa, le 10 avril 1736, René-Charles-François Guéroult de la Gohière, seigneur de Saint-Marc, gentilhomme de monseigneur le duc d'Orléans, et qui mourut le 28 août 1738, sans laisser de postérité ;

3° Marc-Claude Thévenin de Melisey, gentilhomme ordinaire du roi, décédé le 12 janvier 1795, sans avoir pris d'alliance.

Avant de poursuivre, nous ne saurions passer sous silence une des créations les plus heureuses que nous devons à l'initiative de M. de Melisey. Nous voulons parler de cette délicieuse promenade de Narmond, si appréciée des touristes, et que les habitants de Tanlay éprouvent tant de plaisir à fréquenter. Par ses soins, une charmante fontaine fut bâtie et vint remplacer une mare infecte qui se trouvait au milieu du bois ; un ruisseau avec cascades fut tracé dans le vallon, et des allées percées dans les épais taillis permirent de circuler dans toutes les directions.

Content de son œuvre, le créateur de ce beau parc fit alors graver sur le fronton de la fontaine ces vers latins, qui disent

---

(1) Après avoir traversé le parc de Tanlay et passé par la décharge du moulin, les bûches de bois préalablement marquées du marteau des marchands étaient arrêtées au moyen d'une estacade, au Bas du Grand-Vain. Là, on les empilait, en attendant qu'on pût profiter du flot de l'Armançon pour les jeter dans la rivière.

On peut évaluer à 2800 cordes environ par an le bois de moule que produisaient alors les coupes de Maulne, dont la contenance était en moyenne de 148 arpents.

parfaitement tout le charme dont ces lieux pénètrent l'esprit du visiteur :

> Rivulus invito fugiens per gramina lapsu
> Sistit aquas nimium celeres dulcique susurro
> Reddit ovans carmen repetitque fluentibus undis.

Mais ne nous attardons pas davantage à parler des discrets et poétiques ombrages de Narmond, ni des gracieux souvenirs qu'ils rappellent à la mémoire des habitants. Cherchons encore, dans les dossiers poudreux de nos archives, quelques faits historiques qui se rattachent au passé des seigneurs de Tanlay.

Le 1ᵉʳ juin 1734 commence une longue procédure entre Jean Thévenin et M. le duc de Luynes, ayant la garde noble de M. le duc de Chevreuse, son fils, au sujet des droits de reliefs que celui-ci prétendait lui être dus, en qualité de comte de Noyers, par le seigneur de Tanlay.

Nous avons dit précédemment, en parlant des Courtenay, que Mile VI, de Noyers, avait cédé en 1295, avec l'agrément du roi et moyennant mille livres tournois, la mouvance de Noyers et des fiefs qui en dépendaient au duc de Bourgogne Robert II. Mais dans le traité conclu à ce sujet, Mile VI avait pris soin de réserver « que les coutumes et les usages du « chastel et de la chastellenie seraient en la condition qu'ils « avaient été gardés et tenus çà en arrière. » Or, avant cette cession, Noyers était soumis à la coutume de Sens, où tous les fiefs étaient de « *profit* », c'est-à-dire payaient à chaque mutation des droits de « *quint et requint* (1) » au seigneur du fief dominant. La coutume de Bourgogne, au contraire, n'admettait que des fiefs de « *danger* », sans aucun profit.

Jusqu'au XVIᵉ siècle, la coutume de Sens fut généralement appliquée, sans donner lieu à la moindre contestation ; mais une déclaration de François Iᵉʳ, du mois de mars 1516, ayant ordonné que la terre de Noyers serait réunie à son domaine,

---

(1) On entendait par quint la cinquième partie du prix de la vente, et par requint la cinquième partie du quint ; de manière que si le prix était de la somme de cent livres, il était dû au seigneur vingt livres pour le quint et quatre livres pour le requint. En sorte qu'à chaque quatrième mutation, le seigneur dominant avait touché la valeur du fief servant.

vint y porter une singulière atteinte. De son côté, la chambre des comptes de Dijon, qui ne demandait pas mieux que de faire rentrer sous la coutume du duché la châtellenie de Noyers, s'empressa de profiter de cette déclaration pour faire « inhibitions et défenses au bailly de Noyers et à tous autres « officiers de s'entremettre à la réception des foy et hommage, « aux vassaux dépendans de Noyers de rendre les devoirs de « fiefs à autres qu'à Sa Majesté. »

Vouloir reconstituer au profit de la châtellenie de Noyers la mouvance ancienne, avec ses droits et ses prérogatives, c'était donc, de la part du duc de Luynes, une entreprise fort difficile, d'autant plus que les petits seigneurs avaient tout intérêt à échapper à des charges aussi onéreuses. Aussi, voyons-nous, en 1736, seize vassaux se réunir et former entr'eux une sorte de ligue, afin de résister plus sûrement aux exigences du comte de Noyers.

Les moyens employés par M. le marquis de Tanlay, pour sa défense, furent à la fois des plus simples et des plus habiles. Tout en protestant de son obéissance envers le seigneur dominant, il déclarait qu'il ne lui était pas permis de souscrire de son chef aux prétentions du duc de Luynes et de décider, de son autorité privée, si c'était à lui ou au roi qu'il devait rendre ses devoirs de vassal, en introduisant ainsi un véritable combat de fiefs.

Il représenta encore que, depuis l'année 1536, ses prédécesseurs avaient rendu foi et hommage au roi, que lui-même avait rempli la même formalité en 1725, qu'ainsi il avait perdu toute liberté de décider sur les droits respectifs de son souverain et du comte de Noyers. En conséquence, il dénonça les poursuites dont il était l'objet au procureur général de la chambre des comptes de Bourgogne et au procureur du roi du domaine, afin de se mettre à l'abri des difficultés auxquelles il voulait rester étranger.

Le Parlement de Dijon, saisi de cette grave affaire, se fondant sur ce que Noyers et les fiefs qui dépendaient de cette châtellenie étaient mouvants du duché, débouta purement et simplement le duc de Luynes des demandes formées contre le seigneur de Tanlay, et le condamna en outre à tous les frais et dépens du procès (1742).

Dans la nuit du 3 au 4 novembre 1761, un violent incendie menaça de détruire entièrement le château. Au lieu de rapporter nous-mêmes les détails que nous avons recueillis à ce sujet, nous préférons laisser parler les témoins qui ont assisté à cet affreux sinistre. L'un d'eux, le sieur François Marquis, maçon à Tanlay, dépose dans un procès-verbal d'enquête « que
« dans la nuit du 3 au 4 novembre, sur les neuf ou dix heures
« du soir, il avait entendu crier au feu ; ayant appris qu'il
« estoit au chasteau, il y courut aussitôt et porta deux sceaux
« d'eau avec luy. Etant arrivé dans le pavillon qui est à droite
« en entrant, ayant monté le grand escalier, il auroit vu que
« le feu étoit dans la chambre attenant de la tour qui est du
« costé de chez le jardinier (1), y ayant jeté quelques sceaux
« d'eau, et s'étant aperçu que le feu avait fait de tels progrès
« qu'il n'étoit plus possible de l'éteindre, il prit le parti, avec
« plusieurs autres particuliers, de monter dans les greniers
« pour couper la charpente, à quoy ils ne parvinrent que très
« difficilement, à cause de l'obscurité. A peine eurent-ils com-
« mencé cet ouvrage que le feu prit dans le grand corps de
« logis, et dans un instant fust à costé d'eux, et sans l'eau qui
« leur étoit portée avec abondance par plus de cinq cens per-
« sonnes, tant de Tanlay que des environs, ils n'auroient
« jamais pu empêcher que l'autre partie du chasteau n'eut
« esté consumée, puisque le feu dura avec une violence
« extrême pendant huit heures dans la partie incendiée. Et ce
« qui contribuoit beaucoup à augmenter la violence des
« flammes estoit le plomb qui fondoit de toutes parts et tom-
« boit même sur les personnes qui s'opposoient aux progrès
« du feu, et ledit déposant fust mesme brulé en plusieurs
« endroits. »

M. Daniel Rochard, sieur des Hautes et Basses-Roches, âgé de soixante-dix ans et curé de Tanlay, rapporte « que dans
« la nuit du 3 au 4 novembre, sur les neuf heures et demie,
« le feu ayant été au chasteau, et si rapide dans le dedans et
« le dehors du pavillon à droite en entrant, que si on n'avoit
« pris le parti de couper la couverture à peu près dans le

(1) La maison qu'occupait alors le jardinier était située au nord du château, sur la rue de Tanlay à Quincy. C'est là que se trouvait également le colombier.

« milieu du chasteau, le tout auroit été incendié, et sans le
« secours qui fut apporté par plus de cinq cens personnes, il
« est à présumer que tout auroit été consumé par la violence
« des flammes qui étoit augmentée considérablement par la
« fonte des plombs qui étoient sur la couverture et malgré
« toutes ces précautions, comme il y avoit déjà plus de trois
« heures que le feu y étoit, le déposant fut obligé d'y porter le
« très saint sacrement qui aussitôt calma le feu et mist à mesme
« les personnes qui travailloient à l'éteindre entièrement. »

Parmi les témoins entendus, nous citerons encore M® Nicolas Richard, curé de Molôme, arrivé sur les lieux pour prêter secours avec ses paroissiens ; M® Jean-Jacques Outin, curé de Saint-Godard de Rouen, et dame Marguerite Rolland, veuve de Mre Antoine de Saussières, marquis de Tenance, capitaine de cavalerie dans le régiment de Ruffec, chevalier de l'ordre royal et militaire de Saint-Louis, âgée de soixante ans (1). Cette dame et M. l'abbé Outin étaient alors en visite chez M. le marquis de Tanlay.

D'après un rapport dressé le 27 janvier 1762, par Louis Bonneau, entrepreneur de bâtiments à Noyers, et Jean Suisse, maître charpentier en la même ville, la cause du sinistre fut attribuée à la mauvaise disposition d'une enchevêtrure qui n'était guère séparée du plancher que par un terris de quelques pouces d'épaisseur. Une bûche enflammée avait sans doute roulé sur cette enchevêtrure qui s'était vite échauffée et avait pris feu. En outre, la chambre était *plancheyée*, ce qui fournit un aliment rapide à l'incendie.

Le désastre était considérable, car la partie nord du château qui avait été ravagée par le sinistre, comprenait : 1° « du côté
« du levant, les deux fenêtres donnant sur la cour d'honneur
« et attenant du grand escalier situé dans la tourelle à droite.
« Ces deux fenêtres séparées fort heureusement du reste du
« château par un mur de refend qui avait empêché le feu de
« s'étendre d'avantage, présentaient de face, avec les trumeaux,
« une longueur de cinquante-six pieds.

« 2° Du côté de la rue de Quincy au nord, les quatre gran-
« des fenêtres de la façade avec la tour.

---

(1) M. le marquis de Tenance était seigneur de Serrigny.

« 3° Du côté du parterre, à l'ouest, quatre fenêtres tenant à
« la même tour et formant, avec les trumeaux, soixante-dix-
« huit pieds de longueur.

« Les experts constatent encore que, dans la partie incen-
« diée, se trouvait une galerie de quarante-deux pieds de lon-
« gueur du costé du parterre, laquelle était ornée de pein-
« tures des plus excellens maistres, suyvant ce qu'il leur a
« paru par le restant de ladite galerie. Que l'escalier de la
« tour, qui est un morceau achevé d'architecture, est aussy
« totalement ruyné et les pierres calcinées. Il faut refaire en
« entier les marches et le noyau de l'étage supérieur. »

Ils évaluent enfin les réparations à faire à la somme de 85,000 livres. M. le marquis de Tanlay fit exécuter avec le plus grand soin tous ces travaux, tellement qu'il serait fort difficile aujourd'hui de supposer qu'un sinistre a ravagé, en 1761, toute cette partie du château. Le noyau du grand escalier, qui à la hauteur du premier étage était précédemment en pierre, fut remplacé par une pièce de bois évidée d'un seul morceau, dont les dimensions énormes font l'admiration des visiteurs.

Jean Thévenin, III° du nom, mourut le 7 août 1776, âgé de soixante et onze ans, et fut inhumé dans l'église de Saint-Nicolas-des-Champs, à Paris (1).

Il avait épousé le 10 juin 1740, Catherine Jolly, fille de Nicolas Jolly, conseiller-secrétaire du roi, grand audiencier de France, et de Catherine-Françoise Pougin (2), dont il eut :

(1) Il avait été reçu conseiller au Parlement de Paris le 16 mars 1731, et conseiller honoraire en 1752.

(2) Nicolas Jolly, fils de Nicolas Jolly, bourgeois de Paris, et d'Anne Maillard, fut d'abord intendant de M. le marquis de la Fare, capitaine des gardes de S. A. R. monseigneur le duc d'Orléans. Il acheta la charge de grand audiencier de France, qui procurait la noblesse au premier degré, de messire Antoine Moron, écuyer, moyennant 440,000 livres, et mourut le 4 novembre 1750. Il avait épousé, le 29 décembre 1713, Catherine-Françoise Pougin, fille de Pierre Pougin, bourgeois de Sully-sur-Loire, et de Geneviève-Catherine Chalons, qui décéda le 21 septembre 1746. De leur mariage vinrent deux enfants : 1° Catherine, mariée à Jean Thévenin III ; 2° Philippe-Charles, seigneur de Fossoy, conseiller du roi en ses conseils et grand audiencier de France, allié le 22 janvier 1748 à Marie-Gertrude Wauzyll, veuve en premières noces de Benoît Dumas, écuyer, chevalier de l'ordre de Saint-Michel, seigneur de Stains, directeur de la compagnie des Indes,

1° Jean Thévenin, né le 15 mars 1741, sous-lieutenant au régiment des gardes françaises, décédé le 14 décembre 1766, sans avoir été marié ;

2° Etienne-Jean-Benoit, Ier du nom, marquis de Tanlay, baron de Thorey, né le 8 juillet 1749, dont il sera ci-après parlé ;

3° Catherine, née le 8 février 1742, morte le 30 décembre 1795, qui fut alliée à Thomas-Urbain de Maussion, seigneur d'Yrouer et de Sainte-Vertu, conseiller au grand conseil (1).

cy devant commandant général des Indes orientales et gouverneur de Pondichéry. Philippe-Charles Jolly mourut le 30 janvier 1777, âgé de soixante-deux ans, sans laisser de postérité. Toute sa succession passa à dame Catherine Jolly, sa sœur.

(1) Voir, pour la généalogie des Maussion, le 7° supplément au tableau VIII.

Etienne-Jean-Benoit Ier

1776-1802

EN 1770, M. le marquis de Tanlay avait été nommé conseiller au Parlement de Paris, charge dont il se démit plus tard, pour entrer à la cour des monnaies, dont il devint premier président, en 1781.

Il avait épousé le 26 mai 1773 (1) Bénigne-Louise Esprit de Saint-André, fille de messire Etienne Esprit de Saint-André,

---

(1) Voici les noms des parents et amis qui figurent au contrat de mariage daté du 13 mai 1773 :

Du côté du futur, Mre Marc-Claude Thévenin de Tanlay, chevalier, gentilhomme ordinaire de la chambre du roi, oncle ; — Jean-Etienne Bernard de Clugny, chevalier, baron de Nuits-sur-Armançon, seigneur de Praslay et autres lieux, intendant général de la marine et des colonies, ami ;

Du côté de la future, dame Jeanne-Louise Thévenin de Coursan, veuve de Jean-Zacharie de la Faurie de Villandrault, aïeule maternelle ; — Mre Bénigne-Jean Esprit, chevalier, oncle paternel ; — demoiselle Félicité-Françoise Esprit, tante paternelle ; — Mre Etienne-Charles de Jassaud, chevalier, seigneur de Vaupreux, oncle maternel, à cause de défunte dame Anne Thévenin, son épouse ; — Mre Pierre-Louis, comte d'Erlach, brigadier des armées du roi, chevalier de Saint-Louis, commandant la compagnie générale des Suisses et Grisons, et dame Anne-Charlotte-Marie de Jassaud, son épouse, cousine sus-germaine ; — Claude-Etienne Bidal, marquis d'Asfeld, maréchal de camp, cousin paternel ; — Louis-Philippe-Marie, comte de Palmes-d'Espaing, capitaine de grenadiers, cousin paternel.

Etienne-Jean-Benoit Ier

1776-1802

EN 1770, M. le marquis de Tanlay avait été nommé conseiller au Parlement de Paris, charge dont il se démit plus tard, pour entrer à la cour des monnaies, dont il devint premier président, en 1781.

Il avait épousé le 26 mai 1773 (1) Bénigne-Louise Esprit de Saint-André, fille de messire Etienne Esprit de Saint-André,

---

(1) Voici les noms des parents et amis qui figurent au contrat de mariage daté du 13 mai 1773 :

Du côté du futur, Mre Marc-Claude Thévenin de Tanlay, chevalier, gentilhomme ordinaire de la chambre du roi, oncle ; — Jean-Etienne Bernard de Clugny, chevalier, baron de Nuits-sur-Armançon, seigneur de Praslay et autres lieux, intendant général de la marine et des colonies, ami ;

Du côté de la future, dame Jeanne-Louise Thévenin de Coursan, veuve de Jean-Zacharie de la Faurie de Villandrault, aïeule maternelle ; — Mre Bénigne-Jean Esprit, chevalier, oncle paternel ; — demoiselle Félicité-Françoise Esprit, tante paternelle ; — Mre Etienne-Charles de Jassaud, chevalier, seigneur de Vauproux, oncle maternel, à cause de défunte dame Anne Thévenin, son épouse ; — Mre Pierre-Louis, comte d'Erlach, brigadier des armées du roi, chevalier de Saint-Louis, commandant la compagnie générale des Suisses et Grisons, et dame Anne-Charlotte-Marie de Jassaud, son épouse, cousine sus-germaine ; — Claude-Etienne Bidal, marquis d'Asfeld, maréchal de camp, cousin paternel ; — Louis-Philippe-Marie, comte de Palmes-d'Espaing, capitaine de grenadiers, cousin paternel.

maréchal des camps et armées du roi, chevalier de l'ordre royal et militaire de Saint-Louis, et de Jeanne-Louise de la Faurie de Villandrault.

Ce mariage vint resserrer de la façon la plus heureuse les liens qui unissaient les deux branches de la maison de Thévenin, car mademoiselle de Saint-André était, par sa mère, l'unique héritière de Jeanne-Louise de Coursan qui, elle-même, était petite-fille de Jean Thévenin, Ier du nom. A tous les points de vue, cette alliance ne faisait qu'honorer la famille de Tanlay, car M. de Saint-André jouissait dans l'armée d'une haute considération, qu'il devait à sa modestie parfaite aussi bien qu'à ses brillants services.

Entré à l'âge de dix-huit ans, le 25 octobre 1724, dans les mousquetaires du roi, il passa ensuite dans le régiment du Maine-cavalerie, d'où il sortit le 10 juin 1743, pour être placé dans la brigade de carabiniers de Montmorency.

Après cinquante-six ans de services, il fut nommé, par brevet du 1er mars 1780, lieutenant général des armées du roi.

De 1734 à 1762, il fit seize campagnes, tant dans le régiment du Maine que dans les carabiniers. A la bataille de Fontenoy, il eut trois chevaux tués sous lui. A celle de Creveld, il se trouvait placé entre M. de Gisors et le chevalier de Groslier, maréchal de camp, qui vint lui apporter l'ordre de charger les quatre mille grenadiers du duc Ferdinand de Brunswick, l'un des plus habiles lieutenants du roi de Prusse. Voici comment M. de Saint-André raconte le triste épisode qui le mit hors de combat dans cette fatale journée du 23 juin 1758 :

« Après avoir eu deux chevaux blessés et reçu moi-même un
« coup de sabre à l'œil droit, je chargeais à la tête de mes
« escadrons le régiment hessois du prince Cracl, quand mon
« troisième cheval tomba mort sous moi. Un de mes carabi-
« niers, nommé Guillain, me trouva étendu sur le champ de
« bataille où j'avais ramassé un pistolet pour me défendre. Il
« m'appela et me tendit la main, appuyé sur son cheval. Je
« tâchais de me sauver, mais je ne pouvais marcher : j'étais
« moulu. Plusieurs chevaux avaient passé sur moy, ma jambe
« droite me refusait le service et le sang qui était sorty de la
« fente que j'avais à l'œil m'aveuglait. J'avais mes cuirasses

« dont je n'avais pas voulu me défaire, pensant pouvoir
« retrouver un cheval.

« J'étais avec grand peine à cinquante pas du champ de
« bataille, quand un carabinier m'a appelé pour ramasser un
« de nos étendards ; je suis revenu sur mes pas et lui ai
« donné. Bref, malgré nos pertes, nous n'avons perdu ni tim-
« balles ni étendards. Le pauvre Guillain m'a attendu tout le
« temps ; les balles pleuvoient. Enfin, entré dans le bois, j'ai
« trouvé un officier poly qui s'est avancé à moy, et qui m'a
« fait prisonnier. Il a voulu de même arrêter Guillain, lequel
« étant bien monté, a appuyé son cheval de deux coups d'épe-
« rons pour aller rejoindre les autres. Il a essuyé encore
« beaucoup de feu, son cheval a été tué, et luy dangereuse-
« ment blessé. Cet homme ne mérite-t-il pas d'être bien
« récompensé ? »

Les pertes des carabiniers étaient énormes, voici l'état qu'en donne M. de Saint-André : « Barville a eu son cheval
« tué ; lui-même a reçu une contusion à la hanche gauche ;
« La Tour a été tué ; Chanterac et Boubert l'aîné, ont eu les
« bras emportés ; Saint-Simon, la jambe cassée ; Malvin,
« blessé à la tête ; Pérodil sera estropié de la main gauche,
« tous deux cornettes. Je commence à désespérer de Grimaldi
« et d'Argens l'aîné ; ils ont plusieurs blessures dangereuses.
« Il n'y a eu que les deux escadrons de Maison et les deux de
« Bovet qui ayent chargé, aussi ces deux brigades sont-elles
« anéanties. Je ne crois pas qu'elles aient aujourd'hui plus de
« cent hommes à cheval. Les ennemis ont eu le champ de
« bataille, mais les carabiniers n'ont pas été battus. Ils ont
« été écrasés, non battus ! »

Le lendemain de cette fatale journée, où l'impéritie du prince abbé de Clermont fit essuyer à l'armée française un si sanglant échec, M. de Saint-André fut conduit sous bonne escorte à Creveld. Instruit de son arrivée, le prince Ferdinand le fit inviter à sa table et lui témoigna en termes des plus flatteurs, toute l'admiration que lui avait causée sa conduite de la veille. Des propositions d'échange furent alors entamées, et grâce à une circonstance des plus remarquables que nous allons rapporter, M. de Saint-André put espérer qu'on lui accorderait sa liberté.

« Un petit cornette de sa compagnie, nommé Brioude, avait
« traversé avec son étendard l'armée ennemie suivi seulement
« de vingt carabiniers qui sabrèrent quinze canonniers à une
« batterie, et firent prisonnier le colonel qui les commandait.
« Après avoir percé jusqu'à Glabac, à deux lieues sur le flanc
« des Hanovriens, il revint le lendemain avec son étendard et
« son prisonnier, ramenant tous ses blessés en charrette de
« paysan. Brioude est un jeune homme de dix-sept ans ; il a
« ramené avec luy l'échange de son lieutenant-colonel, M. de
« Saint-André, qui est blessé et fait prisonnier (1). »

Mais avant que le cartel relatif à cet échange ne fût signé, le prince Ferdinand, cet homme destiné à un si grand renom militaire, dit Henri Martin, avait autorisé déjà M. de Saint-André à rentrer sur parole dans ses foyers. Voici la lettre que lui adressait à ce sujet le général en chef de l'armée hanovrienne :

« Je viens de recevoir, monsieur, dans l'instant, la lettre
« que vous avez bien voulu m'adresser. Ce que j'ay fait à
« votre égard est deu à votre mérite et en considération du
« cas personnel que je fais de vous. Je n'ay pu voir qu'avec
« admiration la valeur distinguée avec laquelle vous et tous
« ces messieurs qui ont combattu avec vous à la journée du
« 23 se sont comportés. Saisy de la plus parfaite estime pour
« des personnes aussy valeureuses, je n'ay donc pu me dis-
« penser que de leur témoigner par des marques sensibles,
« toute l'étendue de ce sentiment, allant au devant de vos
« désirs dans la situation présente où vous, monsieur, et les
« autres messieurs se trouvent, en vous accordant la permis-
« sion d'aller retourner en France, auprès de vos parents; en
« engageant préalablement votre parole d'honneur, de ne
« point reprendre les fonctions de vos emplois jusqu'au mo-
« ment de l'échange, de suivre la route prescritte, et de vous
« écarter absolument du voisinage de votre armée, sans quoy
« je me verrois forcé, bien malgré moy, d'user avec plus de
« circonspection et mesme avec quelque dureté envers ceux
« qui seroient restés comme prisonniers, en les tenant esloi-
« gnés de leur patrie.

(1) Lettre datée de Cologne, le 27 juin 1758.

« Vous sentirez vous-mesme, monsieur, tout l'odieux de
« ces conséquences. J'ay trop de confiance dans votre façon
« noble de penser, pour que je doutte un moment que vous
« ne vous pénétreres à ce que j'exige de vous. Je compatis
« infiniment au sort des pauvres blessés. Je serais charmé de
« trouver des occasions pour adoucir leur situation, estimant
« naturellement une nation qui de tout temps a imprimé dans
« mon cœur ce sentiment, et qui le mérite à si juste titre.
« Faites moi au reste la justice d'estre persuadé que je pro-
« fesse ce sentiment outre cela particulièrement pour vous,
« monsieur, et soyez persuadé que je suis très véritable-
« ment,

     « Monsieur,
    « Votre très humble serviteur.
   « Signé : FERDINAND, duc de Brunswick et de
      « Lunebourg.
« Ce 3 juillet 1758. »

Il était difficile, nous devons le reconnaître, de montrer plus de sympathie et de générosité envers les vaincus. Cette lettre honore donc à la fois le général de l'armée alliée et M. de Saint-André, qui avait su inspirer d'aussi nobles sentiments.

Nous nous sommes écarté sans doute du sujet que nous devions avoir spécialement en vue, en parlant aussi longuement du général de Saint-André. Mais ses liens de parenté avec le maréchal d'Asfeld, dont il était le neveu, avec le maréchal de Catinat, dont il était le petit-neveu, les égards que lui témoignaient les Talleyrand, les Montmorency, le vieux prince de Bourbon, les relations intimes qu'il conserva jusqu'en 1792 avec le maréchal de Noailles, qui lui donnait dans ses lettres les preuves du plus sincère attachement, ne sont-ils pas autant de titres qui rappellent la haute estime dont il était entouré et qui rejaillissent sur les Tanlay, ses descendants (1) ?

---

(1) Jacques-François Esprit, oncle de M. de Saint-André était directeur général des fortifications de la province de Bretagne. Il prit part, en 1697, au siège de Barcelone, où il fut tué. Le duc de Vendôme écrivit à cette occasion à Louis XIV, que la prise de la ville ne pouvait le dédommager de la perte d'un officier aussi distingué.

Sa fille unique, ne fut-elle pas inspirée toute sa vie par un si noble exemple? Son rôle devait être forcément plus modeste, mais si elle n'eut pas à supporter, comme son glorieux père, la rude vie des camps, c'est au chevet des malades qu'elle vint s'installer, c'est à ses chers pauvres de Tanlay qu'elle prodigua ses consolations. Aussi, quand vinrent les mauvais jours, si quelques ingrats perdant tout souvenir des bienfaits passés, se laissèrent entraîner à de regrettables excès, nous avons hâte de dire que la population tout entière ne cessa de témoigner un profond respect pour sa bienfaitrice.

Mais n'anticipons pas sur les événements.

Le 5 septembre 1776, Etienne-Jean-Benoit, Ier du nom, avait rendu foi et hommage et fourni son dénombrement à la chambre des comptes de Dijon. En qualité de premier président de l'hôtel des monnaies, il était obligé de résider une grande partie de l'année à Paris ou dans sa propriété de Colombes, qui n'était guère éloignée de plus d'une lieue et demie de la capitale (1). Cependant il ne manquait guère de venir habiter Tanlay, au commencement de l'automne. Au mois d'octobre 1781 il était occupé d'y installer un théâtre, dont il confiait les décors à un peintre nommé Rousselle, qui recevait pour ce travail la somme de 72 livres. Il y avait alors nombreuse société au château ; nous citerons parmi les invités MM. de Chaumont, Ferrant, Montholon, de Vindé, de Châtenay, de Damas, Mme de Misieux, etc.

Afin de pouvoir offrir à ses hôtes les plaisirs de la chasse à courre ou de leur faciliter des promenades en forêt, M. de Tanlay s'occupait, en 1785, avec son voisin et ami, M. le comte de Pimelles, de percer dans les bois de Vaulineuse les belles avenues que nous admirons aujourd'hui.

---

(1) La chambre des monnaies avait été érigée en cour souveraine par un édit d'Henri II, du mois de janvier 1551. Dans les cérémonies, elle avait rang immédiatement après la cour des aides. Les présidents portaient des robes de velours noir ; les conseillers, les gens du roi, le greffier en chef, les portaient en satin noir.

Ce tribunal connaissait seul de la fabrication des espèces, du titre, du cours, du prix et de la police des monnaies. Par un édit du mois de mars 1719, le roi avait accordé la noblesse aux présidents, conseillers, procureurs généraux, après vingt ans de services.

A la même époque, il eut à soutenir un procès des plus ennuyeux, au sujet des limites du finage de Saint-Vinnemer, avec le sieur Edme Girardin de Tréfontaine, et Catherine-Suzanne Gachet, son épouse.

Le 14 septembre 1780, Mme de Tréfontaine agissant au nom de son mari, capitaine au régiment de Hainaut et chevalier de Saint-Louis, avait acheté de M. le comte de Champignelles, fondé de pouvoirs de Mmes Le Bascle, de Moulins, les terres d'Argentenay et du Coin, limitrophes de la seigneurie de Saint-Vinnemer.

Souvent absent d'Argentenay, à cause de ses fonctions, M. de Tréfontaine laissait volontiers le soin de ses intérêts à M. Claude-Brice-François Gachet qui, en sa qualité d'avocat au Parlement et de bailli de Cruzy, ne laissait passer aucune occasion de susciter de mauvaises querelles à ses voisins. Tout fier d'avoir accordé la main de sa fille à un gentilhomme qui laissait à son entière discrétion l'administration de ses affaires, M. Gachet conçut le projet d'agrandir à bon compte le fief dont il était le véritable seigneur. A cet effet, il fit arracher, le 12 avril 1785, et transporter dans son château, une borne qui séparait les finages d'Argentenay et de Saint-Vinnemer, lieu dit le *Bas-des-Corbes*, et en fit placer deux autres qui étendaient, contre toute raison, sa directe et sa censive sur la terre de son voisin.

Toutes les formalités auxquelles la justice procède d'un pas si lent avaient été accomplies, et le jugement qui condamnait M. de Tréfontaine à rétablir la borne en question venait d'être rendu, quand l'Assemblée nationale, dans la célèbre nuit du 4 août, fit table rase des privilèges et des droits féodaux, qui avaient été l'origine de ce coûteux procès.

Mais une affaire bien autrement grave devait encore inquiéter M. de Tanlay. Il s'agissait de cette éternelle et maudite question du flottage, qui avait suscité déjà tant de tracas et d'ennuis à son père.

Le 7 décembre 1785, un sr Mugin, Inspecteur des bois et rivières pour l'approvisionnement de Paris, vint remettre à Mme de Tanlay, en l'absence de son mari, un mémoire non signé, adressé au bureau de la ville et concernant le flottage des bois de Maulne par les canaux, fossés et aqueducs du château, demandant en même temps qu'il lui fût permis de visiter les lieux. Tout en protestant contre la mission confiée au s^r Magin, Mme de Tanlay ne crut pas devoir lui refuser la permission de pénétrer dans son parc.

Le mémoire anonyme dont nous venons de parler contenait le projet de rétablir l'étang de Baon, considéré comme nécessaire au flottage. Il fut présenté à M. le baron de Breteuil, ministre et secrétaire d'Etat au département de Paris, qui donna ordre de le communiquer au prévôt des marchands, afin d'avoir son avis.

Le 5 septembre 1786, les marchands et échevins assemblés, après avoir examiné le rapport et les plans dressés par le s^r Magin, se fondant sur ce que les arrêts du conseil de 1756 et 1761 contenaient la défense précise de rétablir l'étang de Baon ou d'en construire un nouveau ; — considérant encore qu'il ne pouvait résulter dudit flottage aucun avantage pour l'approvisionnement de la capitale, puisqu'en fait le transport des bois de Maulne ne serait pas moins dispendieux par eau que par terre, prirent une délibération tendante à repousser l'innovation proposée et à renvoyer de sa demande l'auteur du mémoire.

Le 15 septembre suivant, M. de Tanlay recevait de Versailles la lettre suivante, qui mettait fin à toutes ses appréhensions.

« Le bureau de la ville, monsieur, vient de m'adresser la
« délibération qu'il a prise le 5 de ce mois, concernant la
« proposition qui a été faite de rétablir le flottage du ruis-
« seau de Ban. Les détails contenus dans cette délibéra-
« tion annoncent qu'il n'y a pas lieu de s'occuper de
« ce projet et de proposer au Roy d'y donner désormais aucune
« suite.

« Signé : LE BARON DE BRETEUIL. »

Déjà s'approchait la formidable crise qui marque la fin du siècle dernier.

Les esprits modérés sentaient, eux-mêmes, l'indispensable nécessité d'apporter des modifications à une forme de gouvernement dont les idées générales n'étaient plus en rapport avec les besoins de la nouvelle société, mais ils ne voulaient pas renverser ni détruire brutalement les institutions qui nous rattachaient à une monarchie de quatorze cents ans et dont le passé, s'il ne fut pas toujours exempt de faiblesses et de vicissitudes, avait eu ses jours de prospérité et de grandeur, et assuré à notre pays une large part d'influence parmi les nations de l'Europe.

Comme le dit avec tant de raison, un de nos meilleurs historiens (1), « le temps est, lui-même, un révolutionnaire « incomparable, car il change toute chose sans secousse et « sans malheur. » Aussi, le plus grand danger pour l'homme, c'est précisément de repousser cet auxiliaire et de se porter en avant avec une impatience fiévreuse que tout obstacle irrite. Dans l'élan de sa passion, ce n'est plus alors que l'esprit de révolte qui le dirige. Voulant faire trop vite, il brise ce qui l'arrête et arrive à dépasser rapidement le but qu'il voulait atteindre.

A l'origine, la population de Tanlay accueille avec enthousiasme les grandes réformes qui s'opèrent dans l'ordre social, mais en même temps, elle se montre pleine de modération envers les personnes directement atteintes par la perte de leurs privilèges.

Le conseil de la commune en donna, le 27 juin 1790, une preuve bien touchante. Tout en exprimant la joie que cause aux habitants l'abolition des droits féodaux, le procureur de la commune se rendant l'interprète des sentiments de l'assemblée ajoute : « Jouissons en paix de la liberté que nous devons « à la constitution, mais n'en abusons pas. Rendons justice à « M. de Tanlay : les droits auxquels nous étions assujettis « étaient exorbitants, mais la manière dont il en faisait la « perception en allégeait le poids. »

Le conseil délibère en outre « que voulant donner à M. de « Tanlay un témoignage de la reconnaissance et de l'attache- « ment que les habitants ont pour lui, copie du présent lui « sera le plus promptement possible adressée, à la diligence « du procureur de la commune. »

Des hommes vraiment patriotes et dont le désintéressement, l'amour de la justice étaient connus de tous : Emilian Marquis, notaire ; Jacques-Albert Léger, Louis Guyard, Pierre

---

(1) Poujoulat, *Histoire de la Révolution française.*

Boivin étaient alors à la tête de la municipalité et inspiraient tous ses actes. L'accord était complet au sein de la population que n'avaient pas encore troublée les ambitions cachées, les mauvaises passions de quelques sans-culottes, qui devaient se livrer plus tard aux plus détestables excès.

Le 28 septembre a lieu la nomination des chefs de la milice bourgeoise. M. de Tanlay est nommé, par acclamation, colonel ; et M. Pierre-Hubert Charrault, commandant.

La variole sévissait alors à Tanlay. Afin d'éviter cette affreuse maladie dont il devait être la victime un jour, M. de Tanlay s'était retiré chez son ami, M. le comte de Pimelles. Le conseil de la commune décide à l'unanimité de s'y transporter, pour recevoir son serment civique. A quelques jours d'intervalle, sur l'invitation de leur colonel, les officiers et soldats prêtent serment et font bénir leur drapeau par M. l'abbé Le Prince.

Ces sentiments de concorde, ces témoignages de sympathie devaient être, hélas ! de courte durée. La municipalité est bientôt formée d'hommes nouveaux qui, ne sachant faire aucun sacrifice à la paix, à la conciliation, n'arrivent qu'à jeter le désordre dans les idées, la méfiance dans les esprits. Persuadés qu'à leurs fonctions se trouve attaché le salut de la patrie, il ne font simplement, en exagérant le rôle qu'ils ont à remplir, que se rendre à la fois odieux et ridicules.

C'est alors qu'ils suscitent des tracasseries sans nom aux agents de leur ancien seigneur qui, en ce moment, avait établi sa résidence à Paris. Leurs revendications ne reconnaissent ni le bon droit, ni l'équité. Ils ne sont dirigés que par une pensée : mettre la main sur tous les objets à leur convenance.

La loi du 17 juillet 1791 venait de déclarer la patrie en danger. Il était donc indispensable, sous peine d'être accusé de tiédeur, de faire montre d'un dévouement sans bornes à la chose publique, et surtout de satisfaire aux ordres pressants du district de Tonnerre.

Mais en quoi, dans notre modeste village, la constitution était-elle en danger d'être violée ? Assurément, personne ne songeait à y porter atteinte. L'embarras était grand parmi nos officiers municipaux, quand l'un d'eux se rappelle que des vieux canons de fusils, montés sur des affûts se trouvaient au château. C'est un trait de lumière. Vite on prend la résolution suivante :

« Le conseil général de la commune,

« Considérant que la patrie est en danger ; qu'il est urgent
« pour la paroisse d'avoir de l'artillerie,

« Délibère que le sieur Bourgeois, agent de M. Thévenin,
« sera prié, jeudi prochain, de donner la batterie d'artillerie
« montée sur des affûts, pour être déposée en la chambre
« commune et servir pour la défense de la patrie, et qu'à cet
« effet il nomme les personnes de Claude Roy et Nicolas Mar-
« quis pour accompagner la garde nationale qui ira conjoin-
« tement avec eux pour amener ladite artillerie, et que copie
« de la présente sera lue au sr Bourgeois (12 août 1792). »

Au jour indiqué, la garde nationale est convoquée par M. Charrault, son commandant, et se rend, armée de piques, au château. M. Bourgeois lui remet « douze petits canons ou
« pétards, savoir : trois de dix-huit pouces de longueur sur
« sept à huit lignes de calibre, quatre d'un pied de long sur
« six à sept lignes de calibre, trois de quatorze pouces de
« long sur huit à neuf lignes de calibre, un de quinze pouces
« et demy de long sur huit lignes de calibre, un de dix pou-
« ces et demy de long sur sept lignes de calibre, avec la
« baguette en fer pour les charger. »

Nous voyons par l'état ci-dessus, dressé par M. Charrault, combien les canons du *citoyen* Thévenin pouvaient être utiles à la défense de la patrie. Ils n'en furent pas moins conduits en grand appareil et comme un véritable trophée à la maison commune, et confiés aux commissaires de la municipalité, chargés de veiller spécialement sur ce précieux dépôt.

Après avoir servi à plusieurs fêtes civiques, la fameuse artillerie fut installée, le 10 août 1793, devant l'autel de la patrie (1) où devait avoir lieu la fédération nationale. Mais, à

---

(1) L'autel de la patrie fut élevé sur la place publique appelée la demi-lune, en face de l'entrée de Tanlay (côté de Saint-Vinnemer), et sur la route de Tonnerre à Châtillon. D'après un arrêté du conseil de la commune, du 25 août 1793, quatre gardes nationaux doivent, les jours de foires et de marchés, veiller à ce qu'aucune espèce de bétail ne pénètre sur cette place « *consacrée à l'unité et à l'indivisi-*

la première décharge, une des pièces éprouva un mouvement de recul si violent, qu'elle fracassa la jambe d'un sieur Nicolas Marquis.

Inutile d'ajouter que cet affreux accident fit réintégrer immédiatement les malencontreux pétards dans les greniers de la mairie (1).

La loi du 1ᵉʳ août 1793 venait de prescrire la destruction des derniers vestiges de la féodalité, et le district de Tonnerre avait enjoint aux municipalités de prendre à ce sujet les mesures les plus urgentes.

Mais comment reconnaître sur les façades du château, au milieu des arabesques capricieuses et des attributs guerriers dont le ciseau du sculpteur a pour ainsi dire sillonné chaque pierre, comment distinguer, dis-je, les armoiries, les écussons qui, sous le nom d'emblêmes séditieux, devaient être brutalement mutilés ?

Appelé à délibérer sur cette grave affaire, le conseil général de la commune arrête le 22 septembre « qu'il se trans-
« portera en corps dans toute l'étendue du village, afin de
« vérifier et de dresser acte de toutes les maisons, édifices,
« parcs, jardins, enclos qui porteraient des armoiries et *com-
« me nous ne sommes pas forts et que nous ne connaissons
« pas parfaitement le blason*, ajoutent nos modestes officiers
« municipaux, *nous donnerons un état de tout ce qui paraî-
« tra suspect.* » Leur première visite fut naturellement pour le château. Voici la copie exacte du procès-verbal rédigé, séance tenante, et qui témoigne en effet que la science héraldique n'était pas en grand honneur parmi nos municipaux.
« Nous nous sommes transportés à la maison du citoyen Thé-
« venin. Nous avons reconnu que le portail porte des cuiras-
« ses sur une cheminée, une éponce (sic) et une lance et
« quinze places et endroits sur ledit portail qui sont mas-

« *bilité de la République, et où la liberté et l'égalité ont été solennel-*
« *lement jurées, à peine d'une amende de trente sous par chaque*
« *bête.* »

(1) Ces petits canons furent rendus plus tard à M. de Tanlay. Il en existe encore trois ou quatre, qui sont placés dans le dessous du théâtre du château.

« qués avec du mortier à chaud (sic) et sable où sont des tro-
« phées d'armes.

« Sur la façade de la maison, neuf endroits masqués où
« étaient et sont des casques et des cuirasses.

« Sur la façade de la maison du côté du parterre, six places
« masquées où sont des trophées d'armes. Sur la flamande (sic)
« du côté du midy, trois endroits masqués. Sur la flamande
« du côté du nord, quatre places masquées où sont des armes.

« Sur la porte d'entrée du parc nous y avons recongnu la
« représentation d'une corbeille de fruits. Sur la porte d'en-
« trée de la basse-cour, il y a la tête d'un cheval, une pele
« (sic), une fourche, une étrille, une brosse.

« Plus sur le portail du côté du nord, nous avons vu des
« nœuds formant des guirlandes, au-dessus une partie est
« masquée et ia (sic) un soleil au fronton. »

Dans la crainte d'avoir oublié quelques emblêmes, nos municipaux avouent franchement leur ignorance à l'administration du district qui, par arrêté du 15 nivôse an II, décide que les endroits couverts de mortier, seront démasqués, qu'un de ses membres, assisté du sr « Lebec, peintre à Ton-
« nerre, se transportera à Tanlay pour dresser procès-verbal,
« afin que sur icelui qui sera remis sur le bureau, dans le
« cas où il' se trouverroit sous le masque des objets qui
« auroient rapport au blazon et à la féodalité, être statué ce
« qu'il appartiendra. »

En conséquence de cet arrêté, l'administrateur du district délégué et le sieur Lebec se rendent le 16 nivôse à Tanlay. Ils constatent « qu'à l'entrée du château par un porche à costé
« de deux pillastre et un vase sur chacun d'eux ny ayant
« rien qui annonce aucune marque de féodalité.

« Ensuitte arrivée au second qui représente nombre
« richesse sculpture dans le premier ordre, et dans le second
« qui est celle du Corintien, nous n'avons vu que la frise
« ornée de rinceaux, sinon sur l'épaisseur des cheminées que
« nous avons fait démasquer en notre présence, où n'avons
« vu que des troffhées d'armes, et non harmoirie.

« Arrivée au troisième ornées simplement de l'ordre dori-
« que et quelque trophées darmes groupée pitoresquement
« ensemble.

« Ensuitte nous sommes entrés dans la cour de ladite mai-
« son, après avoir fait démasquer toutes les parties qui
« avoient été enduittes, nous avons vu que sur les deux por-
« tes des escaliers des pavillons, il y avoit existé ainsy qu'à
« la croisée mansarde du milieu des harmoiries salliantes,
« mais qui avoient été abattues et mises au niveau de la
« pierre avant que d'y avoir posé lesdits enduits et n'ayant
« apperçu que divers ornements de sculpture.

« Nous avons passé au parterre après avoir fait démasquer
« les frontons des croisées mansardes ainsy qu'aux deux
« espaisseurs de ladite maison, nous n'y avons vu aucunes
« marques de féodalité, mais bien seulement différentes
« richesses de sculpture.

« Nous avons également visité le vestibule du rez-de-chaus-
« sée, où nous n'avons vu en fait de peinture à fresque dans
« le genre d'architecture et ornement et en fait se sculpture
« dans des niches, en ronde bosse, les portraits des grands
« hommes Grecs et Romains.

« De suitte à la galerie ou étant entré nous avons soup-
« sonné qu'il y avoit existé seulement des armes aux frontons
« des deux extrémités mais bien effacées, sans qu'il y en reste
« menues marques, et que ladite gallerie est peinte à fresque
« et représente divers ornements de figure et trophées d'armes.

« Nous avons également parcouru tous les apartements de
« ladite maison, où nous ne vimes que les cheminées décorée
« et enrichie de divers ornements de sculptures tirés de la
« mythologie et rien qui tienne à la féodalité.

« Nous avons vu en différentes places tant en sculpture,
« pinture, même en fert un chiffre composé de trois lettres
« liées ensemble, lesquels sont P. D. M. qui signifie le
« nom de P. d'Emery, encien propriétaire de cette maison.

« Ensuitte avons parcouru les cours, basse-cours et écu-
« ries, et sur la porte de ladite basse-cour nous avons remar-
« qué en sculpture sur le fronton, une teste de cheval et des
« attribûes de guerre formant ensemble un trophée d'armes
« et sur le fronton de la porte du jardin, une corbeille de
« fleurs avec deux cornets d'abondance. »

Enfin l'administration du département de l'Yonne prend à la date du 1ᵉʳ pluviôse, l'arrêté suivant :

« Considérant qu'il résulte du procès-verbal que les armoi-
« ries qui pouvaient se trouver aux bâtiments de Thévenin
« ont été enlevées dans le délai fixé par la loi, que les objets
« que le citoyen Bourgeois a fait plâtrer ne sont que des tro-
« phées d'armes et des attributs de guerre qui ne doivent
« être considérés comme des emblèmes de féodalité ; qu'en
« conséquence la maison de Thévenin n'est pas dans l'espèce
« de la loi.

« Arrête que Thévenin ne peut être inquiété et qu'en
« applaudissant au zèle que la municipalité a montré pour
« l'exécution de la loi, elle est invitée à s'opposer aux attein-
« tes qu'on voudrait porter à la propriété de ce citoyen.

« Le secrétaire général : SAUVALLE. »

Mais ce qui semble vraiment exorbitant dans cette triste affaire, c'est qu'après s'être mis en mesure d'exécuter toutes les prescriptions imposées par la loi, M. de Tanlay se voyait encore obligé d'en supporter tous les frais et de payer les vacations de MM. les experts.

Ainsi, grâce au beau zèle de nos soi-disant patriotes, non seulement la pique et le marteau avaient fait disparaître les écussons qui nous rappelaient le souvenir des anciens possesseurs du château, mais en même temps rendu beaucoup plus difficile, pour l'archéologue, l'étude d'un des monuments les plus curieux du département de l'Yonne.

Sans cette regrettable mutilation, MM. Chaillou des Barres et Victor Petit n'auraient pas hésité un instant sur l'époque de construction du petit château, et le touriste, qui admire les beaux pavillons de la cour d'honneur, aurait facilement reconnu que celui de droite portait les armoiries de d'Hémery, tandis que celui de gauche présentait, au milieu d'un encadrement orné des sculptures les plus délicates, celles de Coligny. Les dates qui, dans une question d'art, ont une si grande importance, ne laissaient donc ici subsister aucun doute dans l'esprit du visiteur.

Mais qu'était devenu, pendant ces temps troublés par nos discordes civiles, M. le marquis de Tanlay ? Retiré dans sa propriété de Colombes, il ne pouvait que gémir sur les malheurs qui affligeaient son pays. Nous avons sous les yeux les lettres qu'il écrivait alors à la municipalité de Tanlay, au

sujet des contestations de toute nature qu'on cherchait à lui susciter. Malgré les injustices dont il souffre, comment exprimer d'une façon plus touchante l'affection qu'il porte aux habitants ? « Ayez donc plus de confiance, leur dit-il, dans un de
« vos concitoyens qui vous aime et qui désire, dans l'intérêt
« de la paix, terminer toutes les contestations possibles. Ne
« vous laissez pas aller à des conseils pernicieux; si vous avez
« trouvé jusqu'à présent en moi un père, il vous restera tou-
« jours un ami. Ne le forcez pas à prendre un parti qui répu-
« gnerait autant à son cœur qu'à ses sentiments.

« Si vous persistez dans le refus que vous me faites, je ne
« me plaindrai point, bien sûr que, rendus à vous-mêmes,
« vous saurez reconnaître ma bonne volonté et me rendre
« plus de justice. En voulant me forcer à entrer en contesta-
« tion avec vous, ce sera me plonger dans la plus vive
« douleur. »

Toute la correspondance de M. de Tanlay est empreinte des mêmes sentiments de sympathie envers les habitants. On y sent l'expression d'une conscience droite, délicate à l'excès, éprouvant une répugnance extrême à croire le mal.

Mais M. de Tanlay était un ci-devant noble; il occupait dans le monde une haute situation, et de plus il était riche. C'était trop de titres pour échapper à la loi des suspects. Par un arrêté du comité de sûreté publique, il fut mis en arrestation le 24 frimaire an II (14 décembre 1793), et conduit dans les prisons de Picpus (1) avec Mme de Tanlay et M. Marc-Claude Thévenin de Melisey, son oncle, alors âgé de quatre-vingt-deux ans (2).

Le moment était donc opportun pour ceux des habitants de Tanlay qui regrettaient que certains différends, entre leurs anciens seigneurs et la commune, eussent été terminés par des transactions.

(1) Picpus était une ancienne abbaye qui fut convertie en prison sous Robespierre, et à laquelle les révolutionnaires donnèrent, par une sanglante ironie, le nom de Port-Libre. De leurs cellules, les détenus entendaient les guillotinades qui se faisaient tous les jours à la barrière du Trône-Renversé.

(2) M. de Melisey mourut à Picpus, à la suite d'une chute qu'il fit dans un escalier.

En ce qui concerne le bois de la Grange-Guérin, les conventions passées entre M. de La Vrillière et les habitants avaient été loyalement exécutées depuis 1700. Cependant, grâce aux lois des 28 août 1792 et 10 juin 1793, auxquelles on donna une interprétation insidieuse, et sous prétexte de régler certaines difficultés dont on évitait habilement de faire connaître les motifs, M. Etienne Bourgeois, ancien avocat en Parlement et fondé de pouvoirs de M. de Tanlay, fut mis en demeure de comparaître le 8 octobre 1793, devant une assemblée générale de la commune. Cette réunion n'avait qu'un but : exercer au moyen de la foule une pression violente sur M. Bourgeois et l'obliger, séance tenante, à reconnaître la nullité des actes que nous avons mentionnés. Celui-ci fut vite au courant des projets des chefs du parti, mais il essaya en vain de faire entendre le langage de la raison ; la lutte était impossible avec les clameurs dont on cherchait à couvrir sa voix. Menacé en cas de refus d'être décrété d'accusation, il eut néanmoins le courage de prendre à témoin l'assemblée qu'il ne cédait qu'à la contrainte et à l'intimidation.

Il consentit donc, bien à contre-cœur, à la nomination d'arbitres chargés de prononcer sur toutes les contestations, et choisit pour M. de Tanlay, MM. Leloup et Decourtives, juges au tribunal de Tonnerre.

De son côté, la commune chargea MM. Jacques Cherest, procureur syndic du district, et Jean-Baptiste Cherest, juge de paix, son frère, de soutenir ses intérêts. Ajoutons que Jacques Cherest était alors le coryphée du parti révolutionnaire, et qu'au moment où il venait d'être nommé arbitre des habitants, il avait fait porter sur la liste des suspects M. Decourtives, qui n'eut que le temps de prendre la fuite pour échapper au danger qui le menaçait. Pour le remplacer, M. Bourgeois eut recours à M. Lauxerrois, également juge au tribunal du district, qui voulut bien accepter la mission qui lui était confiée.

Mais par suite d'un brusque revirement d'opinion, comme il arrivait si souvent dans ces temps troublés par nos discordes civiles, les deux frères Cherest furent eux-mêmes arrêtés par ordre du comité de sûreté générale et conduits à Paris.

Les revendications qu'on avait tant à cœur de voir promptement réglées, restaient donc en suspens. Mais le 1er décembre 1793, sur la réquisition du procureur de la commune, une nouvelle réunion est convoquée et M. Bourgeois reçoit l'injonction formelle d'y comparaître en personne. On veut l'obliger cette fois à changer d'arbitres, sous le prétexte que MM. Leloup et Lauxerrois sont des *hommes de loi* et, par cela même, incapables d'appliquer les lois votées par l'Assemblée législative et la Convention.

Le fondé de pouvoirs de M. de Tanlay fait en vain tous les efforts pour résister à de telles exigences et démontrer aux habitants combien leurs prétentions étaient illégales. Ses observations ne furent pas écoutées. Cédant enfin aux obsessions et aux menaces dont il était l'objet, il dut se résigner à prendre comme arbitres les personnes qu'on lui désignait, c'est-à-dire MM. Pierre Fondard et Louis Renaut le jeune, de Saint-Vinnemer.

La commune avait, de son côté, remplacé MM. Cherest frères par MM. Claude Thierry et Edme Roy, de Cruzy.

Il est facile de pressentir quelle fut, sous l'influence de pareilles exigences, la sentence rendue par ces prétendus arbitres. M. de Tanlay fut tout simplement dépouillé des propriétés dont on lui contestait la possession (21 décembre 1793).

Rendu à la liberté le 4 octobre 1794 (1), M. de Tanlay put se rendre compte des actes de spoliation dont il avait été victime. Mais les moments étaient encore bien difficiles et ne lui laissaient guère l'espoir d'obtenir justice. Néanmoins, grâce à la loi du 21 germinal an III, il forma dans les délais voulus opposition à la sentence arbitrale du 1er nivôse, et fit enregistrer son pourvoi au greffe du tribunal de cassation le 25 germinal de la même année.

Les habitants commençaient cependant à comprendre combien leur conduite avait été imprudente et quels sérieux embarras pourraient en résulter un jour. Persuadés de l'influence que les idées révolutionnaires exerçaient encore sur les esprits, ils s'empressèrent donc de convoquer une nouvelle

(1) L'ordre d'élargissement, signé des représentants du peuple Levasseur, de la Moselle, Noumaillon et Mathieu, est du 14 vendémiaire.

assemblée générale à laquelle ils prièrent M. de Tanlay d'assister. Celui-ci s'y rendit, dans le but évident de mettre fin à tous les conflits qui s'étaient élevés entre M. Bourgeois et les habitants. Mais dans cette séance du 1er messidor an IV, se renouvelèrent les mêmes scènes de tumulte, de désordre et de violence qui avaient accueilli précédemment son fondé de pouvoirs et marqué la réunion du 1er décembre 1793. Sous prétexte d'une transaction amiable, M. de Tanlay se vit contraint d'accepter la plupart des conditions fixées dans la sentence arbitrale, et se retira tristement édifié sur les excès et les abus auxquels se livraient trop souvent les assemblées communales, quand la passion dominait chez elle tout sentiment de justice et d'équité. Cependant l'oubli des injustices passées, une inépuisable charité envers les malheureux, telles furent les pensées qui inspirèrent constamment sa conduite. Voici un trait qui dira mieux que toutes nos réflexions comment M. de Tanlay comprenait ses devoirs. Un des sans-culottes les plus tapageurs du pays et qui avait dansé la carmagnole, en brûlant les papiers appelés titres féodaux, était tombé dans une affreuse misère. Le citoyen Thévenin, comme il se plaisait à appeler par ironie M. de Tanlay, dans les mauvais jours, en ayant été instruit, l'accueillit au château, le nourrit jusqu'à sa mort et lui procura tous les secours nécessaires pour élever sa nombreuse famille (1). Combien d'exemples de ce genre ne pourrions-nous pas citer?

Par suite de la dépréciation des assignats, les impôts avaient atteint un chiffre qui nous paraîtrait aujourd'hui tout à fait exorbitant. En 1796, les contributions foncières à la charge de M. de Tanlay, s'élevaient, y compris une taxe supplémentaire de 8,000 livres, à la somme totale de 42,507 livres 6 sous. On achetait pour les payer, chez MM. Jourré et Hardy l'aîné, de Tonnerre, 20,650 livres en mandats sur la nation, à raison de 4 francs le cent.

En 1797, cent livres en assignats, ne valaient plus que 28 sous de numéraire. Aussi, le prix des denrées prend-il des

(1) Ce vieux bonhomme avait mis tant d'entrain à chanter le Ça ira et à gambader autour des monceaux de papiers qu'il avait livré aux flammes, que sa culotte courte et ses bas prirent feu.

proportions qui nous paraissent ridicules. On payait le 23 novembre, moyennant 2,900 livres, 50 livres de chandelles, et 150 livres un quarteron de mèches à lampes. Une pinte de graines de luzerne valait alors 30 livres !

C'est à cette époque que M. de Tanlay fit recouvrir à neuf les cuisines et les remises qui sont situées au nord et au midi de la cour d'honneur. Il faisait arracher dans le même moment les avenues de Tanlay à Saint-Vinnemer, qui avaient été plantées par d'Hémery, mais qui avaient grandement souffert de la gelée pendant le rigoureux hiver de 1789 (1).

Quelques années plus tard, M. le marquis de Tanlay touchait au terme d'une carrière qui avait eu pour lui ses jours d'épreuves et d'angoisses, mais qu'il avait noblement remplie. Il décéda à Paris, le 7 octobre 1802, ayant eu de son alliance avec Bénigne-Louise Esprit de Saint-André, deux enfants :

1° Etienne-Jean-Benoit, né en 1776, mort le 29 septembre 1783, âgé de sept ans et demi ;

2° Louis, Ier du nom, marquis de Tanlay, né le 12 mai 1787, dont nous allons parler ci-après (2).

(1) Les tilleuls provenant de ces avenues furent vendus aux Srs Hugot, de Tanlay, et Delaune, de Tonnerre.

(2) Il eut pour parrain, la cour des monnaies, et pour marraine, Anne-Marie-Charlotte de Jassaud, baronne de Coursan, veuve en premières noces de Antoine Chabenas de Bonneuil, et lors mariée à Pierre-Louis, comte d'Erlach, maréchal des camps et armées du roi, capitaine-commandant la compagnie générale des gardes suisses.

A l'occasion du baptême de Baptiste-Louis Thévenin, la cour des monnaies fit délivrer 18 prisonniers détenus pour mois de nourrice.

Baptiste-Louis Ier

1802-1867

MONSIEUR de Tanlay n'était donc âgé que de quinze ans quand il perdit son père, mais il reçut de bonne heure une éducation solide, et la tendresse éclairée de sa mère veilla avec une sollicitude admirable, non seulement à lui faire acquérir les connaissances fondamentales des lettres et des arts, mais encore à l'initier à la gestion de sa belle fortune et à lui apprendre ce qu'il en coûte de soucis et d'efforts pour parvenir à la réalisation des revenus. Constamment préoccupée des intérêts de son pupille, Mme de Tanlay ne négligeait rien pour lui transmettre, en intendante fidèle, tous les biens dont il devait librement disposer un jour.

C'est ainsi qu'elle fit restaurer, en 1805, la grande galerie du château. Elle confia ce travail au s[r] Le Bec, peintre à Tonnerre, qui avait été appelé comme commissaire du district, le 16 nivôse an II, à reconnaître s'il n'existait pas dans le château des emblèmes de la féodalité.

Le Bec était élève de Mozès et avait la réputation d'un artiste de talent. Les deux sujets allégoriques dessinés sur chacun des frontons de la galerie, sont de sa composition. Ils portent les initiales d'Etienne-Jean-Benoit Thévenin d'un côté, et de Baptiste-Louis Thévenin de l'autre. Touchants souvenirs consacrés par Mme de Tanlay, à la mémoire de son mari, et destinés en même temps à garder le nom de son fils (1) !

En 1816, des pluies continuelles qui commencèrent au mois de mai, pour ne finir qu'en septembre, ne permirent pas d'enlever les blés qui germèrent dans les champs. Une disette affreuse en fut la conséquence. Pour y porter remède, Mme de Tanlay ne recula devant aucun sacrifice, et deux fois par jour fit distribuer des soupes économiques et du pain aux habitants.

Afin d'assurer des ressources aux malheureux, elle créa autour de sa demeure des ateliers de terrassements et dépensa des sommes énormes à curer les fossés du château. C'était s'associer noblement aux souffrances de l'infortune, comme ses ancêtres l'avaient déjà fait pendant les disettes de 1757 et de 1780, et pendant le rigoureux hiver de 1789.

Son fils avait épousé, le 14 avril 1807, Mlle Alexandrine-Henriette-Caroline Guerrier de Romagnat, dont le château patrimonial situé dans la limagne d'Auvergne, à une faible distance de l'antique Gergovie, est une des résidences les plus agréables de cette riche contrée.

Au mois de mars 1811, M. le marquis de Tanlay préside une députation du collège électoral de l'Yonne chargée d'aller complimenter l'empereur Napoléon, au sujet de la naissance du roi de Rome. Mais les événements se précipitent et les revers qu'éprouvent nos armées forcent le puissant empereur à abdiquer. M. de Tanlay se rallie aux hommes dévoués qui auraient voulu consolider par des institutions sages et fécondes, les principes d'ordre et de stabilité que représentait la légitimité.

Il se rend à Sens, au mois de décembre 1814, et assiste à la réception enthousiaste que la population fait à S. A. R. Monsieur. Il y reçoit des mains du prince, la croix de chevalier de la Légion d'honneur (2).

(1) Le Bec naquit à Paris, le 8 juin 1747. Il vint se fixer à Tonnerre, où il mourut le 16 septembre 1807 (note communiquée par M. Le Maître).

(2) Parmi les promotions dans l'ordre de la Légion d'honneur qui eurent lieu le 20 décembre, à l'occasion du passage de Monsieur,

Le 15 janvier 1816, il est nommé colonel d'état-major de la garde nationale de Paris, et fait preuve de prudence et de fermeté dans plusieurs circonstances difficiles.

Le 26 février 1825, il a la douleur de perdre sa respectable mère, dont la haute intelligence avait si heureusement veillé sur son éducation et préparé son entrée dans le monde. Son deuil est partagé par les pauvres de Tanlay, qui gardent pieusement le souvenir de celle qui leur témoigna une si touchante sollicitude.

Au mois de mai suivant, M. le marquis de Tanlay assiste au sacre de Charles X, comme député de la garde nationale de Paris. En récompense de ses loyaux services, il est nommé le 12 avril 1828, gentilhomme de la chambre du roi.

En 1830, M. de Tanlay consentit à mettre fin à la contestation touchant le bois de la Grange-Guérin, contestation qui avait sommeillé jusqu'au 4 mai 1809. A cette dernière date, le conseil municipal voulant assurer à l'œuvre accomplie par ses prédécesseurs la sanction de l'autorité supérieure, exhuma de ses archives le dossier de cette malheureuse affaire.

M. Rathier, alors sous-préfet de Tonnerre, examina avec soin toutes les pièces qui lui furent données en communication et fit comprendre aux habitants qu'avant de donner suite à leur demande, il était indispensable d'obtenir de M. de Tanlay fils la ratification de l'acte consenti par son père.

C'est alors que surgissent les plus graves embarras. Mme de Tanlay mère avait, à l'exemple de son mari, laissé la commune jouir en paix des biens usurpés, pendant tout le temps que dura la tutelle de son fils; mais aussitôt que celui-ci eut atteint sa majorité, on craignit sans doute qu'il ne commençât des poursuites. Il n'en fut rien cependant. Comme tous

---

nous citerons celles de MM. Sauvalle, secrétaire-général de la préfecture ; Robinet de Malleville, maire d'Auxerre ; Raudot, maire d'Avallon ; Bazile, maire de Tonnerre, etc.

Madame, duchesse d'Angoulême, étant venue à Sens le 13 mars 1816, à l'occasion du service anniversaire de Mme la Dauphine, son aïeule, MM. les marquis de Louvois et de Tanlay furent invités au banquet donné aux gardes nationales du département par leurs frères d'armes de Sens, dans une des salles de l'archevêché.

les siens, M. de Tanlay n'avait qu'un désir : mettre en oubli les injustices dont il avait à se plaindre et sacrifier au besoin ses intérêts, pour ramener la concorde dans les esprits. Mais quand on voulut le déterminer à coopérer, en quelque sorte, aux actes scandaleux qui avaient dépouillé sa famille et obtenir son approbation réelle et patente, sa conscience d'honnête homme se révolta et il refusa énergiquement de ratifier la transaction qu'on avait arrachée par la terreur à son père.

Cette résistance bien naturelle était loin de calmer les inquiétudes des habitants qui ne pouvaient se dissimuler combien leur espérance de rester maîtres absolus des propriétés qu'ils avaient acquises d'une façon si arbitraire devenait incertaine et précaire.

Enfin, au mois d'avril 1825, M. Léger, adjoint de Tanlay, qui ne cessa dans ces circonstances de montrer l'esprit le plus conciliant, tenta de nouvelles démarches et réussit à convaincre M. de Tanlay de la nécessité de mettre fin à une incertitude aussi fâcheuse. Un projet de transaction fut donc préparé par ses soins et accepté par le conseil municipal, dans sa séance du 20 avril.

Mais cet acte devait être soumis à toutes les lenteurs administratives, et ce n'est qu'après des lettres multipliées adressées tant à M. Parthouneaux, sous-préfet de Tonnerre, qu'à M. de Gasville, préfet de l'Yonne, et à M. de Corbière, ministre de l'intérieur, que le conseil municipal fut autorisé à traiter avec M. de Tanlay, et qu'une ordonnance du roi, datée du 8 décembre 1829, vint homologuer cette transaction.

En conséquence, M. Léger et M. de Tanlay comparurent le 30 janvier 1830 devant M° Biron, notaire à Tanlay, qui rédigea dans les termes suivants, les conventions arrêtées entre les parties :

« Art. 1er. La commune restera propriétaire incommutable
« de la partie de la Grange-Guérin, dite le bois du Four, con-
« tenant 31 hectares 90 ares.

« Art. 3. M. de Tanlay cède, délaisse et transporte à la
« commune tous les droits qu'il peut avoir sur la propriété du

« pré des Communes, déclarant y renoncer pour lui, ses hoirs
« et ayant cause. »

En compensation d'un abandon qu'on peut estimer pour
les bois à... 17,000 »
et pour le pré des Communes à................. 7,000 »
      Total............... 24,000 »
quelle est la cession qui fut faite à M. de Tanlay ?

La voici en deux mots : 1° 21 ares 53 centiares de terrain à
prendre dans le pré des Communes, ainsi qu'il est indiqué
sur le plan annexé à la minute de l'acte ; 2° la prorogation
pendant quatre-vingt-dix-neuf années du bail de la chasse
des bois communaux, dont M. de Tanlay rendait alors 40 francs
par an.

Ainsi, voilà dans ses principales dispositions l'acte authentique qui mit fin à toutes les contestations pendantes. Y voyons-nous que la commune ait été lésée dans ses droits, qu'elle ait été victime de l'oppression féodale, comme le racontent sur un ton de mystère et avec un sentiment d'aigreur mal déguisé quelques personnes à court d'arguments sérieux ?

M. de Tanlay cède, personne ne peut le contester, pour 24,000 fr. de propriétés dont on avait déjà pris la jouissance depuis trente-sept ans (de 1793 à 1830), et on lui laisse, d'après les évaluations faites au moment du contrat, pour environ 4,500 fr., tant en droits de chasse, qu'en propriété foncière. Ces chiffres ne sont-ils pas la meilleure réponse qu'on puisse opposer à des critiques qui n'ont jamais eu pour fondement la moindre apparence de raison ni d'équité ?

Ils démontrent, d'après nous, et notre avis sera partagé, nous n'en doutons pas, par tous les hommes consciencieux, que le conseil municipal qui se trouvait en fonctions en 1830, sut comprendre parfaitement ses devoirs et veiller avec un soin scrupuleux aux intérêts qui lui étaient confiés.

Quant à M. de Tanlay, dont le désintéressement ne saurait être mis en question dans toute cette affaire, sa seule préoccupation fut de voir disparaître toute trace de dissentiment avec une population qu'il affectionnait et dont le bon sens avait fini par comprendre que l'oppression, de quelque côté qu'elle vienne, ne crée jamais rien de durable.

Jusqu'à sa mort, en 1867, M. le marquis de Tanlay vint chaque année passer la belle saison dans son beau domaine, qui s'augmenta, par acquisitions, de la forêt de Soulangis et de la terre de Quincy.

Au parterre du château furent également réunis des terrains qui permirent de rendre le paysage plus accidenté, et d'encadrer de riantes pelouses un étang limpide.

Les devoirs d'une hospitalité que M. de Tanlay aimait à exercer largement ne le détournaient d'ailleurs pas de veiller avec zèle aux intérêts des habitants de Tanlay, dont il fut maire, presque sans interruption, pendant cinquante-six ans.

De plus, soit au conseil général, où il représenta le canton de Cruzy, soit dans les associations charitables, agricoles et scientifiques, la présidence lui fut presque toujours déférée par des collègues qui s'inclinaient devant son expérience, son esprit d'équité et une courtoisie qui ne se démentit jamais.

A sa mort, les regrets furent vifs; on le vit à l'empressement des habitants de Tanlay et du canton de Cruzy à accompagner ses funérailles.

Il avait été précédé dans la tombe par sa fille, Mme de Viviers, et par son fils, le comte Ludovic, enlevé prématurément, dans la force de l'âge, aux succès d'une brillante carrière administrative.

Ce fut assurément pour M. de Tanlay une consolation que de voir son deuil sincèrement partagé par les habitants de Tanlay, chez qui le nom de M. le comte Ludovic excite encore des sentiments d'une sympathie que le temps n'a pu entamer.

Quand la mort vint le frapper à son tour, il put aussi emporter la consolante pensée qu'il laissait en bonnes mains le dépôt d'honneur transmis à ses héritiers.

Ceux-ci sont restés fidèles à la tradition de leurs ancêtres, en se dévouant avec le plus profond désintéressement au bien du pays.

Si, plus tard, des générations nouvelles étaient tentées de chercher dans l'ingratitude une commode indépendance de cœur, la famille de Tanlay, nous en sommes sûr d'avance, n'en persistera pas moins à demander aux œuvres de bienfaisance et de charité des satisfactions intimes qui dédommagent de toutes autres récompenses. Elle continuera ainsi à s'inspirer des sentiments que traduit si bien la devise : Fais ce que dois, advienne que pourra.

TABLE DES MATIÈRES

MAISON DE CHAPPES	9
MAISON DE NOYERS	15
MAISON DE COURTENAY. — Guillaume Ier	25
Robert Ier	45
Jean	57
Robert II	67
Guillaume II	75
Robert III	81
Philippe	87
Jeanne Ire	97
Jeanne II	101
Pierre de Chamigny	105
Aymé de Chamigny	113
MAISON DE COURCELLES. — Philippe	117
Edme	123
MAISON DE COLIGNY. — Louise de Montmorency, dame de Coligny	135
François de Coligny, seigneur d'Andelot	143
Jacques Chabot	161
Charles Chabot	175
Catherine Chabot	177
MAISON D'HÉMERY. — Michel-Particelle d'Hémery	183
Michel-Particelle d'Hémery, baron de Thorey	204
Louis Phelypeaux	221
Balthazar Phelypeaux	231
Louis Phelypeaux	235
Jean Thévenin Ier	241
Jean-Louis Ier	255
Jean II	261
Etienne-Jean-Benoit Ier	279
Baptiste-Louis Ier	299

TABLE DES MATIÈRES

Maison de Chappes	9
Maison de Noyers	15
Maison de Courtenay. — Guillaume Ier.............	25
Robert Ier.......................................	45
Jean	57
Robert II	67
Guillaume II...	75
Robert III...	81
Philippe...	87
Jeanne Ire..	97
Jeanne II..	101
Pierre de Chamigny	105
Aymé de Chamigny....................................	113
Maison de Courcelles. — Philippe...................	117
Edme..	123
Maison de Coligny. — Louise de Montmorency, dame de Coligny	135
François de Coligny, seigneur d'Andelot..............	143
Jacques Chabot..	161
Charles Chabot..	175
Catherine Chabot......................................	177
Maison d'Hémery. — Michel-Particelle d'Hémery......	183
Michel-Particelle d'Hémery, baron de Thorey..........	201
Louis Phelypeaux......................................	221
Balthazar Phelypeaux..................................	231
Louis Phelypeaux......................................	235
Jean Thévenin Ier.................................	241
Jean-Louis Ier	255
Jean II	264
Etienne-Jean-Benoît Ier	279
Baptiste-Louis Ier.................................	299

www.ingramcontent.com/pod-product-compliance
Lightning Source LLC
Chambersburg PA
CBHW071603170426
43196CB00033B/1709